培智学校个别化
教育计划研究

RESEARCH ON INDIVIDUALIZED EDUCATION PLANS
IN SPECIAL EDUCATION SCHOOLS

冯 超 / 著

社会科学文献出版社
SOCIAL SCIENCES ACADEMIC PRESS (CHINA)

自　序

个别化是特殊教育的核心理念，旨在确保每个特殊儿童都能够获得与其个体需求相匹配的高质量教育，个别化教育计划（以下称 IEP）是实现这一理念的主要途径。作为各国政府提升特殊教育质量的通用举措，IEP 承载着保障并实现特殊儿童平等受教育权利的艰巨任务。我国也不例外。早在 20 世纪 80 年代末，部分地区的培智学校就率先探索，改革课程教学体系及管理方式以适应 IEP 实施，满足特殊儿童个性化的学习需求。近年来，随着特殊教育发展水平的提升和融合教育的深入推广，IEP 的重要性被不断重申，几乎所有与特殊教育相关的政策都对 IEP 有所提及，还诞生了本土化的表述"一人一案"。IEP 被视为我国促进特殊教育教学质量提升，确保特殊儿童享有优质公平教育的重要方式。

然而，与政策上的日益重视和大力倡导不同，IEP 在实践中经常遭到一线教育工作者的抗拒。作为自带强烈理想主义色彩的"舶来品"，IEP 有着明显的西方教育制度痕迹，在被引入我国本土特殊教育实践时，不可避免地面临文化观念、制度体系、操作程序等多方面的冲击。IEP 的主要实施主体——教师，一边向往 IEP 背后个性化、公平的教育理念，一边为 IEP 繁重的工作量和难以实现的目标而苦恼。在缺乏指导和支持的情况下，教师们费尽心力制定的 IEP 最终多存在于文本中，无法真正进入实践场域为教学提供指引，甚至被嘲笑为"文本实践两张皮"。到底是什么导致了这一现象呢？如果说 IEP 是无用的，那么如何解释 IEP 在现今国际特殊教育发展经验中占据的重要地位？为何各国政府在提升特殊教育质量时都不遗余力地推动 IEP，甚至将其列入法律？如果 IEP 是有用的，其作用到底体现在什么地方？为何会在我国特殊教育实践中出现"两张皮"的现象？它在各国教育体系中又是如何存续并发挥作用的？这些问题是我了解培智学校课程教学与IEP实践后最大的困惑，也是本书写作的最初动力。

为了解决上述疑惑，我开启了IEP的研究之旅。鉴于培智学校是我国最早实施IEP，同时IEP发展也相对成熟的教育场域，我将研究主题限定在"培智学校IEP的制定与实施"，通过对培智学校IEP发展历程和实施现状的深入调研，尝试回答：IEP是如何被培智学校引入的？IEP在培智学校课程教学中的角色和定位是什么？相关人员是如何理解并实施IEP的？在实施过程中如何处理IEP目标与国家培智课程标准之间的关系？IEP实施效果如何？是否存在困难，原因为何？若要提升IEP的实施效果，培智学校需要做何改变调整？等等。随着研究的不断深入，我越来越意识到，IEP不仅是一份规划教学目标和进度的课程计划，它更是对隔离式、普校化、随意化的特殊教育教学体系和管理方式的制度性变革。它要求培智学校打破对普通学校集体化教学和管理的模仿，充分尊重儿童个体发展的独特性和多样性，紧密围绕儿童的学习需求，在教育理念、资源配置、人员安排、课程设置、教学组织、管理机制等方面做出系统性的调整与优化，以此做到因材施教，提升教育质量。

基于此，本书以我国培智学校IEP发展历程与现状为线索，从新制度主义视角深入剖析实施IEP所面临的困境和挑战，通过对培智教育场域内外多种因素的分析，展现IEP实施过程中涌现的各种问题，揭示IEP在实践中的复杂性和关键性。此外，本书还深入研究了IEP与现行培智教育课程体系之间的关系，解析了两者之间的相互作用及互补性，旨在提供一个更为全面的视角，帮助读者理解IEP在整个教育体系中的定位与作用。通过详细分析实践案例及国内外研究成果，为我国本土教育情境中IEP的发展提供理论参考和实践方向。

本书的出版得到了社会科学文献出版社、南京特殊教育师范学院及江苏省高校哲学社会科学重点研究基地——江苏省特殊教育发展研究院的大力支持，谨此表示真诚的谢意。此外，本书在研究和写作过程中得到了许多帮助，在此一并致以谢意。感谢我的导师肖非教授为本书的研究选题和个案调研提供全方位指导与支持；感谢华东师范大学邓猛教授、中国教育科学研究院陈云英教授、北京教育科学研究院王富伟副研究员，在本书写作和修改过程中给予的耐心指导和宝贵意见；感谢加利福尼亚大学圣芭芭拉分校的 George Singer 教授、王勉教授、Natalie Holdren 老师、Andrew Fedders 老师等，为本书的资料收集和实践访谈提供的无私帮助；感谢北京市特殊教育研究指导中心、北京市西城区培智中心学校、北京市健翔学校在本书调研开展过程中给予我的大力支持；感谢我的家人及好友在本书写作中对我一如既往的鼓励与陪伴。

最后，特别感谢本书中个案学校每位老师和学生的付出与贡献，正是由于她们的开放与接纳，研究才得以顺利进行。在田野调查过程中，我与老师和同学们朝夕相处，时常被学生的纯真可爱打动，也为他们的未来忧虑焦心。同时我也经常直面老师们的快乐、困惑、疲惫与无奈，身处于特殊教育的最前线，老师们用超出常人的耐性和专业，竭力为孩子们创造哪怕只多一点点的发展空间。有时候我甚至觉得，她们就像加缪笔下令人尊敬的西西弗斯一样，身负巨石，日复一日地面对着希望渺茫的教育现实，尽己所能地尝试所有可能性。陶勇医生曾说，"没有关怀的医学是冰冷的，没有技术的关怀是滥情的。"这句话也非常适用于特殊教育。在社会对特殊群体的态度还停留在同情怜悯的时候，我在个案学校的老师身上，看到了关怀与技术并存的专业力量。她们是特殊教育发展提升的希望。

受时间、资料和研究水平所限，本书难免有不足之处，敬请读者批评指正，以便今后进一步修订完善。

冯 超

2023 年 9 月

目　录

第一章　绪论 ……………………………………………………… 001

第一节　研究问题提出 ………………………………………… 001

第二节　核心概念界定 ………………………………………… 009

第三节　个别化教育计划研究述评 …………………………… 011

第四节　研究设计与方法 ……………………………………… 057

第二章　培智学校 IEP 的实施缘起：合法性的压力 ………… 091

第一节　主流之外：新建培智学校面临教育性质疑 ………… 091

第二节　专业优先：IEP 引领教学走科研兴校之路 ………… 098

本章小结 ………………………………………………………… 107

第三章　培智学校 IEP 的实施过程：校内强制执行 ………… 110

第一节　强制实施：融 IEP 入学校工作制度 ………………… 111

第二节　规范程序：嵌 IEP 进培智教学实践 ………………… 130

第三节　统一认识：视 IEP 为培智教育灵魂 ………………… 156

本章小结 ………………………………………………………… 164

第四章　培智学校 IEP 的实施效果：有组织的混乱 ………… 166

第一节　IEP 评估：精准与模糊的挣扎 ……………………… 166

第二节　IEP 制定：理想与现实的交锋 ……………………… 176

第三节　IEP 实施：个人与集体的冲突 ……………………… 190

第四节 IEP 认知：熟悉与陌生中徘徊 ·························· 209
本章小结 ··· 218

第五章 新制度主义视野下的培智学校 IEP 实施 ·············· 220
第一节 培智学校 IEP 的诠释与定位：专业合法性的补充 ····· 220
第二节 培智学校 IEP 实施的过程特征：组织内的制度化 ····· 230
第三节 培智学校 IEP 实施的效果分析：逐渐与教学脱耦 ····· 239
第四节 培智学校 IEP 实施的困境背后：多重逻辑的对抗 ····· 246
第五节 培智学校 IEP 的实施建议 ······························ 256

结　语 ··· 262

参考文献 ·· 266

附　录 ··· 292

表目录

表 1 - 1　制度的三大基础要素和支柱框架 ……………… 063

表 1 - 2　访谈对象基本信息 ………………………………… 077

表 1 - 3　观察活动整理 ……………………………………… 081

表 1 - 4　资料编码示例 ……………………………………… 087

表 2 - 1　个案学校部分立项课题 …………………………… 105

表 3 - 1　教学材料提交一览 ………………………………… 119

表 3 - 2　教研组长检查教学资料意见反馈 ……………… 120

表 3 - 3　中学段"人人做课"工作计划及推进措施 ……… 124

表 3 - 4　第三届"智爱杯"课堂评优竞赛活动时间安排 ……… 124

表 3 - 5　德育班会主题安排 ………………………………… 128

表 3 - 6　石同学 IEP 长期目标汇总 ……………………… 128

表 3 - 7　学生心理辅导计划 ………………………………… 129

表 3 - 8　评估目标编码（举例） …………………………… 138

表 3 - 9　IEP 短期目标建议 ………………………………… 141

表 3 - 10　长期目标及其分解示例 ………………………… 143

表 3 - 11　主题单元统整 …………………………………… 144

表 3 - 12　单元主题及周教学活动计划 …………………… 145

表 3 - 13　单元计划教学活动设计之学情分析 …………… 146

表 3 - 14　周备课教学活动设计之教学目标 ……………… 147

表 3 - 15　周备课教学活动设计之教学过程 ……………… 147

表 3 - 16　IEP 长期目标汇总示例 ………………………… 151

表 4 – 1　IEP 长短期目标实例 ……………………………………… 178

表 4 – 2　学生个案连续三年 IEP 长期目标对照 ………………… 185

表 4 – 3　IEP 长短期目标分解实例 ……………………………… 187

表 4 – 4　IEP 长短期目标分解实例 ……………………………… 187

表 4 – 5　IESP 长短期目标及支持策略…………………………… 216

图目录

图 1 - 1　开放性理论框架 ……………………………………………… 067

图 1 - 2　资料分析编码矩阵（由 MAXQDA 2020 生成）………… 088

图 2 - 1　X 培智学校部分荣誉称号 …………………………………… 107

图 3 - 1　2017 年 10 月检查教学资料意见反馈表 ………………… 121

图 3 - 2　智力落后儿童教育总目标、领域与次领域结构 ………… 137

图 3 - 3　IEP 长期目标制定流程 ……………………………………… 139

图 3 - 4　九年级下学期教学单元设计 ………………………………… 140

图 3 - 5　九年级下学期班级教学计划 ………………………………… 141

图 3 - 6　短期目标制定流程 …………………………………………… 142

图 4 - 1　IEP 评估影响因素及效果 …………………………………… 176

图 5 - 1　新制度主义视角下培智学校 IEP 实施的困境 …………… 246

图 5 - 2　培智学校 IEP 实施过程中的多重逻辑 …………………… 254

|第一章|

绪 论

第一节 研究问题提出

一 研究背景

（一）特殊儿童教育质量提升的诉求

特殊教育是我国教育事业的重要组成部分。近年来，随着政府部门对教育公平的不断推进，特殊教育的发展越来越受到重视，比如党的十七大报告提出"关心特殊教育"，党的十八大报告提出"支持特殊教育"，党的十九大报告进一步要求"办好特殊教育"，党的二十大报告指出要"加强特殊教育普惠发展"。从"关心"到"支持"到"办好"再到"普惠发展"，可以看出国家对特殊教育的支持力度不断加大，要求不断提升。除此之外，政府相关部门还颁布了一系列有针对性的政策法规，旨在提升特殊教育的质量。如教育部等七部门于2014年颁布的《特殊教育提升计划（2014—2016年）》[①]（以下称《提升计划一期》）、2017年颁布的《第二期特殊教育提升计划（2017—2020年）》[②]（以下称《提升计划二期》）、2022

---

① 国务院. 国务院办公厅关于转发教育部等部门特殊教育提升计划（2014—2016年）的通知 [EB/OL].（2014 – 01 – 08）[2021 – 10 – 10]. http://www.gov.cn/xxgk/pub/govpublic/mrlm/201401/t20140118_66612.html.

② 教育部. 七部门关于印发《第二期特殊教育提升计划（2017—2020年）》的通知 [EB/OL].（2017 – 07 – 18）[2021 – 10 – 10]. http://www.moe.gov.cn/srcsite/A06/s3331/201707/t20170720_309687.html.

年颁布的《"十四五"特殊教育发展提升行动计划》①（以下简称《提升行动计划》），都开宗明义地指出要"加快推进特殊教育发展，大力提升特殊教育水平"，并从教育规模、经费投入、基础设施建设、课程教学改革、师资培养、制度保障等多个方面对特殊教育的发展做出规定和要求。2015 年 8 月更是专门出台了《特殊教育教师专业标准（试行）》，以此规范特殊教育教师的培养规格和从业标准，意图通过"引领特殊教育教师专业成长，促进特殊教育内涵发展"②。2017 年 1 月修订的《残疾人教育条例》规定"残疾人教育应当提高教育质量"。由此可见，当前我国特殊教育的发展重点已由最初的保障残疾儿童入学率转向提升特殊儿童教育质量。

教育质量的提升有赖于学校课程和教学的优化。对于高异质性的特殊儿童群体而言，障碍类别和程度不同，所需的教育支持和相关服务也大不相同，这使得普通教育中适用的、统一的课程教学大纲难以满足每名儿童独特的教育需求。特殊学校要实现高质量的教育，就必须因人而异地制定符合个人需求的课程教学计划，于是个别化教育计划（Individual Educational Program，IEP）应运而生。它立足于特殊儿童的学习能力和教育需求，为特殊儿童指明学习发展的方向和目标，还规定了相应的教育支持和服务，是为特殊儿童量身定制的教育教学方案，对特殊儿童的发展具有不可替代的意义。因此，在国际特殊教育发展过程中，个别化教育计划被视为实现特殊儿童教育权利的保障，并被很多国家以法律形式固定下来强制执行，以求实现特殊教育的高质量发展。

反观我国的特殊教育，长期以来难以摆脱起点低、发展慢、效果差的状态，这不仅阻碍了特殊儿童教育权利的实现，也不利于教育公平的深入推进。③ 就政策层面而言，虽然国家相关政策中也提及个别化教育计划，

---

① 教育部. 国务院办公厅关于转发教育部等部门"十四五"特殊教育发展提升行动计划的通知 [EB/OL]. （2022 - 01 - 25）[2022 - 02 - 12]. http://www. gov. cn/zhengce/content/2022 - 01/25/content_5670341. htm.

② 教育部. 教育部关于印发《特殊教育教师专业标准（试行）》的通知 [EB/OL]. （2015 - 08 - 26）[2021 - 10 - 10]. http://www. moe. edu. cn/srcsite/A10/s6991/201509/t20150901_204894. html.

③ 王辉，王雁. 对我国大陆培智学校课程建设问题的几点思考 [J]. 中国特殊教育，2015（1）：16 - 21.

但多为提倡、呼吁或者建议，不具有法律强制属性；在实践层面，虽然很多一线特殊教育学校很早就开始进行尝试和探索，但缺乏深入持续的讨论和总结，对个别化教育计划的研究始终停留于浅层。① 实践中无可替代的重要性和寥寥无几的研究成果，构成了我国个别化教育计划发展的一大矛盾，也引发了研究者深入探寻的兴趣，故而本研究将关注点锁定在个别化教育计划的发展方面。

（二）培智学校课程教学改革的推动

在我国三类特殊教育发展中，盲教育与聋教育的义务教育阶段课程与普通学校并无本质差异，只是学习要求和内容难度有所降低。培智教育则不然，教育对象的异质性和独特性使培智教育自成体系，其培养目标、课程设置、教学内容、组织策略、评价方式等都与普通教育有较大差异。从1987年颁布的《全日制弱智学校（班）教学计划（征求意见稿）》（以下简称《教学计划》），到1994年教育部印发的《中度智力残疾学生教育训练纲要（试行）》（以下简称《教育训练纲要》），再到2007年教育部颁发的《培智学校义务教育课程设置实验方案》（以下简称《培智课程方案》），培智学校在课程和教学方面从未停止过探索。这一方面是受到基础教育改革浪潮的影响，"建构主义""学生中心""合作学习"等新课程改革中的思想②使培智教育的理念、内容和方式都发生了不同程度的变化。比如培养理念从注重缺陷补偿转向潜能开发，课程内容从以适应社会为目标的学科本位知识技能传授，转变为追求完满生活的生活化经验构建。③另一方面则是源于特殊教育发展格局的变化。随班就读的深度推广使得将近60%的轻度智力落后儿童进入普通学校就读，④ 培智学校的招生对象转而以中重度发展障碍儿童为主，如智力落后儿童、孤独症儿童、脑瘫儿童以及多重残疾儿童等，群体异质性日益增大，这使得班级教学难度增加，

---

① 邓猛，郭玲．西方个别化教育计划的理论反思及其对我国特殊教育发展的启示［J］．中国特殊教育，2010（6）：3-7．

② 吴春艳．培智学校校本课程开发的现状研究［J］．中国特殊教育，2013（2）：31-35．

③ 傅王倩，莫琳琳，肖非．从"知识学习"走向"完满生活"——我国培智学校课程改革价值取向的变迁［J］．中国特殊教育，2016（6）：32-37．

④ 彭霞光．中国特殊教育发展报告2012［M］．北京：教育科学出版社，2013：6．

从侧面推动课程做出改变，以适应教育对象的需求。

2016 年 12 月，教育部颁布了三类特殊教育学校的义务教育阶段课程标准，许多特殊教育学校纷纷开始尝试以新课程标准为依据调整课程计划和教学内容。2017 年 9 月，培智学校按规定于小学和中学学段的起始年级使用与新课标配套开发的教材，进一步将课程改革阵地推向课堂教学。新课标该如何由文本文件转化为教学实践，如何与学校现有课程体系相匹配，以有效指导、评估教学活动开展，是培智学校课程教学面临的新挑战。作为特殊儿童教育教学提升的方式，个别化教育计划也在培智学校课程教学中占有一席之地，新课标的有效落实绕不开个别化教育计划的实施，二者不能回避彼此的存在而独立发展。如何在教学中妥当处理二者的关系，以最大限度发挥它们对教学的指导和评价作用，实现特殊儿童的潜能开发和教育成长，是当前及未来一段时间培智学校教学研究应当关注的重要问题。基于此，本研究将研究的重点和问题范围进一步聚焦于培智学校个别化教育计划，试图厘清其与培智学校课程教学之间的关系和相互作用。

（三）个别化教育计划实践发展所需

近些年，随着我国特殊教育发展重心由数量拓展转向质量提升，个别化教育计划也日益受到重视。从 2007 年教育部颁布《培智课程方案》，要求学校"全面推进个别化教育，为每个智力残疾学生制订和实施个别化教育计划"开始，个别化教育计划便频繁地出现在相关政策中。① 如 2014 年《提升计划一期》、2015 年《特殊教育教师专业标准（试行）》、2016 年《培智学校义务教育课程标准（2016 年版）》（以下简称《培智课程标准》）、2017 年《残疾人教育条例》《提升计划二期》、2020 年《关于加强残疾儿童少年义务教育阶段随班就读工作的指导意见》（以下简称《随班就读意见》）、2021 年《特殊教育专业师范生教师职业能力标准》、2022 年《提升行动计划》，个别化教育计划作为提高特殊儿童教学质量的方式，成为特殊教

---

① 教育部. 教育部关于印发《盲校义务教育课程设置实验方案》、《聋校义务教育课程设置实验方案》和《培智学校义务教育课程设置实验方案》的通知 [EB/OL]. (2007 – 02 – 02) [2021 – 10 – 10]. http://moe. gov. cn/srcsite/A06/s3331/200702/t20070202_128271. html.

育教师需要掌握的基本技能，个别化教育计划的适用范围也从培智学校走向融合教育。此外，上述政策中还提到了与个别化教育计划相对应的、具有本土化特色的概念"一人一案"，由此可见在我国特殊教育工作中实施个别化教育计划的急迫性。

与政策的大力推动呈现出鲜明对比的，是个别化教育计划在实践中的无力与不尽如人意。个别化教育计划从诞生之日起，就寄托着人们对教育公平的追求和向往，因而极具理想主义色彩。同时，在没有行政强制干预的情况下，我国基础薄弱的特殊教育学校目前尚无能力协调教育、医学、心理、康复等多方面的人、财、物资源，来保障个别化教育计划的实施，这间接加剧了个别化教育计划的实践难度。很多研究者对我国个别化教育计划的具体实践进行研究，发现其在制定实施过程中规范性不够、质量不高，难以有效指导教学活动开展，存在文本、实践"两张皮"的现象，个别化教育计划成为一种对行政要求的形式化应付，徒增教师负担。①

为何一方面政策对个别化教育计划大力提倡，鼓励支持为每一个特殊儿童制定个别化教育计划，甚至称其为"特殊儿童教育质量保障的基石"，而另一方面在实践中直接制定实施个别化教育计划的相关人员却认为其对教学没有指导作用？培智学校是如何实施个别化教育计划的？相关人员是如何理解它的？它在我国培智教育中到底扮演着何种角色？源自西方社会文化情境的个别化教育计划，要如何有效地融入我国特殊教育体制和培智学校系统，发挥指导作用，提升教育质量？带着上述困惑和疑问，本研究将研究主题进一步聚焦到对培智学校个别化教育计划实施过程的研究。

---

① 邓猛，郭玲. 西方个别化教育计划的理论反思及其对我国特殊教育发展的启示 [J]. 中国特殊教育，2010 (6)：3 - 7；于素红. 个别化教育计划的现实困境与发展趋势 [J]. 中国特殊教育，2012 (3)：3 - 8；连福鑫，陈淑君. 理想与现实：特殊教育学校个别化教育计划实践个案研究 [J]. 中国特殊教育，2015 (7)：3 - 9；辛伟豪，曹漱芹. 培智学校个别化教育计划：制定、实施及困难——基于对杭州市部分培智学校的调查 [J]. 中国特殊教育，2016 (4)：18 - 26；王红霞，莫琳琳，牛爽爽. 融合教育学校个别化教育计划实施状况研究——基于北京市海淀区的调查 [J]. 中国特殊教育，2020 (7)：31 - 36.

二 研究目的与研究问题

（一）研究目的

个别化教育计划（以下视情况称"IEP"）是促进特殊教育发展的重要途径。我国教育部 2014 年颁布的《提升计划一期》中就多次强调 IEP 的重要性："……为残疾学生提供个别化教育和康复训练。……加强个别化教育，增强教育的针对性与有效性。"然而 IEP 本身所带有的理想主义色彩，以及实际操作过程中所需的诸多支持，令其实施过程颇为曲折。20 世纪 80 年代我国内地开始在培智教育中尝试探索 IEP，尽管经历了 30 多年的推广与发展，效果却不尽如人意。这是什么因素导致的？我国 IEP 的实施现状究竟如何？在实施过程中遇到哪些阻碍？相关人员是如何理解 IEP 的？参与度如何？IEP 在我国培智教育教学中扮演着什么样的角色？它与培智学校课程教学之间是什么样的关系？这些都是发展 IEP 所无法回避的问题，有待于系统研究。

本研究旨在运用质性研究的方式，以 X 培智学校为个案，实地调查学校 IEP 的发展历程、具体实施过程，理解不同参与者在其中的行动及意义，从而描述 IEP 的实施状况、所遇问题及发展趋势，思考 IEP 的本质及其与培智学校课程的关系，为今后培智学校乃至融合教育环境中特殊儿童的教育教学提供参考。

（二）研究问题

本研究通过对培智学校 IEP 制定和实施的具体过程、参与人员、影响因素进行系统研究，拟解决以下三个主要问题。

1. 培智学校相关人员如何理解个别化教育计划？

IEP 并非我国本土特殊教育概念，作为一个"舶来品"，IEP 是如何来到培智学校并被采纳实施的？过程如何？要回答这一疑问，需要先理解下列问题：个案学校 IEP 的实施背景和历程如何？个案学校的相关人员是如何看待并理解 IEP 的？他们对 IEP 的参与程度如何？

2. 培智学校如何实施个别化教育计划？有何特征？

个案学校实施 IEP 有 30 多年，在这么长的时间里，个案学校 IEP 实施的具体步骤和过程如何，有何特征？这是本研究要了解的首要问题，也是后续研究问题的基础。据此，本部分研究问题具体包括：个案学校 IEP 是如何制定实施的？由谁制定实施？具体流程或模式如何？学校对 IEP 实施的资源支持与保障如何？IEP 长短期目标与培智课程有何关系？IEP 长短期目标与班级教学目标有何关系？IEP 长短期目标是如何落实与评价的？相关人员对 IEP 的参与程度如何？等等。

3. 培智学校个别化教育计划实施效果如何？受哪些因素影响？

IEP 在培智学校经历 30 多年的发展，其效果如何？受何种因素影响？这些也是本研究关注的重要问题，具体包括：个案学校的 IEP 实施效果如何？评估、制定、实施以及评价过程中是否存在困难，困难背后的影响因素有哪些？IEP 与培智教学的关系如何？等等。

三 研究意义

（一）理论意义

IEP 是特殊儿童接受高质量教育的重要保障。在培智学校中，IEP 与课程和教学都有着千丝万缕的联系，对儿童的教育发展意义非常。然而回顾我国目前关于 IEP 的研究，相关成果缺少系统性和连续性，概念内涵模式介绍较多，理论分析批判居多，深入实证研究较少。鉴于此，本研究采用质性研究方法，通过个案研究展开对 IEP 的深入追踪和了解，探讨我国培智学校 IEP 实施的现状和过程、困境和机遇，以及不同参与者对其的意义阐释，并试图在此基础上总结我国培智学校 IEP 的发展特点和本质特征。本研究具有重要的理论意义。

首先，可以丰富 IEP 发展理论。与美国、英国甚至是我国台湾地区相比，当前我国大陆地区关于 IEP 的研究可谓寥寥无几，仅有的若干文献均以介绍境外和我国台湾地区经验模式为主，甚少关于我国大陆地区 IEP 的深入探讨。当然，这可能也与我国大陆地区 IEP 相关实践较为缺乏有关。本研究通过对一所 IEP 开展经验丰富的学校进行深入探索，在实践基础上，总结我国本土情境中 IEP 实施的模式和特点，提炼出我国培智学校 IEP 的发展特征，可以丰富这一领域的研究内容，为今后我国培智教育甚至融合教育中个别化教育的发展和研究提供理论支持和参考。

其次，丰富我国培智教育课程教学理论研究。课程与教学是学校教育的根本。当前我国培智学校课程改革如火如荼地开展，与此相关的探讨和争论也从未停下，培智学校到底该教什么、该如何教，一直都是研究者们关注的重点。IEP 是特殊儿童教育发展的指南性文件，应当对儿童的课程教学起指导作用。本研究从 IEP 的实施入手，试图理解 IEP 的目标制定和落实过程。这一过程离不开课程和教学，因此本研究实际上也是聚焦培智学校课程教学的发展过程，希望梳理、分析培智学校课程教学的现状和特点、困难和阻碍，以此助力培智学校课程教育体系的完善，为今后我国培智教育课程和教学的发展及研究提供理论支持。

（二） 实践意义

长期以来，我国 IEP 都只存在于培智学校教育工作文件和特殊教育教师模糊的概念中。除却北京、上海等特殊教育发展水平相对较高的一线城市，很多地区的 IEP 都是一纸空文。培智学校教师对于 IEP 该如何制定、如何落实、如何评价知之甚少，学校对于如何调动资源为 IEP 提供支持，实施过程中会遇到哪些困难和阻碍，该如何解决等全无概念。本研究对一所在 IEP 实践上有丰富经验的学校进行深入研究，具有重要的实践意义。

首先，可以促使教师更好地理解 IEP。IEP 在我国虽然已经经历了几十年的实践探索，但区域相对集中。在广大的中西部地区，"IEP" 更像是教科书中的一个名词，很多特殊教育工作者对 IEP 的基本理念和发展历程较为陌生。本研究梳理国内外 IEP 的发展历程，介绍分析国内 IEP 的实践发展模式，可以帮助培智学校教师、行政管理人员、资源教师等相关特殊教育工作者加深对 IEP 的认识和体会，理解其指导思想和教育目标，增强教师开展 IEP 的意愿和动力，为 IEP 的实施奠定思想基础，推动 IEP 的实践发展。

其次，可以为培智学校乃至融合教育环境中 IEP 的推广实施提供经验参考。不论在培智学校还是在融合教育环境中，IEP 都是整合相关资源、为特殊儿童提供优质教育的重要工具和途径。但是当前我国大陆地区 IEP 整体发展较为落后，既无法律保障又无经验指导，很多培智学校对 IEP 的发展有心无力，走融合教育之路的普通教育学校更是如此。本研究选取的个案学校在 IEP 发展方面一直走在全国前列，通过对个案学校相关发展历程和模式进行完整、深入的呈现和讨论，对 IEP 制订程序、要求、内容、策略、实施和评价进行系统梳理，可以帮助培智学校教师和相关工作人员掌握 IEP 的实际操作技能，提升教师专业发展水平，为我国其他地区培智学校发展 IEP 提供有效的经验参考和方向指引。

第二节　核心概念界定

一　培智学校

培智学校又称"启智学校""辅读学校"，是中国一些省、区、市为智力残疾儿童办的特殊教育学校，是智力落后教育的一种主要办学形式。[①]从 20 世纪 80 年代开始，培智学校主要招收轻度智力落后儿童及中度智力落后儿童，设有语文、数学、常识、音乐、体育、美工、劳技等课程。培智学校的培养目标是贯彻德智体美全面发展的教育方针，从智力落后儿童的身心特点出发进行教育、教学和训练，补偿其智力和适应行为的缺陷，将他们培养成为有理想、有道德、有文化、有纪律的能适应社会生活、自食其力的劳动者。到 20 世纪 90 年代，随着融合教育理念的兴起和随班就读的推广，培智学校的招生对象转向以中度智力落后儿童为主。如今，培智学校的教育对象较为复杂，主要招收发展性障碍儿童，除中、重度智力落后儿童外，还兼收脑瘫儿童、孤独症儿童和多重障碍儿童等。[②] 1994 年的《教育训练纲要》对培智学校的招生年龄、班额、教育目的和任务、教育内容都做出明确的规定。本研究中的培智学校概念参照上述定义标准。

二　个别化教育计划（IEP）

个别化教育计划最早见于美国 1975 年《所有障碍儿童教育法》（*Education of All Handicapped Children Act*，EHA）。时至今日，IEP 在世界范围内

---

① 朴永馨，主编. 特殊教育辞典 [M]. 北京：华夏出版社，2014：313.
② 刘春玲，马红英. 智力障碍儿童的发展与教育 [M]. 北京：北京大学出版社，2011：146 - 147.

广泛应用，不同国家地区的学者对其的理解各有侧重。美国教育部关于 IEP 的指导性文件《个别化教育计划指南》（*A Guide to the Individualized Education Program*）认为 IEP 是特殊儿童获得有质量的教育的基石。IEP 应当是相关利益人员通力合作，针对学生特点而制定的极具个性化的文件，旨在帮助学生获得个别化的特殊教育支持和服务，以此为每个学生提供高质量的教育。[①] 英国国家特殊儿童委员会（National Council for Special Education）在《个别化教育计划指南》（*Guidelines on the Individual Education Plan Process*）中将 IEP 定义为为特殊儿童准备的指南性文件，它规定了学生在一段时间内要达到的学习目标，以及实现这些目标所需的教学策略、资源和支持。[②]

　　台湾是我国实行 IEP 较早的地区。1997 年台湾地区在修订特殊教育有关规定时便将 IEP 列为强制项目，明确了 IEP 的地位。1998 年颁布的特殊教育有关规定实施细则对 IEP 的内容及实施方式做了详细的说明，认为 IEP 是运用团队合作方式，针对身心障碍学生个别特性所订定之特殊教育及相关服务计划。[③] 从 20 世纪 80 年代起，我国大陆地区开始尝试探索 IEP 的实施，很多学者也从不同角度对 IEP 进行了讨论。比如朴永馨认为，IEP 是指针对某种特殊需要，基于缺陷补偿而提出的整套教学计划的书面报告。[④] 肖非将 IEP 定义为关于特殊儿童身心全面发展和教育的一个总体构想，以及针对他们进行教育教学工作的指南性文件。[⑤] 刘全礼认为，IEP 是针对每个学生的个别教育需求，制订符合学生特点的教学方案，并通过科学处理教学内容、教学方法等教学因素，使每个学生都受到适合其自身特

① Wehman P. A new era: Revitalizing special education for children and their families [J]. Focus on Autism and Other Developmental Disabilities, 2002, 17 (4): 194 – 197.

② U. K. National Council for Special Education, Guidelines on the Individual Education Plan Process (2006) [EB/OL]. (2006 – 01 – 12) [2021 – 10 – 10]. http://ncse.ie/wp-content/uploads/2014/10/final_report.pdf.

③ 台湾地区特殊教育有关规定施行细则第九条 [EB/OL]. (2020 – 07 – 17) [2021 – 10 – 10]. http://edu.law.moe.gov.tw/LawContent.aspx? id = FL009141&KeyWord = % E7%89% B9% E6% AE% 8A% E6% 95% 99% E8% 82% B2% E6% B3% 95.

④ 朴永馨，主编. 特殊教育学 [M]. 福州：福建教育出版社，1995：65.

⑤ 肖非. 关于个别化教育计划几个问题的思考 [J]. 中国特殊教育，2005 (2)：9 – 13.

点的教育，从而获得学业的进步，实现个别化学习的目标。①

综合上述定义可以看出，IEP 有多种内涵：作为一种文本，IEP 是"基于特殊学生教育需求而量身制定的教育教学方案"，规定了学生应当享受的教育支持和相关服务，又指明了学生学习和发展的方向与目标，还提供了评价教学效果的方式和标准；作为一种过程，IEP 以既定目标为导向，可以指导教学方向、监测教学进度、评价教学效果，是保障特殊学生教育权利和教育质量的制度手段。因此，本研究中的 IEP 概念，既是一种文本也是一种过程，二者兼具。

第三节　个别化教育计划研究述评

一　IEP 的起源与发展

IEP 起源于美国，后来随着世界特殊教育交流发展，尤其是伴随着"一体化""回归主流""融合教育"等思潮运动，被推广至欧洲、亚洲、澳洲等地的多个国家，成为各国提升特殊教育质量的重要途径。虽然发展步调有所差异，但从世界范围来看，IEP 都经历了诞生发展、同时或逐渐成为特殊教育法律体系构成的过程。因此本部分以美国为代表，简要介绍 IEP 的起源与发展历程。

（一）IEP 发展历程回顾

1. 美国 IEP 发展历程回顾

美国是 IEP 的发源地。IEP 从最开始就以法律形式出现，此后也一直随着相关法律的不断修订而日益完善。可以说，法律持续性的保驾护航是美国 IEP 发展的重要特色。早在 1972 年，联邦法院要求所有的亚拉巴马州立学校及医院为安置在其中的身心障碍者设计"个别复健计划"（Individual Rehabilitation Plan，IHP）。② 1973 年的《康复法案》（Rehabilitation Act of 1973）

---

① 刘全礼. 个别化教育计划的理论与实践［M］. 北京：中国妇女出版社，1999：35，63 - 64.

② 肖非. 关于个别化教育计划几个问题的思考［J］. 中国特殊教育，2005（2）：9 - 13.

中的"第504条款"（Section 504）规定，受政府资助的活动方案不得歧视残疾人群，不得禁止其享有应有的公民权和使用公共设施的权利，同时，应当主动为残疾群体提供"合理便利"（Reasonable Accommodation）。① 此外，一些学者对于为儿童提供个别化教育服务的构想和研究，也为IEP的发展做出了贡献，比如有研究者曾提出通过指定"教育合约"的方式，检验为学生设定的目标是否达成，并制定相应措施，从而保证特殊儿童的教育质量。② 这些法律或学术领域的尝试，都为IEP成为法定项目提供了可行性分析和参考。

1975年，在民权运动影响下，美国颁布《所有障碍儿童教育法》，即94 - 142公法。法案规定了美国特殊教育发展的六大原则：零拒绝（Zero Reject）、非歧视性评估（Nondiscriminatory Evaluation）、免费适当的公立教育（Free Appropriate Public Education，FAPE）、最少受限制的环境（Least Restrictive Environment）、正当程序（Procedural Due Process）和家长参与（Parental Participation）。其中免费适当的公立教育原则中就规定要为每个3～21岁身心发展障碍儿童设计制定"Individualized Education Program"（IEP），并对IEP的内容和IEP小组成员做出规定。有了法律做保障，IEP的发展进入规范化阶段。

此后至20世纪末，美国又通过一系列法案，将IEP的服务对象不断向两头延伸，关注IEP的实施质量且更加重视其在融合教育中的发展。有研究者认为这个阶段的IEP发展已由原先的"服务本位取向"转变为"支持本位取向"。③ 1986年，美国颁布《所有障碍儿童教育法修正案》（*Education of All Handicapped Children Act Amendments*），由于法案重点关注学前阶段残疾婴幼儿的发展，这一法案又被称为《残疾婴幼儿法案》。该修正案将原先法定的6～12岁的受教育年限向下延伸，覆盖至3～5岁的学前儿

---

① Miller L, Newbill C. Section 504 in the Classroom：How To Design and Implement Accommodation Plans ［M］. PRO-ED, Inc., 8700 Shoal Creek Boulevard, Austin, TX 78757 - 6897；Order Number 8645., 1998.

② Goodman J F, & Bond L. The individualized education program：A retrospection critique ［J］. The Journal of Special Education, 1993, 26（4），408 - 422.

③ 钮文英. 迈向优质、个别化的特殊教育服务 ［M］. 台北：心理出版社，2013：28.

童。对于 0～2 岁的特殊婴幼儿，法案要求对其实施"个别化家庭服务计划"（Individualized Family Service Plan，IFSP），加大早期干预的介入，为儿童本人、父母及其他家庭成员提供必要的家庭服务和教育支援。1990 年美国国会通过《所有障碍者教育法》（*The Individuals with Disabilities Education Act*，IDEA）。该法案在原有特殊教育基础上，强调义务教育阶段之后学生的教育及发展，规定要在特殊儿童 16 岁之前为其规划离校之后的衔接方向，又称"个别化转衔计划"（Individualized Transition Program，ITP）。1997 年、1999 年 IDEA 的修正案及其实施细则相继颁布，正式开启特殊儿童的融合教育之路，IEP 书面文件的实用性和教育效果也在其间得到前所未有的重视。修正案及实施细则更加强调父母在 IEP 中的重要性；强调选择普通课程及调整减少不必要的书面文件作业，而着重于教学；预防种族、语言文化的差异造成的不当鉴定与标签效应；鼓励家长和教育人员增加合作以促进特殊学生发展。①

进入 21 世纪，美国 IEP 的发展更趋于细致化，开始注重学生本人在 IEP 中的作用以及通过实证的方式评价 IEP 的效用。2001 年的《不让一个孩子掉队》法案（*No Child Left Behind*，NCLB），旨在确保所有儿童获得公正、平等的教育权利和高质量的教育过程，其中就强调教育计划和实践应当"基于科学研究"（Scientifically-Based Research，SBR）。② 同时强调在融合教育发展背景下，IEP 应当体现出学生发展的学业性（academic）、发展性（developmental）和实用性（functional），以确保 IEP 在关注学生障碍相关行为或者功能性问题之外，同样重视学业能力的发展。③ 2004 年，IDEA 修正案颁布，进一步完善落实对语言和文化差异学生的非歧视评估原则。同时针对 IEP 复杂繁重的文字工作及其实施脱离教学的现状，对 IEP 的目标撰写、参与人员和协商方式、评估和调整、转衔、参与会议的替代方式

---

① 林素贞."如何拟定个别化教育计划"——给特殊教育的老师与家长［M］. 台北：心理出版社，1999：13.

② United States Department of Education（2002）. No Child Left Behind Act. Retrieved from United States Department of Education NCLB［EB/OL］.（2002 - 01 - 02）［2021 - 10 - 10］. https://www2. ed. gov/nclb/landing. jhtml.

③ Gartin B C，Murdick N L. IDEA 2004：The IEP［J］. Remedial and Special Education，2005，26（6）：327 - 331.

等都依据实践情况做出细致的调整，如可以根据学生需求，只撰写年度发展目标，可以采用视频而非面谈的方式召开 IEP 会议等。①

2. 我国 IEP 发展历程回顾

经历多年发展，IEP 在台湾地区形成了较为完整的系统，作为正式规定项目规范特殊教育的教学工作。从发展历程来看，台湾地区的 IEP 发展可以分成四个阶段。② 第一个阶段是 1984 年之前的"萌芽期"，当时台湾地区特殊教育开始朝着制度化和规范化的方向发展。IEP 的概念诞生后，特殊教育学者将其引入台湾地区并开始系统的探索和研究，为 IEP 在台湾地区的合规化发展奠定了理论和研究基础，但 IEP 的实践并无突破性进展。③ 第二个阶段是 1984～1996 年的"推广期"，这一时期台湾地区相继颁布《特殊教育规定》、《特殊教育规定施行细则》以及《特殊教育课程教材及教法实施办法》，以规定规范特殊教育发展。虽然文件中没有关于 IEP 的明文表述，但教育行政部门和研究机构开始意识到 IEP 的重要性并对其积极推广，IEP 的理论和实践都有了较大程度的发展，不过整体质量和数量都还有很大的提升空间。④ 第三个阶段是 1997～2008 年的"发展期"。IEP 作为规定强制项目出现在《特殊教育规定》和《特殊教育规定施行细则》中，前者奠定了 IEP 的合规性基础，后者更是明确了 IEP 的具体内容、实施方式和转衔服务。至此 IEP 的发展进入高峰期，数量和质量都有较大幅度的提升，研究者们开始从多个角度探索 IEP 的发展，如关于 IEP 促进儿童自我决策的发展，⑤ 基于网络（web-based）的 IEP 系统和软件开发⑥等，出现了一系列的研究著作和成果。第四个阶段是 2009 年以后

---

① 黄瑞珍，等. 优质 IEP——以特教学生需求为本位的设计与目标管理［M］. 台北：心理出版社，2007：3－4.

② 李翠玲. 个别化教育计划理念与实施［M］. 台北：心理出版社，2007：5－8；钮文英. 迈向优质、个别化的特殊教育服务［M］. 台北：心理出版社，2013：30－35.

③ 吴武典. 美国个别化教育方案实施概况［J］. 特殊教育季刊，1982（7）：13－14.

④ 林幸台，等. 我国实施特殊儿童个别化教育计划现况调查研究［J］. 特殊教育研究学刊，1994（10）：1－42.

⑤ 刘佩嘉. 自我决策是遥不可及的梦想吗？——促进智能障碍学生参与 IEP/ITP 会议之建议作法［J］. 特殊教育季刊，2005（97）：27－31.

⑥ 吴东光，孟瑛如. 资源班教师对 IEP 计算机化之接受度与应用现况探析［J］. 特殊教育季刊，2004（26）：61－87.

的"改进期",这一时期的 IEP 内涵和外延皆有所深化和拓展,较之前更注重教育质量提升和学生个别化需求的满足。① 同时这一阶段的 IEP 更注重与融合教育情境相结合,要求特殊需求学生的 IEP 目标必须将普通教育课程作为首要考虑,以多种方式弹性调整课程目标,并将课程目标体现到学生 IEP 目标中。

除了台湾地区以外,香港地区也一直推行 IEP。IEP 在香港的缘起,最早是出于融合教育的需求,其发展提升的每一步都与融合教育的推广密不可分,IEP 一直被作为提升融合教育质量的重要工具。1984 年,香港社会福利署在早期幼儿中心试行"融合安置计划",开始尝试早期融合教育。为了促进学生融入早期幼儿中心的环境,社会福利署提出要发展 IEP。后至 1988 年,当时的教育统筹局决定正式将"融合安置计划"推广至香港的所有幼儿园,并规定要为融合安置计划中的所有学生制订 IEP。② 对于义务教育阶段,1997 年,香港政府推行为期两年的"融合教育先导计划",共计 7 所中小学录取了包括轻度智力落后、听障、视障、肢体伤残和孤独症在内的 49 名有特殊教育学习需要的学生,并鼓励学校"全校参与"为学生提供支援,其中包括 IEP 的制订。鉴于先导项目所取得的良好效果,香港有关机构决定继续在主流学校推广"全校参与"的融合教育模式,并为推行计划的学校适当提供人力和财力支持,在此情况下,IEP 得到一定程度的发展。③ 2001 年香港《残疾歧视条例》颁布,规定所有香港学校都必须采纳"全校参与"形式的融合教育,以支援有独特学习需要的学生。④ 至此之后,IEP 在香港主流中小学逐渐发展起来,并随着有关机构对融合

---

① 赖美智,张文嬿. 成人心智功能障碍者服务纲要——个别化服务计划评估与设计使用指南:修订版 [M]. 台北:财团法人第一社会福利基金会,2010.

② Education Bureau. Operational manual for pre-primary institutions [EB/OL]. (2006 - 02 - 23) [2021 - 10 - 10]. http://www. edb. gov. hk/attachment/en/edu-system/preprimary-kindergarten/about-preprimary-kindergarten/Operation% 20Mannaleng. pdf.

③ 雷江华,连明刚. 香港"全校参与"的融合教育模式 [J]. 现代特殊教育,2006 (12):37 - 38.

④ Equal Opportunities Commission. Disability discrimination ordinance, code of practice on education [EB/OL]. (2001 - 10 - 10) [2021 - 10 - 10]. http://www. eoc. org. hk/eoc/graphicsfolder/showcontent. aspx? content = cops_ ddo.

教育的持续推行而得以进一步发展。[①] 2005 年，香港设立 IEP 委员会，统筹 IEP 的发展工作。2007 年，香港教育局实施"三层式支援架构"（Three-Tiered Learning Support Framework），将有特殊学习需要的学生划分为三个不同层次的学习支援对象，并鼓励主流学校为所有需要第三层学习支援的学生发展 IEP。[②]

我国内地至今尚无关于 IEP 的法律条文，IEP 在内地的实践基本属于部分地方教育行政管理的要求或者学校的自发性探索。关于我国内地 IEP 的发展历程，大致能从一些特殊教育相关的教育行政法规和学者研究结果中窥见一二。

在政策方面，1987 年《教学计划》[③] 指出"由于弱智儿童个别差异较大……在班级内要实行个别教学或分组教学，从教学内容到教学进度都要充分照顾各个学生的不同情况，不要齐步走"。1994 年颁布的《残疾人教育条例》第十九条规定"残疾儿童、少年特殊教育学校（班）的教育工作……并根据学生残疾状况和补偿程度，实施分类教学，有条件的学校，实施个别教学"。[④] 可以看出，这时还没有出现"个别化教育计划"的字眼，只是强调教学组织形式要根据学生的个体差异而进行调整，提倡个别教学。1994 年的《教育训练纲要》，在第五部分"教育训练工作中的几个问题"中提出要"针对每个学生的不同特点，为每个学生制订个别教育训练计划"。这是培智教育中首次出现与个别化教育计划相关的词，该纲要同时指出要重视档案材料的记录和积累，以利于制订个别教育训练计划、学业评估和科学研究。

① Forlin C, Rose R. Authentic school partnerships for enabling inclusive education in Hong Kong [J]. Journal of Research in Special Educational Needs, 2010, 10 (1)：13 - 22.
② 曾君兰，王苇. IEP 在香港的发展：过去与未来 [J]. 教育进展，2013 (3)：111 - 125；Education Bureau. Whole-school approach to integrated education [EB/OL]. (2007 - 10 - 10) [2021 - 10 - 10]. http://www. edb. gov. hk/en/edu-system/special/support/wsa/index. html.
③ 国家教委关于印发《全日制弱智学校（班）教学计划》（征求意见稿）的通知 [J]. 课程·教材·教法，1988 (05)：1 - 4.
④ 国务院. 残疾人教育条例 [EB/OL]. (1994 - 08 - 23) [2021 - 10 - 10]. http://www. scio. gov. cn/xwfbh/xwbfbh/wqfbh/2015/20150803/xgbd33188/Document/1443213/1443213. htm.

2007 年颁布的《培智课程方案》① 提出"学校应全面推进个别化教育，为每个智力残疾学生制订和实施个别化教育计划"，后至 2016 年以实验方案为基础的《培智课程标准》② 出台，多门课程的教学建议中都提出，教学实施要适应学生个别化的学习需求，结合学生的 IEP，为学生提供个别化教育。2014 年的《提升计划一期》③ 要求"支持承担随班就读残疾学生较多的普通学校设立特殊教育资源教室（中心）……为残疾学生提供个别化教育和康复训练"，"改革教育教学方法，加强个别化教育"。2015 年的《特殊教育教师专业标准（试行）》④ 从特殊教育师资培养的角度推进 IEP 的发展，其中第 45 条规定"根据教育评估结果和课程内容，制订学生个别化教育计划"，第 46 条"根据课程和学生身心特点，合理地调整教学目标和教学内容，编写个别化教学活动方案"。可以看出为学生制定和实施 IEP 被视为特殊教育教师的基本素养和能力之一。

2017 年修订实施的《残疾人教育条例》⑤ 在原本表述的基础上，明确提出要为学生制定 IEP 的要求："残疾儿童、少年特殊教育学校（班）……必要时，应当听取残疾学生父母或者其他监护人的意见，制定符合残疾学生身心特性和需要的个别化教育计划，实施个别教学。"《提升计划二期》特别强调要"尊重残疾学生的个体差异，注重潜能开发和缺陷补偿，提高特殊教育的针对性。促进残疾学生的个性化发展，为他们适应社会、融入

---

① 教育部. 教育部关于印发《盲校义务教育课程设置实验方案》、《聋校义务教育课程设置实验方案》和《培智学校义务教育课程设置实验方案》的通知 [EB/OL]. (2007 - 02 - 02) [2021 - 10 - 10]. http://moe. gov. cn/srcsite/A06/s3331/200702/t2007020_128271. html.

② 教育部. 教育部关于发布实施《盲校义务教育课程标准》（2016 年版）、《聋校义务教育课程标准》（2016 年版）、《培智学校义务教育课程标准》（2016 年版）的通知 [EB/OL]. (2016 - 12 - 13) [2021 - 10 - 10]. http://www. moe. edu. cn/srcsite/A06/s3331/201612/t20161213_291722. html.

③ 国务院. 国务院办公厅关于转发教育部等部门特殊教育提升计划（2014—2016 年）的通知 [EB/OL]. (2014 - 01 - 08) [2021 - 10 - 10]. http://www. gov. cn/xxgk/pub/govpublic/mrlm/201401/t20140118_66612. html.

④ 教育部. 教育部关于印发《特殊教育教师专业标准（试行）》的通知 [EB/OL]. (2015 - 09 - 01) [2021 - 10 - 10]. http://www. moe. edu. cn/srcsite/A10/s6991/201509/t20150901_204894. html.

⑤ 国务院. 残疾人教育条例 [EB/OL]. (1994 - 08 - 23) [2021 - 10 - 10]. http://www. gov. cn/gongbao/content/2017/content_5178184. htm.

社会奠定坚实基础",做好"一人一案"①;2020 年颁布的《随班就读意见》明确支持"普通学校要针对残疾学生的特性,制订个别化教育教学方案,落实'一人一案',努力为每名学生提供适合的教育";② 2021 年教育部印发《特殊教育专业师范生教师职业能力标准》,将"制定个别化教育计划和个别化教育活动方案"作为教师核心能力。③ 2022 年我国《提升行动计划》明确提出"推进残疾学生信息上报、教育评估、转衔安置和个别化支持等工作规范及时、科学专业"。④

从上述教育行政管理办法中,可以看出特殊教育对 IEP 的迫切需求,但关于 IEP 该如何制定、由谁制定、如何实施、如何评价等具体问题,目前还难以找到国家层面的政策依据。部分省区市在推进融合教育的过程中深感 IEP 的重要作用,因此从行政管理的角度将 IEP 的制定和实施纳入省区市教育发展规划要求。例如 2013 年北京市教育委员会、北京市人民政府教育督导室、北京市残疾人联合会联合制定《北京市残疾儿童少年随班就读工作管理办法》,对 IEP 的参与人员、制定流程、实施场所、评估要求、相关师资培训等都做出较为详细的规定和说明,如第十九条"个别化教育计划制订后,经家长和相关人员(班主任、任课教师、资源教师、家长以及主管领导)同意,由家校共同实施并加以落实。个别化教育计划原则上每学期制订一次,并定期对其实施情况进行评估。个别化教育计划在实施过程中应根据实际情况作必要的调整或修订。"⑤ 这是地方教育行政部门首

① 教育部.教育部等七部门关于印发《第二期特殊教育提升计划(2017—2020 年)》的通知 [EB/OL].(2017 - 07 - 18)[2021 - 10 - 10].http://www. moe. gov. cn/srcsite/A06/s3331/201707/t20170720_309687. html.
② 教育部.教育部关于加强残疾儿童少年义务教育阶段随班就读工作的指导意见 [EB/OL].(2020 - 06 - 22)[2021 - 10 - 10].http://www. moe. gov. cn/srcsite/A06/s3331/202006/t20200628_468736. html.
③ 教育部.特殊教育专业师范生教师职业能力标准(试行)[EB/OL].(2021 - 04 - 06)[2021 - 10 - 10].http://www. moe. gov. cn/srcsite/A10/s6991/202104/t20210412_525943. html.
④ 教育部.国务院办公厅关于转发教育部等部门"十四五"特殊教育发展提升行动计划的通知 [EB/OL].(2022 - 01 - 25)[2022 - 12 - 10].http://www. gov. cn/zhengce/content/2022 - 01/25/content_5670341. htm.
⑤ 北京市残疾人联合会.北京市残疾儿童少年随班就读工作管理办法(试行)[EB/OL].(2017 - 10 - 10)[2021 - 10 - 10].http://service. bdpf. org. cn/zwpd/zcfg/jypxl/c16197/content. html.

次对个别化教育计划做如此之详细的规定。

在实践方面，我国 IEP 的实践多是部分地方教育行政管理的要求或者学校的自发性探索。由于我国特殊教育发展水平不均衡，各省区市培智学校的 IEP 实施开展情况有很大的差别。因此本部分以北京市为例，对 IEP 的实践发展进行简要回顾。北京市的特殊教育发展水平一直走在全国前列，就 IEP 发展而言，与国家课程标准紧密结合是北京市 IEP 实施的主要特点。与国外 IEP 的发展不同，北京市的 IEP 发展始终伴随着相关国家课程标准的制定。从最早的《教育训练纲要》到如今的《培智课程标准》，这些国家课程标准都在我国 IEP 本土化发展中扮演了重要角色。它们为 IEP 的制定提供了方向和范围，如评估领域确定、长短期目标选择等；为 IEP 的实施过程提供依据，如教学内容选择、教学活动安排，教学评价标准等。北京市 IEP 的发展可以大致分为三个阶段。

第一，萌芽阶段：20 世纪 90 年代至 2007 年。1994 年原国家教委印发了《教育训练纲要》，首次要求为儿童制定 IEP。在此背景下，北京部分培智教育学校开始尝试进行 IEP 的探索，从学生的身心发展特点出发，对每一位学生的心理发展水平、学业表现水平、优劣势能力展开分析，同时通过与家长的沟通，了解学生的兴趣和未来发展需求，在此基础上对课程和教学大纲进行调整。严格来说，这些调整仍然属于差异化教学的范畴，不能称之为 IEP，但是对学生个性化心理的关注，在此基础上进行的发展水平分析，以及以此为依据的课程内容和教学策略调整，都可以看出 IEP 的影子。这是一线特殊教育学校，结合学生发展需求和日常教学实践经验，对 IEP 进行的有意义的尝试，因此笔者称之为 IEP 的萌芽阶段。

第二，探索阶段：2007~2013 年。2007 年教育部颁布了三类特殊教育学校的课程实验方案，明确提出"学校应全面推进个别化教育，为每个智力残疾学生制订和实施个别化教育计划"。[①] 在此政策背景下，北京市率先开展 IEP 制定和实施的探索工作，部分特殊教育学校成立相关教研小组，

---

① 教育部. 关于印发《盲校义务教育课程设置实验方案》、《聋校义务教育课程设置实验方案》和《培智学校义务教育课程设置实验方案》的通知 [EB/OL]. (2007 - 02 - 02) [2021 - 10 - 10]. http://moe. gov. cn/srcsite/A06/s3331/200702/t20070202_128271. html.

在专家指导下，研制培智学校课程领域目标体系，该体系后来成为一线教师制定 IEP 目标的重要参考。与此同时，2012 年北京市组织特殊教育教师基本功大赛，明确要求将 IEP 作为特殊教育教师基本能力指标之一进行考核评估。市、区、校级教学研讨会，骨干教师培训等都有关于 IEP 的专项内容。通过一系列教学研究活动及教师培训，北京市在特殊教育学校开展了关于 IEP 的探索，形成了较为完整的 IEP 流程和体系。与培智学校课程教学相结合，是北京市 IEP 发展的特色之一。

第三，发展阶段：2013 年至今。经过培智学校多年的探索，北京市的 IEP 已经初具雏形。随着北京市融合教育工作的不断深入和推广，教育工作者们深感 IEP 的重要作用。除了遵守国家层面关于 IEP 的相关政策，2013 年北京市颁布《北京市残疾儿童少年随班就读工作管理办法》，对 IEP 的参与人员、制定流程、实施场所、评估要求、相关师资培训等都做出较为详细的规定和说明。2016 年《培智课程标准》出台，北京市联合多所培智学校骨干教师组成教研队伍探讨 IEP 与培智课程标准的结合，在多门课程的教学建议中都提出，教学实施要适应学生个别化的学习需求，结合学生的 IEP，为学生提供个别化教育。

总体来看，我国内地 IEP 经历了 30 多年的发展，在政策和实践上都有所突破，取得了较为丰富的成果，近些年随着融合教育的兴起和国家对特殊教育质量提升的要求，IEP 又逐渐受到特殊教育工作者和研究者的关注，开始了新的发展。

（二）IEP 的内容及程序

1. IEP 的内容构成

美国 1975 年《所有障碍儿童教育法》明确了 IEP 的法律地位，规定了 IEP 的必要组成部分，相关内容随着法案更新而不断补充和完善。总的来看，IEP 的内容构成大致包括以下八个部分。[①]

---

① Chun-Liang C. A Review of the Implementation of the Individualized Education Program（IEP）Process in the United States and Chinese Taiwan with Suggestions for Improvements in Chinese Taiwan [D]. The University of Iowa, 2002：30 – 35；傅王倩，王勉，肖非. 美国融合教育中个别化教育计划的发展演变、实践模式与经验启示 [J]. 外国教育研究，2018，45（6）：102 – 115.

第一，学生的现有表现水平：包括学业成就、社会适应、职前与职业技能、心理动作技能和自理能力。现有水平是教育的起点，也为学生的教育安置方式和教学决策选择提供参考信息。

第二，年度长期目标和短期教学目标：学生在接受一年的教育后要达成的教育目标和学生在现阶段至学年结束前的阶段教学目标。这是 IEP 的核心内容，长短期目标建立在对学生现有表现水平测量评估的基础之上，随着 IEP 与普通课程衔接的日益紧密，学生长短期目标的量化属性也在不断提升。

第三，特殊教育相关服务：特殊教育相关服务以及儿童所需的特殊教学媒体和教材。随着法律对"免费恰当的公立教育"原则的标准释义越来越详细，IEP 对特殊教育和相关服务的质量要求也日益增加。

第四，学生无法参与普通课程学习或课外活动的详细说明。IEP 默认融合教育环境是学生安置方式的起点，因此在制定 IEP 时需要充分考虑学生的普通课程参与程度，并解释学生的障碍对学习的影响程度和原因。

第五，IEP 的多元评估。随着法律对特殊儿童学业发展的重视，IEP 目标评价也被纳入州或学区的考核范围，法律要求在 IEP 中给出学生无法参加州统一测试的理由并提供替代性考核方案，以监测特殊教育质量。

第六，服务起止时间：开始实施日期以及实施的时间段。

第七，学生进步与成绩报告：包括评估过程、时间表、长短期目标是否达成等。

第八，转衔服务需求：转衔服务不得晚于 16 岁，16 岁以后应每年检查。

除了对 IEP 文本内容进行规定以外，法案还指出学生的 IEP 应当由团队合作制定，团队成员包括学校人员、教师、家长以及学生本人（如果合适的话），团队需要每年召开一次 IEP 会议商讨学生的教育问题。①

我国台湾地区 IEP 的发展基本承袭了美国的做法，2003 年颁布的《特

---

① Education for All Handicapped Children Act of 1975. Pub. L. 94 – 142 [EB/OL]. (1975 – 11 – 29) [2021 – 07 – 10]. https://www.govinfo.gov/content/pkg/STATUTE – 89/pdf/STATUTE – 89 – Pg773.pdf.

殊教育规定实施细则》对 IEP 内容做了具体规定，包括十个方面：第一，学生认知能力，沟通能力，行动能力，情绪，人际关系，感官功能，健康状况，生活自理能力，语文、数学等学业能力之现况；第二，学生家庭状况；第三，学生身心障碍状况对其在普通班上课及生活的影响；第四，适合学生的评量方式；第五，学生因行为问题影响学习者，其行政支持及处理方式；第六，学年教育目标及学期教育目标；第七，学生所需特殊教育及相关专业服务；第八，学生能参与普通学校（班）的时间及项目；第九，学期教育目标是否达成的评量日期及标准；第十，学前教育大班、小学六年级、初中三年级及高中（职）三年级学生的转衔服务内容。此外，细则规定了 IEP 的参与人员，主要包括学校行政人员、教师、学生家长、相关专业人员等，并需邀请学生参与，必要时学生家长还可以邀请相关人员陪同。①

从 20 世纪 80 年代开始，我国大陆地区部分特殊学校尝试探索 IEP。由于没有相应的法律条款或政策文件作为指导和依据，大陆地区的 IEP 发展以借鉴美国和我国台湾地区模式为主，尤其是文化教育环境更为相似的台湾地区，大陆地区对其从对学生现有水平的评估及工具选择，到长短期目标的叙写，都有所学习。通过研究者的实地调查可以发现，我国大陆地区 IEP 的主要组成部分包括：基本资料，包括学生成长史、身体状况、家庭生活及学习环境、教育安置方式等；诊断评量资料，包括学生喜好、兴趣和特定领域的特长等；现有能力水平；长短期目标；特殊教育与相关服务；IEP 会议记录等。②

从上述表述不难看出，IEP 既是一个文件，也是一种过程。虽然在具体内容构成和人员安排上有所区别，如美国强调对学生进步与成绩的报告，以此呈现绩效标准，检验 IEP 的效果，我国台湾地区则缺少这一部分；我国台湾地区的 IEP 较为重视描述学生障碍对其在普通班级学习的影响，但美国则从相反的视角，描述学生无法融合的理由。但总体来看，IEP 的

---

① 黄瑞，等. 优质 IEP——以特教学生需求为本位的设计与目标管理［M］. 台北：心理出版社，2007：6.
② 辛伟豪，曹漱芹. 基于文本分析检视当前培智学校个别化教育计划的编拟质量——以浙江省部分培智学校为例［J］. 中国特殊教育，2015（7）：18-26.

内容构成表现出以下六方面的共同特征。① 第一，个别性：IEP 充分考虑到学生的个体差异性，针对不同学生的教育需求制定不同的教育计划。第二，整体性：IEP 既要能够很好地反映"全面发展的学生"，又要能够很好地反映"多元综合的课程"，体现了全人教育观。第三，教育性：IEP 的基础是学生不同的教育需求，关注个体发展特点和差异性，促进学生社会化发展。第四，说明性：IEP 是一份指南性和记录性文件，详细记录了家长、学生、教师及相关人员的观点，很好地说明并体现了"学校为每个学生提供了什么样的教育"。第五，合作性：IEP 从制定到实施，需要多方人员协调各种资源通力合作，具体包括学校行政人员、一线教师、特殊教育专家、社会工作者、心理学家、家长和学生本人等。第六，程序性和科学性：IEP 的制定和实施有完整的程序，需要专业人员的参与，并遵循科学的方法，以保证 IEP 有效促进学生发展。②

2. IEP 的实施程序

程序性是 IEP 的重要内涵之一，在不同国家和地区，IEP 制定和实施的程序也不尽相同。

美国的 EHA、IDEA 及后续相关法案中对 IEP 的制定流程做出说明，美国联邦教育部的《个别化教育计划指南》(*A Guide to the Individualized Education Program*) 指出 IEP 包括十个步骤。第一步，确定儿童可能需要的特殊教育和相关服务。州级教育部门需要通过"Child Find"系统对全州有特殊教育需求的儿童展开鉴定和评估，这种评估需要征求儿童父母的同意。第二步，评估儿童。对儿童进行评估以便确认儿童是否有资格接受特殊教育和相关服务，以及是否需要为儿童制定相应的教育计划，父母有权带儿童参加第三方教育评估。第三步，资格决定。由专业人员通过鉴定和评估确定儿童是否是"残疾儿童"，家长可以要求听证会对资格决定提出质疑。第四步，为儿童撰写 IEP 草案。在儿童被确定符合条件后的 30 天内，IEP 小组必须开会并为儿童撰写 IEP 草案。第五步，

① 陈奇娟. 从特殊教育需求评估到个别化教育计划：英国全纳教育的两大核心主题 [J]. 外国教育研究，2014 (4)：104 – 112.

② Janet T，Mike B. Implementing Effective Practice-Individual Educational Plans [M]. London：David Fulton Publishers，2000：30 – 35.

安排 IEP 会议。学校有义务联系 IEP 各方参与者,尤其是要确保家长的出席。第六步,召开会议讨论 IEP。IEP 团队聚集在一起讨论儿童的需求,并撰写学生的 IEP,确保儿童家长的意见充分得到尊重和体现。第七步,提供服务。学校确保儿童的 IEP 按照书面进行,IEP 参与者可以随时查阅 IEP 文本并了解执行进程,以便根据实际情况随时调整、修改和提供支持。第八步,衡量进展并向家长报告。第九步,回顾 IEP。IEP 小组每年至少进行一次 IEP 评估,尊重家长意见,及时对 IEP 进行调整。第十步,重新评估儿童。至少每三年一次,对儿童进行再次评估,检测儿童的成长进步。[①]

我国台湾地区有很多研究者对 IEP 的流程进行了梳理和总结。吴淑美认为 IEP 的制定和实施是"评量—教学—评量"三者反复进行的过程。要透过完整的评量,找出教学的起点及学生学习现状,然后据此拟定个别化教育方案,召开 IEP 会议,执行后于期中或期末评量。[②] 黄瑞珍等人在深入教育教学现场与教师交流后,拟定了一套 IEP 的实施流程,主要包括十个步骤:第一,收集学生的基本资料与成长史、医疗史、教育史;第二,实施全人评量,用标准化或非标准化的评量来评估学生认知、沟通、行动、情绪、人际关系、感官功能、健康状况、生活自理、学业表现等;第三,依据上述九项评量结果综合整理分析学生的优弱势能力;第四,依学生的优弱势能力来决定学生的特殊需求;第五,资源教学与支持服务;第六,安排教育场所,优先考虑普通教育环境;第七,依据学生的需求提供多元课程;第八,拟定学年及学期教育目标;第九,每学期初始和期末召开 IEP 会议;第十,每学期期末进行检讨与改进。[③] 林素贞则将 IEP 的拟定和实施分成五个阶段:首先,进行个案相关资料的特教需求评估并草拟 IEP 的内容;其次,组成 IEP 委员会并召开会议;再次,按照规定内容确认完成 IEP 文件;又次,提供教学、相关服务与转衔服务;最后,评量教

---

① Wehman P. A new era: Revitalizing special education for children and their families [J]. Focus on Autism and Other Developmental Disabilities, 2002, 17 (4): 194 – 197.

② 吴淑美. 学前融合班个别化教育方案至拟定与执行 [M]. 台北:心理出版社,1998:98.

③ 黄瑞珍,等. 优质 IEP——以特教学生需求为本位的设计与目标管理 [M]. 台北:心理出版社,2007:7.

育目标和相关服务成效。①

就我国大陆地区而言，关于 IEP 的流程尚无全国性的法律规定作为依据，部分省区市在相关的政策文本中对 IEP 的内容有所涉及，可以作为参考。如《北京市残疾儿童少年随班就读工作管理办法》第十八条中规定 IEP 的制定程序为四步：第一，由班主任收集随班就读学生的基本情况（残疾状况、家庭情况和家庭教育状况、性格特点、认知水平以及不同残疾类型学生的学习方式、特殊教育需要等）；第二，由资源教师（或巡回指导教师）、任课教师等相关人员共同研讨，分析诊断确定其教育需求；第三，制定教育目标（分长期目标和短期目标）及实现目标的具体措施；第四，明确目标达成情况的评估方法。同时还规定，IEP 制定后，经家长和相关人员（班主任、任课教师、资源教师以及主管领导）同意，由家校共同实施并加以落实。原则上每学期制定一次，视情况修改调整。②

通过对上述不同国家和地区 IEP 的流程介绍，我们可以发现，不管 IEP 的步骤有多少，整个 IEP 过程可以表示为：评估—目标—安置—服务—重新设定目标的过程再循环。当然，很多时候中间会经历不止一个重新设定目标和采取新行动的阶段。如果在最后对每个学生的总体评估中，发现个别学生的问题仍然比较严重、离预期目标比较远，就需要学校以外的专业机构或者专业人士额外的支持。各个国家在具体实施过程中还是会依据本土情况进行调整。比如在特殊学校日渐变少的美国和英国，IEP 的制定会先从学生需要出发，再决定具体安置环境和方式，但是在我国大陆和台湾地区的 IEP 实践中，这两个步骤的顺序正好相反，学生先被评估鉴定，在确定安置方式后，再依据其教育需求制定 IEP，并且将此作为其课程调整和学习发展的基础。③

有研究者曾对这种先安置后制定 IEP 的模式表示异议，他们认为 IEP

---

① 林素贞. 个别化教育计划之实施 [M]. 台北：五南图书出版有限公司，2007：57.
② 北京市残疾人联合会. 北京市残疾儿童少年随班就读工作管理办法（试行）[EB/OL]. (2013 – 05 – 29) [2021 – 10 – 10]. http://bdpf. org. cn/n1544/n1689/n1768/n1796/c55930/content. html.
③ 钮文英. 迈向优质、个别化的特殊教育服务 [M]. 台北：心理出版社，2013：75.

应先于安置方式而制定，依据学生 IEP 中的需求去设置安置形式，甚至创造服务模式，若反之，则会让学生受限于目前的安置环境去规划 IEP。① 但事实上，这不仅仅是 IEP 制定本身的问题，它涉及整个国家教育体制发展、特殊教育水平和融合教育程度等一系列因素。从理论角度来讲，安置方式应当属于 IEP 的决策领域，因为它牵涉到学生的心理发展、课程教学、同伴交往等各个方面，不同的安置方式会给学生的教育成长带来较大的差异和影响，安置方式应该被视为重要的教育需求而写进学生的 IEP。但从实践角度来说，并非每个国家和地区目前都有能力依据学生的需求来决定其安置方式，因而在对学生评估后，结合其安置环境为其制定 IEP，不失为一种退而求其次的做法。虽然这种做法可能会在某种程度上窄化了 IEP 的外延范畴，但同时也令 IEP 更加聚焦于学生的课程教学上，促进 IEP 实施过程与课程和教育的结合，有利于 IEP 目标的实现。

二　IEP 的制度设计分析

作为特殊儿童教育权利保障方式，很多国家和地区都将 IEP 纳入本地特殊教育相关法律中，以法律的强制性确定 IEP 在众多教育政策中的地位，同时从行业协会、科技辅助、相关利益者诉求等不同方面为 IEP 的实施提供监督、管理和保障。本部分从 IEP 制度设计的角度，梳理分析 IEP 的实施过程，如 IEP 的管理监督、保障体系、支持系统等。由于美国最先将 IEP 纳入法律体系，有较为完善的 IEP 发展制度和支持系统，因此本部分主要以美国为例进行详细阐述。

（一）IEP 的法律制度规定

在美国的法律体系中，立法部门负责制定相关法律，阐明教育工作者什么必须做、什么不能做；教育部门则颁布相关法律，并确保法律统一适用的规则；而法院的诉讼裁决则帮助教育者更具体地了解他们必须如何以及在多大程度上制定和实施 IEP。不同的部门之间相互配合，共同确保特殊儿童得到公平的教育发展。具体而言，法律行政力量对 IEP 实施的影响体现在以下

---

① Bateman B D, Linden M A. Better IEPs: How to Develop Legally Correct and Educationally Useful Programs (4th ed.) [M]. Verona, WI: Attainment Co, 2006.

方面。

首先，法律对 IEP 进行详细规定并持续更新，赋予 IEP 强制性色彩。1975 年的《所有障碍儿童教育法》确定了 IEP 的基本框架和结构，对 IEP 的团队成员、内容构成、质量监测、经费提供、争议解决等都做出了非常细致的规定。后续立法部门又在不同的时间点，结合当时教育实际对《所有障碍者教育法》即 IDEA（1990）、IDEA（1997）、IDEA（2004）修订案中关于 IEP 的相关部分做出了不同程度的调整。这些规定与其他相关法律一起构成了保障特殊儿童教育权利和质量的较为完整的法律体系，令 IEP 的发展有法可依。而且 IDEA 作为联邦法律，对各州的教育行政部门均有约束力，是各州制定相关教育法律时的重要依据和参考，州部门制定的法律不能与联邦法律相冲突。各州的 IEP 发展需要严格遵守 IDEA 的相关规定，而不遵守这些法定程序和指南的学区或学校领导可能面临严重的后果。比如在 1996 年凯·威廉姆斯诉卡贝尔县教育委员会案（Kay Williams v. Cabell County Board of Education）中，一名校长被免职，部分原因是其未能履行领导职责，确保教师实施 IEP 并与家长合作。在 2007 年杜恩诉贝克学区 5J 案（Van Duyn v. Baker School District 5J）中，虽然学区按照 IDEA 的程序性和实质性要求提供了 IEP，但是在实施过程中忽略了 IEP 的部分内容，被法院判定因侵犯学生的教育权利而违法。①

在 IEP 的制定和实施方面，IDEA 也有程序和时间上的严格要求，各州可以解释、应用和制定本州的法律，但不能与 IDEA 规定的内容相冲突，或者低于 IDEA 的标准要求。例如，IDEA 要求对学生的初始评估必须在收到家长同意后 60 天内或在州规定的时间表内进行。而华盛顿州法律在此基础上提升了标准，要求学校在收到家长同意后 35 天内完成初步评估。IDEA 还规定，IEP 会议必须在资格确定后 30 天内举行；IEP 年度审核必须在上一个 IEP 制定后的 12 个月内进行；必须至少每三年进行一

---

① The IRIS Center. IEPs: How administrators can support the development and implementation of high-quality IEPs [EB/OL]. (2019 - 01 - 03) [2021 - 10 - 10]. https://iris. peabody. vanderbilt. edu/module/iep02/.

次 IEP 的重新审核。再比如，加州有专门的特殊教育时间表，里面规定了 IEP 各项内容的具体时间节点和相应的法律依据，具备非常高的执行效力。

其次，在行政制度上予以 IEP 资源保障，设置专门的行政机构和人员执行管理 IEP。在联邦层面，IEP 由教育部专门设立的特殊教育计划办公室（Office of Special Education Programs，OSEP）监管。[①] 该办公室统筹管理着全国范围内特殊儿童的教育事务，通过提供领导力和财政支持来协助各州和地方政府，改善 0~21 岁的残疾婴幼儿和青少年的生活。在学区和学校层面，IEP 通常是个案管理制，由符合资质的特殊教育教师担任个案管理者（case manager），个案管理者要协调 IEP 成员、召开 IEP 会议、制定 IEP 文本，全权负责管理、监督 IEP 的全过程并验证 IEP 实施是否符合联邦、州和地区法规要求。除此以外，虽然某些学区可能有特殊教育协调员或联络员来履行与 IEP 过程相关的许多职责，但学校行政人员（如校长）仍最终负责确保该过程依法进行。

最后，法院诉讼判决裁定 IEP 的程序和质量标准。在 IEP 的实施过程中，有两个具有里程碑意义的案件，分别从程序和实质方面确保学区遵守法律意志，正确制定和实施 IEP，以此为学生提供"免费恰当的公立教育"。第一个是 1982 年中央学区教育委员会诉罗利案（Hendrick Hudson Central School District Board of Education v. Rowley），[②] 它首次解释了"免费恰当的公立教育"的定义，为学区制定学生 IEP 目标提供了程序和范围上的指引。第二个诉讼案件是 2017 年恩德鲁诉道格拉斯学区案（Endrew F. v. Douglas County School District）。[③] 案件重新定义了罗利测试中的第二个部分，即"IEP 必须赋予学生多大程度的教育利益"[④]。恩德鲁诉讼案重新定义了 IEP 的质量标准，明确规定学区必须合理设计学生的 IEP，以使学

---

① U. S. Department of Education，Office of Special Education Programs（OSEP）［EB/OL］.（2021 - 04 - 05）［2021 - 10 - 10］. https：//www2. ed. gov/about/offices/list/osers/osep/index. html.

② Board of Education of the Hendrick Hudson School District v. Rowley［Z］. 458 U. S. 176. 1982.

③ Endrew F.，a Minor，by and Through His Parents and Next Friends，Joseph F. et al. v. Douglas County School District RE-1［Z］. 64 IDELR 38，（D.，Co. 2014），580 U. S. 2017.

④ Yell M L，Bateman D F. Endrew F. v. Douglas county school district（2017）FAPE and the U. S. supreme court［J］. Teaching Exceptional Children，2017，50（1）：7 - 15.

生能够取得适当的进步。[①]

（二）IEP 的行业制度规范

行业协会也是推动 IEP 发展的重要力量。在美国特殊教育发展中有许多相关的行业协会，依照职业需求制定出不同的职业标准或要求。比如美国特殊儿童委员会（Council for Exceptional Children，CEC）——目前最大的国际特殊教育专业组织——通过政策倡导、制定专业标准、提供专业支持等方式，致力于特殊教育专业与准专业人员素养的提升，因而被称为特殊教育工作者的信息、资源和专业发展来源。其开发制定的特殊教育相关工作者的从业标准和核心素养是美国乃至世界范围内特殊教育教师的培养质量标准。同时它还提供许多特殊教育相关的专业培训课程，帮助特殊教育教师更好地为儿童提供优质教育。

在特殊儿童委员会（CEC）提供的所有关于特殊教育专业化发展的标准和资源中，IEP 的相关内容都是不可忽略的重要组成部分。比如 CEC 颁布的《初级特殊教育专业人员培养标准》（*Initial Special Education Preparation Standards*）规定"使用一般和专业课程的知识提供个性化的学习"；"与个人、家庭和团队合作，为有特殊需要的个体制定和实施各种 IEP 与转衔计划"。[②] 而在《高级特殊教育专业人员培养标准》（*Advanced Special Education Preparation Standards*）中，对 IEP 的要求则更为具体和严格："设计和实施评估以确保计划和实践的有效性"；"促进课堂、学校和系统层面持续改进 IEP 支持和服务"；"设计和实施评估活动以改进 IEP 支持和服务"；"利用对文化、社会和经济多样性以及个别学习者差异的理解，为制定和改进 IEP 支持和服务提供信息"；"运用理论知识、循证实践和相关法律的知识来提供 IEP 支持和服务"；"使用教学和辅助技术来改进 IEP 支持和服务"；"评估实现 IEP 支持和服务的愿景、使命和目标方

---

① Kauffman J M，Wiley A L，Travers J C，et al. Endrew and FAPE：Concepts and implications for all students with disabilities［J］. Behavior Modification，2021，45（1）：177-198.

② Council for Exceptional Children（CEC）. Initial Preparation Standards［EB/OL］.（2020-08-20）［2021-10-10］. https://exceptionalchildren. org/standards/initial-special-education-preparation-tion-standards.

面的进展情况"。①

除此之外，还有负责制定颁布各类教师职业标准的美国教师联合会（American Federation of Teachers）、全国特殊教育教师协会（National Association of Special Education Teachers）、全美教育协会（National Education Association）、美国特殊教育专业者学会（American Academy of Special Education Professionals）等特殊教育行业发展协会，都从各自不同的角度出发，为教师提供工作岗位所需的 IEP 知识技能方面的资讯及培训支持。特殊教育行业对 IEP 的发展和支持，让 IEP 的规范性从法律走向实践，并逐步内化成为特殊教育工作者的日常行为规范。

（三）IEP 的参与制度保障

IEP 的参与制度保障主要是指家长群体的参与保障。美国自 1975 年颁布《所有障碍儿童教育法》起就非常重视家长在 IEP 中的参与度，该法案所确立的美国特殊教育发展六大原则中，有两个原则直接与家长参与相关。家长参与决策原则赋予家长平等参与者和决策者的角色，家长有权平等参与 IEP 的制定、审查和修订，有权获得 IEP 评估的通知、评估计划和评估材料以及参与有关其孩子教育安置的所有会议。此外，父母保留拒绝对其孩子进一步评估的权利。正当程序保障原则帮助家长根据联邦法律行使他们的权利，该要求的主要目的有两个：保护家长获得有关安置和转衔计划的信息；解决家长和学校之间关于学生安置的分歧。根据正当程序保护原则，家长有权查看与其孩子有关的所有教育记录，在 IEP 会议之前收到有关其孩子评估、安置或身份证明的通知，并获得独立教育评估（Independent Educational Evaluation，IEE）以供其在此类会议上考虑。如果出现分歧，家长有权要求与州级教育机构进行调解或正当程序听证会。除此之外，还可以向州或联邦法院提出上诉。IDEA 规定了三种争议解决程序：调解、州投诉程序和正当程序。此外，IDEA 对这些方法有时间限制：例如正当程序听证会必须在提出请求后

---

① Council for Exceptional Children（CEC）. Advanced Special Education Preparation Standards [EB/OL].（2020 – 08 – 20）[2021 – 10 – 10]. https://exceptionalchildren. org/standards/advanced-special-education-preparation-standards.

15 天内召开。①

1997 年的 IDEA 修正案进一步加强和支持家庭与学生积极参与 IEP 的拟定及执行过程，明确细致地规定了家长在 IEP 拟定和执行过程中的具体参与权利，要求"在制定和审查 IEP 时需要考虑家庭问题"。2004 年重新授权的 IDEA 的所有要求中最基本的是，父母与学区工作人员一起全面平等地参与到儿童 IEP 的发展中，认为家长参与是 IEP 课程计划和安置场所等所有决定的核心，当家长充分和平等的参与权被剥夺或参与被拒绝时，就相当于学生享受免费适当公共教育的权利被剥夺。② IDEA 如此表述父母参与的作用，"近 30 年的研究和经验表明，加强父母的作用和责任并确保家庭的安全，可以使对残疾儿童的教育更加有效"。③

正如 Yell 等人所言，在美国特殊儿童教育史上，如果没有家长团体的持续倡导努力以及家长为孩子教育权利提出的一系列诉讼，残疾儿童平等接受教育就不会成功。④ 从 20 世纪 50 年代后期开始，在民权运动的影响下，家长利用倡导组织来促进残疾学生的教育权利，先后成立了目前最具影响力的家长组织团体：脑瘫联合会（United Cerebral Palsy Association，1948 年成立）和全美智力落后者协会（National Association for Retarded Citizens，ARC，1950 年成立）。家长团体从民权运动中汲取了灵感和动力，针对特殊儿童教育权利问题提起了一系列诉讼，如 1954 年的布朗案（Brown v. Board of Education）为家长反对隔离学校和寄宿机构树立了法律先例；1972 年的米尔斯诉教育委员会案（Mills v. Board of Education）为两年后颁布的《所有障碍儿童教育法》程序保障部分奠定框架；1985 年的伯灵顿学校委员会诉马萨诸塞州教育厅案（Burlington Sch. Committee v Massa-

---

① Mueller T G. Litigation and special education: The past, present, and future direction for resolving conflicts between parents and school districts [J]. Journal of Disability Policy Studies, 2015, 26（3）: 135 – 143.

② Bateman B D. Individual Education Programs for Children with Disabilities [M] //Handbook of Special Education. Routledge, 2017: 87 – 104.

③ Individuals with Disabilities Education Act [Z]. 20 U. S. C. § 1414 et seq. 2004.

④ Yell M L, Rogers D, Rogers E L. The legal history of special education: What a long, strange trip it's been! [J]. Remedial and Special Education, 1998, 19（4）: 219 – 228.

chusetts Dept. of Educ)① 将家长教育索赔付诸实践，还有前文所述的 1982 年中央学区教育委员会诉罗利案和 2017 年恩德鲁诉道格拉斯学区案分别在程序和实质上确保了 IEP 的执行和质量。尽管诉讼并不是总能解决家长和学区之间的纠纷，但法律为家长提供了多种渠道，让其可以对学区的决定提出不同意见，或者迫使学区坐下来与他们交谈以解决纠纷。

（四）IEP 的科技辅助支持

在上述严格的法律规制要求下，IEP 的发展走向了科技辅助阶段，科技辅助系统为 IEP 的实施提供了专业技术支持。IEP 的制定过程包含很多具体而复杂的步骤，如评估并确定需求、制定长短期目标、描述教育计划和服务、评价学生进步等。除此之外，还需要了解课程和教学、地方和州标准、普通教育实践和 IDEA 法定要求等方面的知识，是不折不扣的劳动密集和时间密集型任务。随着信息技术的发展和普及，越来越多的 IEP 团队和顾问开始使用计算机辅助制定 IEP（Computer Assisted IEP Development Software，CAIDS），以期简化流程，提高 IEP 开发效率，减少会议时间，并确保 IEP 文档符合 IDEA 法律要求。CAIDS 试图指导和帮助学区与教师准备既符合法律要求又具有教育意义的 IEP，即平衡 IEP 形式（格式构成）和功能（教育意义性），同时仍能提供技术所承诺的效率。② 通过系统地指导团队成员完成所有强制性 IEP 要求，CAIDS 软件系统帮助学校人员：第一，设计长短期目标，这些目标参考儿童因障碍而产生的特殊教育需求和通识教育课程要求，以及当地和州相关标准；第二，提供可能满足学生教育需求的适当修改、支持、助手、设备和协调服务。③ 许多学区已采用商用软件或模板进行电子 IEP 开发，大大简化了 IEP 的制定过程。

---

① Burlington v. Department of Education of Massachusetts ［Z］. 451 U. S. 359. 1985.

② Margolis H, Free J. The consultant's corner：Computerized IEP programs：A guide for educational consultants ［J］. Journal of Educational and Psychological Consultation, 2001, 12（2）：171 - 178.

③ Wilson G L, Michaels C A, Margolis H. Form versus function：Using technology to develop individualized education programs for students with disabilities ［J］. Journal of Special Education Technology, 2005, 20（2）：37 - 46.

三　IEP 的实践效果研究

IEP 历经多年发展，是提升特殊教育质量的重要方式，研究者对 IEP 的制定、实施、评价等过程中的诸多因素都做了相当细致的研究。根据美国《所有障碍儿童教育法》的规定，IEP 有两层含义，第一层是指"IEP 会议"，即 IEP 的实践过程，IEP 团队合作为学生量身定制教育方案；第二层是指"IEP 文本"，即 IEP 会议的文件记录和家长同意书。[①]因此，本部分将从 IEP 文本和实践过程的角度分别对已有研究进行整理和分析。

（一）IEP 的文本撰写效果研究

IEP 既是一种过程，也是一份文件。在《所有障碍儿童教育法》颁布以后，IEP 的制定和实施开始走向规范化发展阶段。许多研究开始探索 IEP 的检核工具，以便了解 IEP 的实施状况，探讨如何促进 IEP 的效能，了解家长、特殊儿童在 IEP 中的参与状况，教师及行政人员对 IEP 的理解和态度等。

1. IEP 文本质量分析工具

IEP 是特殊学生教育的法定项目，必须被贯彻落实，否则违法。在美国《所有障碍儿童教育法》颁布后，很多学校因 IEP 制定和实施的程序不完善而走上诉讼被告席。这导致在 IEP 开始实施后的一段时间内，大量研究者投入 IEP 文本评估质量的研究中。许多研究者在总结实践经验的基础上，开始设计开发评估工具，检查、评价 IEP 文本基本内容的完整性和适切性以及实施程序的合法性。[②]研究者从不同的视角对 IEP 文本进行分析，比如 Cone 等人根据 229 份家长参与制定的 IEP，编制开发了一份由 63 项

---

① 李翠玲. 个别化教育计划理念与实施 ［M］. 台北：心理出版社，2007：4.

② Freasier A W. Teacher self-help iep rating scale ［J］. Academic Therapy, 1983, 18 (4): 487 – 493；Hayden D. Establishing a special education management system—SEMS ［J］. Journal of Learning Disabilities, 1982, 15 (7): 428 – 429；Hoehle Ⅱ R L. The Development of an Expert System to Evaluate the Individualized Education Program Components of Student Records ［D］. Utah State University, 1993；Twachtman-Cullen D, Twachtman-Bassett J. The IEP from A to Z: How to Create Meaningful and Measurable Goals and Objectives ［M］. John Wiley & Sons, 2011.

指标构成的测量工具，检核家长参与 IEP 的状况，并将家长参与分成了 12 种类型。[1] Grigal 等人关注 IEP 中有关转衔部分的撰写和实施，对 94 名 18～21 岁有学习障碍、轻中度智力落后和情绪行为障碍高中学生 IEP 转衔部分的主要内容和构成进行了评估。[2] Drasgow 等人对 IEP 相关的诉讼案件进行整理分析，在此基础上对 IEP 的四大步骤（评量、目标、服务、安置）进行详细阐释，并从家长参与、实施评估、IEP 会议召开和相关文件准备、学生安置方式、IEP 文本内容、特殊教育相关服务以及教师和服务提供人员资质等几个方面设计清单检验表，以供学校检验本校 IEP 是否合法与适用。[3] Walsh 从 IEP 与课程教学的联系角度，针对 IEP 目标叙写的适切性拟订标准，为教师专业 IEP 目标提供参考和指导。[4]

就国内研究而言，我国台湾地区在 IEP 成为规定项目之后也参考美国的做法，陆续开发出一些评估 IEP 文本质量的工具。如研究者从完整性、适宜性、有效性和均衡性四个角度分别开发出"个别化教育方案内容品质检核表"和"IEP 评监检核表"，对 IEP 的一般内容和品质进行考察。[5] 大陆地区有研究者对现有 IEP 文本质量评估工具进行改编，结合当地 IEP 发展实际状况，从完整性、恰当性、一致性、搭配性、清晰度和有效性六个方面，对浙江省部分培智学校的 IEP 文本撰写质量进行评估。[6] 也有研究者在台湾地区 IEP 检核项目的基础上，结合上海 IEP 文本制定的现状，自编 IEP 文本检核表，对上海市九年级随班就读学生 IEP 文本内容进行检核。[7]

---

[1] Cone J D, Delawyer D D, Wolfe V V. Assessing parent participation: The parent/family involvement index [J]. Exceptional Children, 1985, 51 (5): 417 - 424.

[2] Grigal M., Test D. W., Beattie J, et al. An evaluation of transition components of individualized education programs [J]. Exceptional Children, 1997, 63 (3): 357 - 372.

[3] Drasgow E, Yell M L, Robinson T R. Developing legally correct and educationally appropriate IEPs [J]. Remedial and Special Education, 2001, 22 (6): 359 - 373.

[4] Walsh J M. Getting the "big picture" of IEP goals and state standards [J]. Teaching Exceptional Children, 2001, 33 (5): 18 - 26.

[5] 卢台华，张靖卿. 个别化教育计划评鉴检核表之建构研究 [J]. 特殊教育研究学刊，2003: 24, 15 - 38.

[6] 辛伟豪，曹漱芹. 基于文本分析检视当前培智学校个别化教育计划的编拟质量——以浙江省部分培智学校为例 [J]. 中国特殊教育，2015 (7): 18 - 26.

[7] 朱媛媛，于素红. 九年级随班就读学生个别化教育计划文本分析研究 [J]. 中国特殊教育. 2011 (10): 14 - 21.

不难看出，对于 IEP 进行评估的起因和标准都来自相关法律或规定精神，美国如此，我国台湾地区亦是如此。从研究的数量来看，关于 IEP 撰写效果的研究主要集中在 IEP 作为规定项目实施后的一段时间内。在目前我国大陆地区还没有 IEP 相关法律依据的情况下，对于 IEP 的评估和检查，只能从教育理想的角度出发，依据国际 IEP 发展共识进行比较和评价，没有教育实践作为基础，这方面的研究成果因而也寥寥无几。

2. IEP 文本质量分析结果

从研究结果来看，研究者们通过开发 IEP 文本质量评估工具，对不同地区不同教育情境中的 IEP 文本进行了检核，主要结果从以下几个部分展开。

第一，IEP 文本内容构成的完整性。美国 1975 年《所有障碍儿童教育法》颁布后，多数相关研究都有较为一致的发现，即大多数 IEP 在内容上较为完整，符合规定，在少数不符合规定的 IEP 中，主要是欠缺关于学生现有发展水平的描述，少部分欠缺 IEP 长期或短期目标。[1] 我国台湾地区学者的研究也显示出相似的结果，即 IEP 的部分重要内容欠缺。[2] 有研究者依照这一主题下研究者关注的重点和研究数量排序，依次为：评量资料；特殊教育相关专业服务；参与普通班的时间与项目；长短期目标和起讫日；现状描述；转衔服务内容；评量日期和标准；基本资料中的健康资料；适合学生的评量方式。[3]

第二，IEP 目标制定的适用性。通过对 IEP 文本撰写质量的评估，研

① Cox J L, Pyecha J N. A national survey of individualize education programs (IEPs) for handi-capped children：Follow-up study of the IEP development process. Final report ［J］. 1980；Brightman M F, Archer E L. Three Evaluative Research Studies on Compliance with PL 94 – 142 within the Context of Present Economic Realities ［C］. Paper presented at the annual meeting of the American Educational Research Association, New York, NY., 1982：36；Fiedler J F, Knight R R. Congruence between assessed needs and IEP goals of identified behaviorally disabled students ［J］. Behavioral Disorders, 1986, 12 (1)：22 – 27；Smith S W, Simpson R L. An an-alysis of individualized education programs (IEPs) for students with behavioral disorders ［J］. Be-havioral Disorders, 1989, 14 (2)：107 – 116.

② 林坤灿, 萧朱亮. 个别化教育计划实施现况及内容检核之研究——以高雄市小学启智班为例 ［J］. 东台湾特殊教育学报, 2004 (6)：1 – 32.

③ 钮文英. 迈向优质个别化的特殊教育服务 ［M］. 台北：心理出版社, 2013：58 – 59.

究者们发现，即便是在内容上较为完整的 IEP，在撰写质量上也还是呈现出一些问题，具体表现在以下方面。首先，学校对 IEP 不够了解甚至存在误解。比如有研究者发现有些学校并未认真领会 IEP 的真正精神，对 IEP 存在一些误解，并未依照要求将 IEP 的制定落实到每位特殊需要学生，而是全班共享一份 IEP，导致个别化教育的精神无法实现；有学校将 IEP 设计成工作分析、教案教学活动设计，或测验卷、作业单等，或是将测验答案记录纸等一些不必要的资料放在 IEP 档案夹中，徒增琐碎资料。其次，IEP 目标制定和叙写不够完善。研究发现，很多 IEP 长短期目标与学生的需求和喜好不匹配，较倾向于学校或机构可提供哪些服务（而非按照学生需求提供必要支持），有多项诊断建议未能纳入 IEP 的服务和长短期目标中。例如有研究者检查身心障碍学生的 IEP 后发现，他们的 IEP 与普通教育课程没有任何关联。[①] 我国大陆和台湾地区的研究者在对 IEP 的目标进行检核后也得出类似结论。比如 IEP 的目标欠缺均衡性，未能涵盖培智班六大课程领域，特教学校的目标较偏重技能，认知和情意目标较不足；普通学校较偏重认知目标之设计，中小学普遍欠缺对 IEP 情意目标的考量和设计。[②] 还有 IEP 长短期目标不契合或相同，叙写过于详细或具体，将短期目标订得太长远，目标只有开始时间而未规定结束时间等问题。[③] 此外研究者还发现有教师将 IEP 的目标写成教学项目，并且是依据自身教学而非学生发展叙写 IEP 目标。[④] 有研究者对融合教育情境中的 IEP 文本进行检核，发现 IEP 存在计划间不连续、长短期目标缺乏联系、目标难达成、与教学活动不协调等问题。[⑤]

① Giangreco M F, Dennis R E, Edelman S W, et al. Dressing your IEPs for the general education climate analysis of IEP goals and objectives for students with multiple disabilities [J]. Remedial and Special education, 1994, 15 (5): 288 – 296.

② 李翠玲. 个别化教育计划中起点能力与特殊需求之撰写要点与实作 [J]. 屏师特殊教育, 2006 (13): 1 – 19.

③ 蔡采薇. 个别化教育计划之转衔服务品质的探讨 [J]. 特殊教育季刊, 2011 (119): 30 – 36.

④ 李翠玲. 中小学启智班 IEP 可行性、一致性、清晰度与有效性分析研究 [J]. 特殊教育暨创造思考研究, 2006: 3, 31 – 19.

⑤ 朱媛媛, 于素红. 九年级随班就读学生个别化教育计划文本分析研究 [J]. 中国特殊教育, 2011 (10): 14 – 21.

　　第三，对转衔服务以及学生自我决策能力培养的忽视。在 IEP 转衔内容方面，有研究者评估 IEP 中的转衔成分后发现，转衔目标多设定在就业方面，较少涵盖进阶教育和社区参与，同时在转衔服务资源的运用上，较倾向于机构已有的资源，而较少运用朋友和社区资源。① Grigal 等人发现，相比于其他障碍学生的转衔计划，智力落后学生的转衔计划更偏向于庇护性或支持性就业，高等教育和竞争性就业方面的目标较少。② Finn 等人对 IEP 文本中的转衔计划进行检核，结果发现，IEP 转衔计划内容与 IDEA 的符合程度较低，而且转衔计划的目标和内容的实证性不足。③ Everson 等人对身心障碍学生的 IEP 进行研究，结果发现 IEP 的转衔服务中除了中学后继续教育、整合性就业与职业训练等方面大致符合 IDEA 所要求的领域，其他部分如离校后生活安排、家务技能、交通、休闲、相关医疗服务等则很少提到，而且计划中很少使用到社区机构资源，极少提供社区资源中适合学生年龄且具有整合性的服务。④ Powers 等人根据 IDEA 及专家学者的建议，制定了 IEP 转衔服务应包含的 12 个领域，并检核 16～21 岁身心障碍学生的 IEP，结果发现大多数的转衔目标缺乏详细、具体而成系列的行动步骤，涉及学生需求与兴趣的目标仅占 19%，且其中只有 6% 列出能满足学生此需求或兴趣的相关建议或支持。⑤ 我国台湾地区的学者也发现转衔辅导仅限于升学等。在特殊儿童自我决策方面，大量研究表明，自我决定能力（self-determination）是影响他们完成转衔教育并顺利适应社会生活的

① Butterworth J, Steere D E, Whitney J. Using Person-Centered Planning to Address Personal Quality of Life ［M］//Schalock R L, Siperstein G N. Quality of Life Volume Ⅱ: Application to Persons with Disabilities. Washington, DC: American Association on Mental Retardation, 1997: 5 - 24.

② Grigal M, Hart D, Migliore A. Comparing the transition planning, postsecondary education, and employment outcomes of students with intellectual and other disabilities ［J］. Career Development for Exceptional Individuals, 2011, 34 (1): 4 - 17.

③ Finn J E, Kohler P D. A compliance evaluation of the transition outcomes project ［J］. Career Development and Transition for Exceptional Individuals, 2009, 32 (32): 17 - 29.

④ Everson J M, Zhang D, Guillory J D. A statewide investigation of individualized transition plans in Louisiana ［J］. Career Development for Exceptional Individuals, 2001, 24 (1): 37 - 49.

⑤ Powers K M, Gil-Kashiwabara E, Geenen S J, et al. Mandates and effective transition planning practices reflected in IEPs ［J］. Career Development for Exceptional Individuals, 2005, 28 (1): 47 - 59.

关键因素。① 自我决定能力较高的学生通常更容易获得升学或就业机会，能展现独立生活能力并拥有较好的生活品质。② 因此提升学生自我决定能力应该是转衔计划中的重要目标。③ 但相关研究显示，大部分的教师没有将自我决策目标列入学生的 IEP 中。④

第四，对学生现有状况和水平描述不到位，无法评量其发展程度。在对学生的评估方面，研究者也发现很多 IEP 中对了解学生现况部分的评量数据不够完整或多元，而且现况描述只用勾选方式，无文字叙述，或是叙述不够具体和全面，导致教师并不能深入了解学生真正的能力；评量日期写成全学年或空白，评量次数太少；评量标准设定过高，学生能力难以达成，或设置得不够具体，无法指导实际操作。⑤ 比如有研究者对美国东南部五个农村独立学区服务的有社交、情感或行为需求学生的 126 份 IEP 进行研究，发现学生的 IEP 目标与其发展现状和需求不符，IEP 目标未能全面满足学生的需求或跨领域保持一致，违反了《残疾人教育改进法案》（*Individuals with Disabilities Education Improvement Act*，IDEIA）的精神。⑥ Ruble 等人根据 IDEIA 要求和国家研究委员会的标准开发了 IEP 评估工具，对 IEP 的检核结果表明，IEP 整体质量较差，大多数 IEP 不符合 IDEIA 要求或国家研究委员会的标准。此外，大多数 IEP 目标是不可测量的，为目

---

① Wehmeyer M. Self-determination：Critical skills for outcome-oriented transition services [J]. Journal for Vocational Special Needs Education，1992，15（1）：3 - 7.

② Gerber P J，Ginsberg R，Reiff H B. Identifying alterable patterns in employment success for highly successful adults with learning disabilities [J]. Journal of Learning Disabilities，1992，25（8）：475 - 487.

③ Janiga S J，Costenbader V. The transition from high school to postsecondary education for students with learning disabilities：A survey of college service coordinators [J]. Journal of Learning Disabilities，2002，35（5）：463 - 470.

④ Thoma C A，Nathanson R，Baker S R，et al. Self-determination：What do special educators know and where do they learn it? [J]. Remedial and Special Education，2002，23（4）：242 - 247；Wehmeyer M L，Agran M，Hughes C. A national survey of teachers' promotion of self-determination and student-directed learning [J]. The Journal of Special Education，2000，34（2）：58 - 68.

⑤ 林幸台，等. 我国实施特殊儿童个别化教育计划现况调查研究 [J]. 特殊教育研究学刊，1994（10）：1 - 42.

⑥ Hott B L，Jones B A，Rodriguez J，et al. Are rural students receiving FAPE? A descriptive review of IEPs for students with social，emotional，or behavioral needs [J]. Behavior Modification，2021，45（1）：13 - 38.

标专门设计的指令要求经常被遗漏，而且具体明确的调整策略也经常缺失。① 还有研究者对学龄前儿童的 IEP 进行检核，发现 IEP 目标过于宽泛，缺乏功能性和可衡量性，并且不能在自然惯例和环境中恰当地解决技能问题。② 有研究者针对智力落后学生的 IEP 长期目标进行评估，发现 IEP 目标着重强调学业目标，而功能性目标较少。③

从上述研究结果可以看出早期 IEP 文本质量研究的重点主题和内容。大量研究结果表明，虽然 IEP 作为规定项目而存在，IEP 文本具有相应的规定效应和要求，其内容结构也有固定规范，但是在具体实践中，IEP 文本撰写的内容完整性、目标适切性和指导性都与规定所要求的标准有一定距离，甚至难以描述学生的教育需求和进步幅度，这会直接影响 IEP 实施的效果。

（二）IEP 的政策执行效果研究

IEP 在很多地区和国家都是以规定教育政策的形式出现在公众视野，其执行程序和保障都有相关规定作为规范和要求，执行力度直接关系到实施效果。在 IEP 颁布实施以后，很多研究者从行政管理角度，考察 IEP 的执行度，如 IEP 的实施比例、IEP 会议如何开展、参与人员代表性以及行政支持程度等。本部分对 IEP 的政策执行效果的相关研究成果进行梳理。

1. IEP 的执行过程及效果

IEP 作为特殊教育的规定组成部分和特殊儿童受教育权利的保障途径，其执行力度一直是相关研究的重点。研究主要结论如下。

第一，IEP 成为规定项目后的实施比例迅速增加，但参与人员的数量和代表性不足。从实施比例上看，美国和我国台湾地区的研究结果表明，在 IEP 成为规定项目后，其实施比例迅速增加，有些地方迅速达到百分之百的

---

① Ruble L A, McGrew J, Dalrymple N, et al. Examining the quality of IEPs for young children with autism [J]. Journal of Autism and Developmental Disorders, 2010, 40 (12): 1459 – 1470.

② Boavida T, Aguiar C, McWilliam R A, et al. Quality of individualized education program goals of preschoolers with disabilities [J]. Infants & Young Children, 2010, 23 (3): 233 – 243.

③ Fu W, Lu S, Xiao F, et al. A social-cultural analysis of the individual education plan practice in special education schools in China [J]. International Journal of Developmental Disabilities, 2020, 66 (1): 54 – 66.

执行率。① 但同时，高执行率背后也不可避免地存在很多问题，比如参与人员不足或达不到规定要求。美国教育研究与评价中心（Center for Educational Research and Evaluation）指出，在 IEP 颁布实施的 5 年内，大多数学校有依照程序召开 IEP 会议，在 2657 个样本中 IEP 会议的参与人员平均是 4 人，有 3/4 的 IEP 会议中至少有一位教师和一位治疗师参与。② 但进一步研究的结果显示，IEP 会议的召开也可能流于形式，未具备沟通和合作等实质上的意义。③ 台中市 2015 年的 IEP 评鉴报告也同样指出，在 IEP 实施过程中，学校在参与人员方面仅邀请家长参加，未能邀请与学生教育需求有关的专业人员或相关人员参加；部分学校邀请家长出席会议，但 IEP 文件并无家长同意的签名；IEP 教学目标或相关服务未纳入各相关人员如治疗师、普通教育教师等人的建议。④

第二，IEP 的制定程序烦琐，且系统支持有待加强，这影响了 IEP 的顺利执行。作为规定项目，IEP 的所有执行步骤，若有需要都必须作为规定文件留存，这给 IEP 的制定增添了许多烦琐的行政手续，在很大程度上打消了学校 IEP 执行的积极性。比如 Smith 指出，IEP 过于理想，不论 IEP 目标的拟定还是文本的叙写，都需要花费大量的时间和精力，给教师增添额外负担，有时烦琐的程序甚至成为特殊教育教师离职的导火索。⑤ 大陆地区研究者也发现同样问题，IEP 在制定人员结构上存在很大的问题，参与人员资质不完全符合标准，且行政人员、家长等相关人员的参与度较低，这使得 IEP 的制定成为教师的个人工作。⑥ 有研究者针对普通班级教师参与 IEP 的现状进行调查，发现普通教育教师对于 IEP 的专业知识和技能准备不足；

① 钮文英. 迈向优质、个别化的特殊教育服务［M］. 台北：心理出版社，2013：38 – 57.

② Pyecha J N. A national survey of individualized education programs（IEPs）for handicapped children［R］. Volume Ⅴ：State/special facility substudy findings. Final report. 1980.

③ Callicott K J. Culturally sensitive collaboration within person-centered planning［J］. Focus on Autism and Other Developmental Disabilities，2003，18（1）：60 – 68；Mitchell D，Morton M，Hornby G. Review of the literature on individual education plans［J/OL］.（2010 – 08 – 20）［2021 – 10 – 10］. Report to the New Zealand Ministry of Education. Wellington，New Zealand：The Ministry of Education. www. educationcounts. govt. nz.

④ 林晨华. 从台中市特殊教育评监探讨 IEP 之运作［J］. 特殊教育季刊，2015（136）：19 – 26.

⑤ Smith T E C. IDEA 2004：Another round in the reauthorization process［J］. Remedial and Special Education，2005，26（6）：314 – 319.

⑥ 黄朔希. 台湾个别化教育计划的理念与实践［J］. 宁德师专学报（哲学社会科学版），2007（4）：87 – 89.

IEP 的实施缺乏行政管理系统的支持。① 还有研究者发现，在 IEP 的专业团队沟通方面存在一些问题，比如相关专业之间不容易整合，讨论沟通的时间难以协商，不同专业之间人员的知识结构和背景差异过大，资源有限等。

第三，科技辅具增加了 IEP 执行的便利性，但同时也引发研究者对 IEP 质量的担忧。随着 20 世纪 80 年代信息网络行业的发展和崛起，很多研究者将目光聚焦于如何通过网络资源支持教师拟定电子 IEP，以减轻教学负担。② Smith 称这一阶段 IEP 的发展为"科技辅助阶段"（Technology-Reaction Phase）。③ 研究者对于电子化、网络化 IEP 的研究主要聚集在 IEP 系统的开发、测试、应用，同时也关注系统的方便性与省时性，相继开发出一系列 IEP 计算机辅助系统。在肯定 IEP 计算机化高效率的同时，研究者也充分展示了对电子化 IEP 质量问题的担忧，如通过点选项目快速制作的 IEP 可能会流于形式，教师有可能在缺乏思考的情况下，做出一份不符合学生需求的教学计划等。④

2. IEP 执行中的教师参与

教师，尤其是特殊教育教师是个别化教育计划的主要负责人，通常要负责跟进 IEP 从评估、制定、实施到评价的每一步工作流程，召开 IEP 会议，同时与其他 IEP 成员协调沟通，制定特殊儿童的 IEP 发展目标，特殊教育教师对 IEP 的实际参与行为和态度对于 IEP 执行效果有重要影响。鉴于此，很多研究者对教师在 IEP 执行过程中的参与进行了探讨。研究结果显示，特殊教育教师和学校管理者对待 IEP 的态度褒贬不一，他们大多肯定 IEP 在帮助了解学生和组织教学方面的功能，认为 IEP 可以帮助他们更

---

① 石茂林. 普通班教师参与个别化教育计划的困境与出路——以美国《障碍者教育法修正案》实施状况为例 [J]. 现代特殊教育，2013（4）：38–40.
② 张贻琇，孟瑛如，吴东光. 小学资源班教师对电脑化 IEP 系统使用满意度之研究——以有爱无碍电脑化 IEP 系统为例 [J]. 特殊教育学报，2007（26）：85–109.
③ Smith S W. Individualized education programs（IEPs）in special education—From intent to acquiescence [J]. Exceptional Children，1990，57（1）：6–14.
④ 吴东光，等. IEP 电脑化之功能性探讨——以有爱无碍电脑化 IEP 系统为例 [J]. 台湾特殊教育学会年刊，2005：241–257；Smith S W，Kortering L J. Using computers to generate IEPs: rethinking the process [J]. Journal of Special Education Technology，1996，13（2）：81–90.

好地了解学生的需求和发展水平，但又认为 IEP 花费他们太多时间，并且对实际的日常教学没有帮助作用，同时缺乏学校的支持，IEP 的行政用途多于教学指导意义。① 比如有研究者通过问卷对教师执行 IEP 的过程进行调查，结果发现教师没有意识到 IEP 对于教学的重要性，也不能严格按照 IEP 设定的方式进行教学。Karger 的调查得出了相同观点，一些特殊教育教师对 IEP 的认识还不充分，对其持消极态度。② Joseph 等人发现特殊教育教师认为花在准备 IEP 上的时间不值得，③ 有研究者认为 IEP 增加了教师的工作量，IEP 是过多的文书工作，支持不足还缺乏足够的培训。④ 目前我国大陆地区关于教师对 IEP 态度的研究相对较少，但部分研究结果却显示特殊教育教师对 IEP 的实施普遍持积极态度，愿意了解并学习 IEP 知识技能，同时也对 IEP 的发展前景有信心，但对 IEP 的形式感到陌生。⑤

随着融合教育不断深入，越来越多的特殊儿童进入普通学校就读，这使得普通教育教师日益成为特殊儿童重要的教育服务提供者，并且参与到 IEP 的制定和实施中。这一发展趋势引起了研究者的关注，Martin 等人发现，普通教育教师认为与其他 IEP 参与者相比，自己对决策的帮助更少，对会议中下一步要做什么的了解更少。与出席会议的其他团队成员相比，他们对会议的目的、内容知之甚少，因此他们比较排斥参与 IEP 会议，一开会就感觉不舒服。虽然他们认为自己与其他参与者是在同等水平上谈论

---

① White R, Calhoun M L. From referral to placement: Teachers' perceptions of their responsibilities [J]. Exceptional Children, 1987, 53 (5): 460 – 468; Rheams A E B. Teachers' Perceptions of the Effectiveness of the Individualized Education Program [D]. The University of Wisconsin-Milwaukee, 1989; 林坤灿，萧朱亮. 个别化教育计划实施现况及内容检核之研究——以高雄市小学启智班为例 [J]. 东台湾特殊教育学报，2004 (6): 1 – 32.

② Karger J. Access to the general curriculum for students with disabilities: The role of the IEP [J]. Washington, DC: National Center on Accessing the General Curriculum. Retrieved August, 2004, 15: 2004.

③ Joseph J. Evaluating special education: A study to pilot techniques using existing data in Skokie School District68. Skokie, IL: Skokie School District68 [J]. ERIC Document Reproduction Service, 1983.

④ Smith S W. Individualized education programs (IEPs) in special education-From intent to acquiescence [J]. Exceptional Children, 1990, 57 (1): 6 – 14.

⑤ 董瑞雪. 对个别化教育计划实施态度的调查研究——以某市特殊教育中心为例 [J]. 南京特教学院学报，2013 (9): 43 – 47; 陈琳. 培智学校成功实施个别化教育计划探析 [J]. 绥化学院学报，2013 (7): 83 – 87.

学生的优势和需求，但他们很少谈论学生的兴趣。鉴于此，研究者呼吁应该让"普通教育工作者在离开 IEP 会议时对他们的贡献和 IEP 会议感到满意"。[①] Lee-Tarver 的研究发现，普通教育教师越来越多地参与到学生 IEP 服务中，但参与的结果"令人沮丧"：有 62.6% 的教师不同意 IEP 中唯一由团队决定的部分是安置场所或者所需服务，大多数接受调查的教师认为他们在目标的制定中发挥了作用，并认为 IEP 的制定是一个团队合作过程，但当被问及他们是否为学生选择 IEP 目标时，39% 的人表示没有（参与），即很大比例的教师认为他们没有参与 IEP 目标的选择。[②] 有研究者对田纳西州小学阶段普通教育教师使用 IEP 为普通课堂中残疾学生制定教学计划的情况进行调查，结果发现普通教育教师并不觉得他们是 IEP 团队的一部分。虽然接受调查的普通教育教师都认为 IEP 为他们所服务的特殊学生提供了适当的目标，但有很大一部分人并没有落实这些目标。教师还认为 IEP 是教学设计的有用工具，但 IEP 并不能促进学生的学业进步。超过 1/4 的受访教师不使用 IEP 作为特殊需要学生的规划教学指南。[③]

2019 年美国特殊教育委员会（CEC）发布《特殊教育职业现状调查报告》（State of the Special Education Profession Survey Report），其中第一大主题便是特殊教育工作者、相关服务人员、辅助专业人员和普通教育教师关于使用 IEP 来指导特殊儿童教学的看法。结果显示，大多数受访者表示，他们经常使用 IEP 来为特殊儿童制订教学计划，并且他们已经准备好提供 IEP 中专门设计的教学。但与此同时，他们也表示没有足够的时间根据 IEP 规划课程、与教学伙伴一起制定具体教学日程，甚至没有时间与 IEP 团队成员一起制定长短期目标。鉴于此，有研究者呼吁要加强特殊教育教师和

① Martin J E, Marshall L H, Sale P. A 3-year study of middle, junior high, and high school IEP meetings [J]. Exceptional Children, 2004, 70 (3): 285–297.

② Lee-Tarver A. Are individualized education plans a good thing? A survey of teachers' perceptions of the utility of IEPs in regular education settings [J]. Journal of Instructional Psychology, 2006, 33 (4), 263–272.

③ Dildine G. General Education Teachers' Perceptions of Their Role in Developing Individual Education Programs and Their Use of IEPs to Develop Instructional Plans for Students with Disabilities [D]. Tennessee State University, 2010.

普通教育教师之间的沟通合作，比如特殊教育教师需要向普通教育教师详细清晰地解释 IEP 会议的目的、协助每位团队成员清楚知道自己的角色职务、分配的时间等，要和普通教育教师一起讨论特殊儿童在普通班级的特殊需求、教学方式和课程安排等。[1] 有研究者进一步指出普通教育教师可以和 IEP 团队分享相关资讯，包括：普通教育课程；相关辅具或调整课程；行为辅导策略；相关行政支援服务，即让学生能参与普通教育、其他课程外的活动，和其他非障碍学生一起上课。[2]

3. IEP 执行中的家长参与

家长是学生获得成功的最大利益相关者。许多研究者详细阐述了家长在 IEP 中的重要作用，他们认为家长参与是 IEP 有效的重要因素。家长对儿童及儿童生活的了解程度无人能及，他们提供的成长信息是制定儿童 IEP 的重要依据，家长参与 IEP 不仅是为了了解其子女的教育内容，更可以说明其对子女教育的意见，甚至协助拟定各项目标与计划，而非仅作为一个信息的接收者与聆听者。[3] 相关研究证实了家长在 IEP 中的重要作用，发现家长的 IEP 参与程度与儿童的积极成果有关。当父母参与决策时，干预措施更符合儿童的需求。[4] 此外，当父母成为平等的 IEP 团队成员时，他们可以提供更多有关学生发展优势和教育需求的宝贵信息。[5] 当家庭参与 IEP 目标设定过程时，可以提高学生毕业率、增加学生的就业竞争力、促使学生在毕业后取得优异的成果。[6] 事实上，家长的意见不仅在学生的学校教育期间很有价值，还有助于规划学生毕业离校后的

[1] Fowler S A, Coleman M R B, Bogdan W K. The state of the special education profession survey report [J]. Teaching Exceptional Children, 2019, 52 (1): 8 – 29.

[2] Kupper L. A Guide to the individualized education program [M]. Office of Special Education and Rehabilitative Services U. S. Department of Education, 2000: 7.

[3] 刘晓娟, 林惠芬. 中部地区中学启智班家长参与个别化教育计划会议之研究 [J]. 特殊教育学报, 2003 (18): 1 – 19.

[4] Chen W B, Gregory A. Parental involvement in the prereferral process: Implications for schools [J]. Remedial and Special Education, 2011, 32 (6): 447 – 457.

[5] Tucker V, Schwartz I. Parents' perspectives of collaboration with school professionals: Barriers and facilitators to successful partnerships in planning for students with ASD [J]. School Mental Health, 2013, 5 (1): 3 – 14.

[6] 刘晓娟, 林惠芬. 中部地区中学启智班家长参与个别化教育计划会议之研究 [J]. 特殊教育学报, 2003 (18): 1 – 19.

生活。① 有研究者探索了家长参与 IEP 的具体形式，包括家校交流笔记本和定期对话等。②

然而，尽管有联邦授权和实证研究结果做支撑，现实中家庭参与 IEP 的过程历来存在问题。有研究者分析了 45 份 1993～1998 年孤独症学生家长申请听证会及诉讼的案例，发现 73% 的案例中法院判决学校败诉，主要原因之一便是在拟定 IEP 时没有把家长当成对等的伙伴。③ 很多研究记录了在 IEP 团队决策中持续缺乏家长参与的情况。从幼儿时期开始，儿童的 IEP 决策权就掌握在教师手中并持续为教师所主导。④ 家长报告说，学校通常不会征求或回应他们的意见，并且不愿意考虑家庭人员推荐的计划或服务的替代方案。⑤ 因此，IEP 团队的决定通常被描述为由学校做出的单方面决定，而不是与家庭共同做出的决定。⑥ 有研究者发现，家庭成员在 IEP 会议上的贡献通常仅限于点头和默许，对制定或选择特定目标和目的的具体投入有限，大多处于被动倾听的状态。⑦ 如在一个 5 岁男孩的 IEP 会议案例研究中，父母的发言时间只占整个 IEP 会议的 14%，剩下时间都是教

① Gaertner M N, McClarty K L. Performance, perseverance, and the full picture of college readiness [J]. Educational Measurement: Issues and Practice, 2015, 34 (2): 20–33.

② Kurth J A, Ruppar A L, McQueston J A, et al. Types of supplementary aids and services for students with significant support needs [J]. The Journal of Special Education, 2019, 52 (4): 208–218; Haines S J, Gross J M S, Blue-Banning M, et al. Fostering family-school and community-school partnerships in inclusive schools: Using practice as a guide [J]. Research and Practice for Persons with Severe Disabilities, 2015, 40 (3): 227–239.

③ Yell M L, Drasgow E. Litigating a free appropriate public education: The Lovaas hearings and cases [J]. The Journal of Special Education, 2000, 33 (4): 205–214.

④ Fish W W. The IEP meeting: Perceptions of parents of students who receive special education services [J]. Preventing School Failure: Alternative Education for Children and Youth, 2008, 53 (1): 8–14; Kurth J A, Love H R, Zagona A L, et al. Parents' experiences in educational decisionmaking for children and youth with disabilities [J]. Inclusion, 2017, 5 (3): 158–172.

⑤ Elbaum B, Blatz E T, Rodriguez R J. Parents' experiences as predictors of state accountability measures of schools' facilitation of parent involvement [J]. Remedial and Special Education, 2016, 37 (1): 15–27.

⑥ Hancock C L, Beneke M R, Cheatham G A. Knowing families, tailoring practice, building capacity: DEC recommended practices Monograph Series 3 [J]. Washington, DC: Council for Exceptional Children, Division for Early Childhood, 2017.

⑦ Lovitt T, Cushing S. High school students rate their IEPs: Low opinions and lack of ownership [J]. Intervention in School and Clinic, 1994: 30, 34–37.

师发言。① 还有研究采用美国第二次全国纵向转衔调查（National Longitudinal Transition Survey 2，NLTS2）数据库中的数据（该数据库收集了美国全国范围内有代表性的样本数据，涵盖了 500 个地方教育机构和 40 所特殊学校的 11000 名残疾学生），② 对 14～22 岁青少年的 IEP 转衔计划进行分析，结果发现，各个残疾类别的青少年和家长参加 IEP 转衔计划会议的比例很高，但是与教师讨论转衔目标的程度在过去十年中显著下降。③

较少的参与感导致很多家长对 IEP 缺乏了解甚至持有消极的态度。有研究者发现多数家长对 IEP 的态度和参与度都有待改善。如 Griffin 研究发现有将近一半的家长认为 IEP 会议不过是一种形式而已，家长是否参与并不重要。④ Harry 等人追踪 24 个家庭在三年期间参与 IEP 会议的情形，结果发现有 16～18 个家庭在第一年会参加 IEP 会议，最后只有 11 个家庭持续在三年内参与 IEP 会议。⑤ Katsiyannis 等人也指出，有些家长甚至可能根本不知道他们的权利，也不懂 IEP 会议的流程及他们在会议中应扮演的角色。⑥ Fish 对孤独症儿童家长的 IEP 感受进行调查，发现家长感觉在 IEP 会议中不平等，认为自己所提的意见对学校人员而言是没价值的；还有家长第一次接触 IEP 拟定，不了解特殊教育法律和学校人员应该提供的特殊教育服务。⑦ 这与我国台湾地区研究者的结论相似，他们通过对智力落后

① Ruppar A L, Gaffney J S. Individualized education program team decisions: A preliminary study of conversations, negotiations, and power [J]. Research and Practice for Persons with Severe Disabilities, 2011, 36 (1－2): 11－22.

② 辛伟豪，等. 2004 年以来美国个别化教育计划研究热点 [J]. 中国特殊教育，2018 (5): 54－60.

③ Johnson D R, Thurlow M L, Wu Y C, et al. Youth and parent participation in transition planning in the USA: Findings from the National Longitudinal Transition Study 2012 (NLTS 2012) [J]. Journal of International Special Needs Education, 2022.

④ Griffin H C. Special educators perception of parental participation in the individual education plan process [J]. Psychology in the Schools, 1986 (23): 158－163.

⑤ Harry B, Allen N, McLaughlin M. Communication versus compliance: African-American parents' involvement in special education [J]. Exceptional Children, 1995, 61 (4): 364－377.

⑥ Katsiyannis A, Ward T J. Parent participation in special education: Compliance issues as reported by parent surveys and state compliance reports [J]. Remedial and Special Education, 1992, 13 (5): 50－55.

⑦ Fish W W. Perceptions of Parents of Students with Autism towards the IEP Meeting [D]. University of North Texas, 2004.

儿童家长的调查和访谈发现，家长对 IEP 的认知多局限于表面，对 IEP 的规定也不太了解，认为自己在会议中的角色只是旁听者、建议者、资讯提供者及配合者而非计划拟定者，这导致家长认为 IEP 只是应付上级检查的文件，忽略了对参与权的行使，缺席 IEP 的制定和实施。虽然大多数家长肯定 IEP 的效能并对 IEP 的重要性表达高度认同，但在出席意愿上却是有落差的。[①]

导致家长无法有效参与 IEP 的因素有很多种，除家长自身的经济收入、教育水平和对孩子教育的投入程度外，有研究者还从家校关系的角度进行了探索，认为家长和学校之间存在权力的不对等。[②] 具体表现在以下方面。首先，学校的教育工作者通常被定位为专业人士，而家长作为非专业人士，很难被当成平等的 IEP 成员，父母的知识被边缘化且不受重视。[③] 在 IEP 制定过程中，教师倾向于要求家长同意学校专业人士提出的策略，而不是进行真正的协作。[④] 其次，虽然 IDEA 对 IEP 中有"程序保障"的具体声明，但是该声明往往充满法律和学术用语，其可读性进一步导致权力和知识不对等，父母无法获得有关如何做出决定和指导特殊教育过程的重要信息。[⑤] 最后，在 IEP 会议上，学校工作人员的人数通常超过家长且具有专业上的发言权，导致上述权力和知识不平等现象进一步加剧，家长的参与权无形中被剥夺。

4. IEP 执行中的学生参与

学生参与 IEP 这一要求贯穿于美国特殊教育法律，1975 年《所有障碍

① 张慧美. 台北市小学孤独症学生家长参与其子女个别化教育计划及特殊教育服务需求之调查 [D]. 台北：台北教育大学，2007.

② Kurth J A, McQueston J A, Ruppar A L, et al. A description of parent input in IEP development through analysis IEP documents [J]. Intellectual and Developmental Disabilities, 2019, 57 (6)：485 – 498.

③ Skrtic T M. Disability and Democracy：Reconstructing (Special) Education for Postmodernity. Special Education Series [M]. Teachers College Press, Columbia University, New York, 1995.

④ Kurth J A, Love H R, Zagona A L, et al. Parents' experiences in education decision-making for children and youth with disabilities [J]. Inclusion, 2017, 5 (3)：158 – 172.

⑤ Mandic C G, Rudd R, Hehir T, et al. Readability of special education procedural safeguards [J]. The Journal of Special Education, 2012, 45 (4)：195 – 203.

儿童教育法》规定学生本人（如果情况允许）要参与到 IEP 会议中。① 1997 年 IDEA 规定必须邀请 14 岁及以上的学生参加 IEP 会议。② 后续法案进一步加强了对学生参与 IEP 的要求，学生的需求、兴趣、意见、是否出席都被赋予重要意义，并以法律文件的形式加以确认。③ 但与此同时，大量研究显示现有的 IEP 会议以教师为主导。在教师主导的 IEP 会议上，学生参与程度极低，时常处于"失声"状态。调查发现 20 世纪 90 年代初美国仍有 1/3 州的学生未参加过 IEP 会议④，到 90 年代末 21 世纪初，学生参与度有所提升，但仍有近 1/3 的学生未出席 IEP 会议；超过半数的学生虽出席会议，但并未实际参与；仅有 30% 左右的学生参与 IEP 转衔会议⑤。有研究者历经三年观察了 393 个中学阶段的 IEP 会议，结果发现相对于 IEP 团队其他成员，学生的发言率最低，对于会议目的、如何参与会议、如何表达想法等方面的了解程度也远低于其他参与者。⑥ 还有研究者采用 10 秒时距观察的方式，记录了 109 个 IEP 转衔会议中不同发言者的发言频率，结果也显示 IEP 会议的主要发言者是特殊教育教师，且大多以父母导向的对谈方式进行，学生的发言率最低，只占 3%。⑦

鉴于学生在 IEP 参与程度低的现实问题，Martin 等人率先将自我决定和自我倡导融入 IEP 过程，设计开发出"自我主导 IEP"（Self-Directed IEP）课程项目，通过教学为学生提供相应支持，教导学生成为 IEP 会议

① Education for All Handicapped Children Act of 1975. Pub. L. 94 - 142 [EB/OL]. (1975 - 11 - 29) [2021 - 07 - 10]. https://www. govinfo. gov/content/pkg/STATUTE - 89/pdf/STATUTE - 89 - Pg773. pdf.

② Storms J, O'Leary E, Williams J. The individuals with disabilities education act of 1997 transition requirements: A guide for states, districts, schools, universities and families [Z]. 2000.

③ Gartin B C, Murdick N L. IDEA 2004: The IEP [J]. Remedial and Special Education, 2005, 26 (6): 327 - 331.

④ Johnson D R, Emanuel E. Issues influencing the future of transition programs and services in the United States [Z]. 2000.

⑤ Mason C, Field S, Sawilowsky S. Implementation of self-determination activities and student participation in IEPs [J]. Exceptional Children, 2004, 70 (4): 441 - 451.

⑥ Martin J E, Marshall L H, Sale P. A 3-year study of middle, junior high, and high school IEP meetings [J]. Exceptional Children, 2004, 70 (3): 285 - 297.

⑦ Martin J E, Van Dycke J L, Greene B A, et al. Direct observation of teacher-directed IEP meetings: Establishing the need for student IEP meeting instruction [J]. Exceptional Children, 2006, 72 (2): 187 - 200.

的主动参与者。该项目取得了显著效果，揭开了学生主导 IEP 研究与实践的序幕。① 后来这些课程或以 IEP 实践程序为依托，如 2006 年 Arndt 等人开发的修订版；② 或以系统课程教学为途径，如美国国家身心障碍儿童与青少年信息中心（the National Information Center for Children and Youth with Disabilities，NICHCY）2002 年出版《协助学生发展其 IEP》技术指引手册（*Helping Students Develop Their IEPs*）；③ 或以自我决定能力为导向，如 2004 年 Test 与 Neale 设计的"I PLAN"自我倡导策略（Self-Advocacy Strategy）。④ 虽然各有侧重，但总体都致力于帮助学生发展 IEP 的背景知识和技能，提升其在 IEP 中的有效参与。

近 20 年来，学生参与和主导 IEP 的比例逐渐提高，研究证实这一方式对身心障碍儿童发展有诸多有益之处，如增加学生及其家长参与 IEP 的主动性，提高学生的表达能力和领导能力，提升其对学习及生活目标的赋能感等。⑤ 具体来看，首先，多数研究得出一致结论，即学生主导 IEP 显著提升了学生在会议中的参与度和领导作用，⑥ 使学生对 IEP 会议的评价更积

---

① Martin J E, Marshall L H, Maxson L, et al. Self-Directed IEP [M]. University of Colorado, 1996: 5.

② Arndt S A, Konrad M, Test D W. Effects of the self-directed IEP on student participation in planning meetings [J]. Remedial and Special Education, 2006, 27 (4): 194 – 207.

③ Kupper L, McGahee-Kovac M. Helping students develop their IEPs. Technical assistance guide. [and] A student's guide to the IEP [Z]. 2002.

④ Test D W, Neale M. Using the self-advocacy strategy to increase middle graders' IEP participation [J]. Journal of Behavioral Education, 2004, 13 (2): 135 – 145.

⑤ Konrad M. Involve students in the IEP process [J]. Intervention in School and Clinic, 2008, 43 (4): 236 – 239.

⑥ Snyder E P, Shapiro E S. Teaching students with emotional/behavioral disorders the skills to participate in the development of their own IEPs [J]. Behavioral Disorders, 1997; Snyder E P. Examining the Effects of Teaching Ninth Grade Students Receiving Special Education Learning Support Services to Conduct Own IEP Meetings [M]. Bethlehem: Lehigh University, 2000; Snyder E P. Teaching students with combined behavioral disorders and mental retardation to lead their own IEP meetings [J]. Behavioral Disorders, 2002, 27 (4): 340 – 357; Allen S K, Smith A C, Test D W, et al. The effects of self-directed IEP on student participation in IEP meetings [J]. Career Development & Transition for Exceptional Individuals, 2001, 24 (2): 107 – 120; Arndt S A, Konrad M, Test D W. Effects of the self-directed IEP on student participation in planning meetings [J]. Remedial & Special Education, 2006, 27 (4): 194 – 207; Woods L L, Martin J E, Humphrey M J. The difference a year makes: An exploratory self-directed IEP case study [J]. Exceptionality, 2013, 21 (3): 176 – 189.

极，对 IEP 会议的参与度和认可度明显更高，且在会议结束后能理解更多的 IEP 目标。[①] 其次，通过长期追踪，研究者发现，学生参与 IEP 不仅与学业成绩之间存在显著正相关，更与他们毕业离校后取得较高的个人成就有密切关联。相比于普通形式的 IEP，学生主导 IEP 能够大幅度提升学生学业成绩和转衔教育效果。[②] 最后，自我决定和学生参与 IEP 之间的关系可能是相互的：自我决定能力的提升有助于提高学生的 IEP 参与度，而更高程度的 IEP 参与行为也会反过来进一步促进其自我决定能力的发展。[③] 当然，学生主导 IEP 的发展也面临一些困境与障碍，比如时间有限、评估过程烦琐、学生本人缺乏参与动力、学生障碍程度太重、会议容易失去控制、培训课程和经费等支持不够、其他 IEP 团队成员不想参与、缺乏行政支持等。[④] 这些因素都会不同程度导致学生主导 IEP 流于形式甚至并未付诸实践。

（三）IEP 的教学指导效果研究

对于教师而言，IEP 是特殊儿童课程教学的纲领性文件。IEP 虽然实施多年，但其效果一直处于争议之中。这种争议主要体现在 IEP 是否能够真正有效促进学校教学和学生的教育发展上，研究者从不同的角度出发对 IEP 的教学指导作用进行了探究。

---

① Sweeney M. Effectiveness of the self-directed IEP［J］. Tallahassee：Florida State University，1997；Martin J E，Van Dycke J L，Christensen W R，et al. Increasing student participation in IEP meetings：Establishing the self-directed IEP as an evidenced-based practice［J］. Exceptional Children，2006，72（3）：299 – 316.

② Barnard-Brak L，Lechtenberger D. Student IEP participation and academic achievement across time［J］. Remedial & Special Education，2010，30（5）：343 – 349；Stodden R A，Conway M A. Supporting Youth with Disabilities to Access and Succeed in Postsecondary Education：Essentials for Educators in Secondary Schools［R］. National Center on Secondary Education and Transition（NCSET），Institute on Community Integration，University of Minnesota；Benz M R，Lindstrom L. Improving graduation and employment outcomes of students with disabilities：Predictive factors and student perspectives［J］. Exceptional Children，2000，66（4）：509 – 529.

③ Williams-Diehm K，Wehmeyer M L，Palmer S，et al. Self-determination and student involvement in transition planning：A multivariate analysis［J］. Journal on Developmental Disabilities，2008，14（1）：25 – 36；Van Dycke J L. Determining the Impact of Self-Directed IEP Instruction on Secondary IEP Documents［M］. The University of Oklahoma，2005.

④ Hawbaker B W. Student-led IEP meetings：Planning and implementation strategies［J］. Teaching Exceptional Children Plus，2007，3（5）：n5.

1. IEP 的教学指导角色

IEP 是特殊儿童的教育指南。能否有效指导教学以促进学生的成长发展，是衡量 IEP 质量好坏的决定性指标。2001 年美国颁布《不让一个孩子掉队法》，强调对学生的学业进步进行评量。2004 年 IDEIA 增强了与 NCLB 之间的联系，对 IEP 的内容、撰写和会议等方面都进行了改革，突出强调学生发展的全面性。尤其是在融合教育发展背景下，IEP 应当体现学生发展的学业性（academic）、发展性（developmental）和实用性（functional），确保 IEP 在关注与学生障碍相关的行为或者功能性问题之外，同样重视学生学业能力的发展。在具体措施上，IDEIA 要求 IEP 的目标制定和质量评价需要连接到州标准和普通教育课程学习标准，学校需要提供 IEP 的进度报告。IDEIA 要求"IEP 的年度目标……基准或短期目标……使残疾儿童能够参与并在一般课程中取得进步"，要让特殊学生"有最大的机会实现……所有学生的标准和期望"。与此同时，除了要求 IEP 包括衡量学年中期进步的基准或短期目标外，IDIEA 还要求 IEP 要说明学校将如何定期通知家长其子女的进步情况。[①] 我国台湾地区的《特殊教育规定》也要求特殊需求学生的 IEP 目标必须以普通教育课程作为首要考虑，以多种方式弹性调整课程目标，并将课程目标落实到学生的 IEP 中。

此外，还有很多研究者从课程和教学指导的角度出发，探讨如何将 IEP 与教学相结合并充分发挥教学指导作用，从理论上对 IEP 目标和教学活动设计的结合提出了构想和建议。比如，有研究者认为应在教学活动设计中纳入学生 IEP 的短期目标。当教学活动主题确定后将适合此类活动的短期目标选出并排列、归类、分至各个主题，教学活动设计时则依据本主题下学生适合的 IEP 再行考虑，最后将学生的 IEP 目标配入具体活动中。[②] 有研究者据此认为，特教教师对 IEP 与教学间的关系应当有正确认知，虽然 IEP 并非教学计划，内容也无须列入教学活动，但教师必须依据 IEP 设计课程与教学，只有这样才能达到 IEP 的目标，不容易造成

---

① Individuals with Disabilities Education Improvement Act of 2004 [Z]. Pub. L. No. 108 - 446, 20 U. S. C. § 1400 et seq. 2004.

② 张文京. 弱智儿童个别化教育与教学 [M]. 重庆：重庆出版社, 2005：5 - 26.

IEP 与教学脱节。[①] 还有研究认为在融合教育背景下，应当以班级共同教育目标作为集体教学的主要依据，教学计划不应局限于 IEP 中所列的教育目标。[②]

2. IEP 的教学指导效果

IEP 虽然实施多年，但其效果一直处于争议之中。这种争议主要体现在 IEP 是否能够真正有效促进学校教学和学生的教育发展上，研究者们从不同的角度对此进行了讨论和研究。有些研究者认为制定和实施 IEP 有积极的作用，首先，IEP 需要家长、教师等相关人员参与，这促进了学校、教师与家长的关系，加强了家校合作；其次，制定 IEP 的过程可以促使教师更好地分析和思考自己的教学，更好地关注儿童，对儿童进行适当的评价，监督儿童的教育进步；最后，IEP 是提高学校特殊教育绩效的重要管理工具，有助于显示教师的教学绩效及学生的进步情况。[③] 在教学效果方面，有研究者对一所小学的辅读班进行准实验研究后发现，以 IEP 为基础进行自我决策的教学与对照组进行比较后结果显著，也就是说 IEP 有助于学生自我决策的发展。[④]

与此同时，很多研究发现，IEP 在教学指导方面的作用还有待提升，部分家长、教师并没有用 IEP 来设计或指导个别化教学，他们关注的是 IEP 的法律保护以及程序的合理性。[⑤] 有些研究者认为 IEP 质量太差，没有

---

① 张蓓莉. 个别化教育计划的缘起与理念 [M] //张蓓莉，蔡明富. 量生订做——IEP 的理念与落实. 台北：台湾师范大学特殊教育中心，2001：1 – 14；罗婧. 学前融合班个别化教育计划实施的行动研究 [D]. 重庆：重庆师范大学，2008.

② 陈明聪. 融合教育安置下课程的发展 [J]. 特殊教育季刊，2000，76：17 – 23.

③ Lee-Tarver A. Are Individualized education plans a good thing? A survey of teachers' perceptions of the utility of IEPs in regular education settings [J]. Journal of Instructional Psychology，2006，33（4）：263 – 272；Simon J. Perceptions of the IEP requirement [J]. Teacher Education and Special Education，2006，29（4）：225 – 235.

④ 李丹. 个别化教育计划中智障学生自我决策能力培养成效研究 [D]. 重庆：重庆师范大学，2008.

⑤ Christle C A，Yell M L. Individualized education programs：Legal requirements and research findings [J]. Exceptionality，2010，18（3）：109 – 123；Butera G，Klein H，McMullen L，et al. A statewide study of FAPE and school discipline policies [J]. The Journal of Special Education，1998，32（2）：108 – 114；Wehman P. A new era：Revitalizing special education for children and their families [J]. Focus on Autism and Other Developmental Disabilities，2002，17（4）：194 – 197.

建立起儿童发展水平评估、课程教学目标和成效评价之间的联系，很少有研究证明 IEP 提高了特殊儿童的教育成效。① 研究还表明制定与实施 IEP 以来，特殊儿童的成绩并没有变化，有人甚至认为 IEP 不管在记录儿童成长还是在促进儿童进步方面都是无效的。② Morgan 研究发现，特殊教育教师认为他们可以在没有 IEP 的情况下进行教学，儿童也可以有效地学习。③ 这一结果和 Dudley-Marling 得出的结论相似，即特殊教育教师发现 IEP 对规划教学没有帮助。④

研究发现，IEP 教学指导性不强的原因之一是 IEP 在制定过程中目标脱离了学生的实际教育需求。Nickles 等人检查了行为障碍、学习障碍和轻度智力落后学生的 IEP，结果发现行为障碍学生的社交和行为目标数量不足，轻度智力落后学生的基本生活技能目标数量不足。研究者认为这样的 IEP 目标并不是针对学生的个别需求而制定的，只是为了满足法规性要求而已。⑤ Catone 等人发现，高中学生的 IEP 目标并没有针对其学习需求而制定，因为对他们的评估表明其基本阅读技能存在缺陷，但 IEP 目标中却没有相关条目。⑥ Shriner 等人对 IEP 目标检核的研究结果表明，只有不到 20% 的 IEP 目标是合格的，体现了学生的实际教育需求。许多情况下，看似完美匹配的 IEP 目标实际上并没有实现年度目标应有的作用和价值，比如数学领域

① Isaksson J, Lindqvist R, Bergström E. School problems or individual shortcomings? A study of individual educational plans in Sweden [J]. European Journal of Special Needs Education, 2007, 22 (1): 75 – 91.

② Karger J. Access to the general curriculum for students with disabilities: The role of the IEP [J]. Washington, DC: National Center on Accessing the General Curriculum. Retrieved August, 2004, 15: 2004; Massanari, Carol B. Connecting the IEP to the General Curriculum: a talking paper [EB/OL]. (2002 – 06 – 10) [2021 – 10 – 10.]. http://eric. ed. gov/PDFfs/ED469280. pdf.

③ Morgan D P, Rhode G. Teachers' attitudes toward IEP's: A two-year follow-up [J]. Exceptional Children, 1983.

④ Dudley-Marling C. Perceptions of the usefulness of the IEP by teachers of learning disabled and emotionally disturbed children [J]. Psychology in the Schools, 1985, 22 (1): 65 – 67.

⑤ Nickles J L, Cronis T G, Justen Ⅲ J E, et al. Individualized education programs: A comparison of students with BD, LD, and MMR [J]. Intervention in School and Clinic, 1992, 28 (1): 41 – 44.

⑥ Catone W V, Brady S A. The inadequacy of individual educational program (IEP) goals for high school students with word-level reading difficulties [J]. Annals of Dyslexia, 2005, 55 (1): 53 – 78.

的 IEP 目标可能和认知需求相匹配，但是并没有说明学生必须表现出哪些可观察、可测量的行为才算达成目标。^① Gelbar 等人的研究发现，大多数学生的 IEP 目标都会包括与适应性行为相关的数据（87.2%），学业进步经常被简单地描述为"达不到同龄发展水平"。大约 93% 的 IEP 关注到学生社交或情感方面的障碍，然而只有 30% 的 IEP 包括了行为干预计划。^② Kurth 等人回顾了加州一所中学孤独症谱系（ASD）学生的 IEP 目标、服务和课程调整，结果表明，无论安置在融合环境还是非融合环境中，学生的 IEP 目标都是从幼儿园到四年级的课程标准中得出的，且 IEP 的目标数量随学生的成长而减少。大多数目标针对的是孤独症的核心症状（如沟通技巧），而不是学业技能发展；到九年级时，只有不到一半的 IEP 目标报告了进展情况，且只有 32% 的 IEP 目标被学生掌握。^③

我国大陆和台湾地区的研究者从教学实践的角度对 IEP 的目标叙写进行评估，发现目标叙写并非基于学生的发展现状，而是在配合课程纲要，且目标与课程的领域并不匹配，也无法与教学活动相配合^④。研究者通过对随班就读学生的 IEP 文本内容进行分析，发现拟定的 IEP 并没有很好地发挥对课程的指导作用。^⑤ 台中市 2015 年的 IEP 评鉴报告指出多数资源班的教育都忽视了 IEP 中学习策略、社交技巧及情绪管理等特殊需求课程的设计，仅提供语文、数学、英语学科课程的教学服务。^⑥ 大陆地区有研究者对全国范围 500 份孤独症学生的 IEP 文本进行分析，结果发现，孤独症学生的 IEP 长期目标

① Shriner J G, Carty S J, Rose C A, et al. Effects of using a web-based individualized education program decision-making tutorial [J]. The Journal of Special Education, 2013, 47 (3): 175 – 185.
② Gelbar N W, Bruder M B, DeBiase E, et al. A retrospective chart review of children with ASD's individual education plans compared to subsequent independent psychological evaluations [J]. Journal of Autism and Developmental Disorders, 2018, 48 (11): 3808 – 3815.
③ Kurth J, Mastergeorge A M. Individual education plan goals and services for adolescents with autism: Impact of age and educational setting [J]. The Journal of Special Education, 2010, 44 (3): 146 – 160.
④ 张琴. 随班就读生个别化教育计划文本编制的研究 [D]. 上海：华东师范大学, 2007.
⑤ 姚向煜. 随班就读学生 IEP 制定与实施现状的调查——以南京、常熟为例 [J]. 南京特教学院学报, 2012 (6): 46 – 52.
⑥ 林晨华. 从台中市特殊教育评监探讨 IEP 之运作 [J]. 特殊教育季刊, 2015 (136): 19 – 26.

主要聚焦生存能力和学业知识领域；目标制定对孤独症学生核心缺陷、相关缺陷领域以及更高层次的心理需求关注不足，IEP 目标在一定程度上体现了个别性和差异性，但是同时也较为主观随意，目标之间的系统性不够。①

除了没有完全满足为残疾学生提供合适的教育目标以外，研究者发现实施环境和资源也对 IEP 指导效果产生影响，即便 IEP 目标有针对性，在实际教学中也不能保证这些特定的教学设计能够在课堂中实行。② 比如 Brigham 等人发现，州和联邦的教育行政部门对学校施加压力，要求学校基于最少受限制环境的原则，将特殊学生尽可能地安置到普通教育环境中学习，最少受限制环境是依据学生的发展水平而定的，并不简单等同于普通教育课堂，这样的 IEP 决策会导致学生真正的教育需求得不到满足。③ Swain 等人对美国中西部四个州的特殊教育教师的 IEP 数据收集方法进行了调查，结果发现由于缺乏时间、资源和培训，教师们最常用的 IEP 数据收集方法是观察法而不是其他更加客观量化的方式。④ 还有研究者认为 IEP 是关于特殊儿童教育的整体构想，是极具理想主义色彩的教育方案，这本身就决定了 IEP 在实际开展过程中必然会面临重重困难。⑤

四 评述与展望

（一）已有研究启示

通过对 IEP 相关研究的梳理可以发现，IEP 是特殊教育领域的核心概念和实践方式，国外研究者已经对其进行了丰富而深入的探索，积累了大量的研究成果。IEP 的内涵十分丰富，角色也非常多样。从研究文献来看，IEP 既可以作为一种规定政策被理解，进而去探究其政策落实和保障情况；也可

① 曹漱芹，马晓彤，金琦钦. 我国培智学校孤独症学生个别化教育计划文本长期目标的内容焦点及分布 [J]. 中国特殊教育，2021 (6)：82 – 89.
② Smith S W. Individualized education programs (IEPs) in special education—From intent to acquiescence [J]. Exceptional Children，1990，57 (1)：6 – 14.
③ Brigham F J，Ahn S Y，Stride A N，et al. FAPE-Accompli：Misapplication of the Principles of Inclusion and Students with EBD [M]. General and special education inclusion in an age of change：Impact on students with disabilities. Emerald Group Publishing Limited，2016：31 – 47.
④ Swain K D，Hagaman J L，Leader-Janssen E M. Teacher-reported IEP goal data collection methods [J]. Preventing School Failure：Alternative Education for Children and Youth，2021：1 – 8.
⑤ 袁媛. 培智学校个别化教育计划拟定现状研究 [D]. 大连：辽宁师范大学，2015.

以被作为一种教学大纲来看待，从课程教学的视角讨论教学目标设置、教学策略选择、教育安置形式以及教学效果评价等；同时，IEP 还可以被当作一种具体的教育实践工具，去检视融合教育和教育公平的理论走向与现实出路。总之，大量的 IEP 研究成果为本研究提供了坚实的基础和思考启发。

进一步梳理文献可以发现，横向来看，IEP 的研究主要集中在：第一，制度政策落实，如 IEP 的程序保障、IEP 技术资源支持、IEP 的管理监督等；第二，实践效果检视，如 IEP 作为政策的执行效果、IEP 作为教学指南的指导效果、IEP 作为学习方案的教学效果等；第三，利益相关者的认知和态度，如特殊教育教师、普通教育教师、家长、学生等 IEP 的利益相关者对 IEP 的理解、态度和实际参与程度等。从纵向来看，对于 IEP 文本规范和制度保障的研究已经较为成熟丰富，当前的研究热点多聚焦于：第一，家长和学生对 IEP 的参与程度，尤其是近几年随着对残疾学生自我决定能力重视程度的提升而逐渐发展起来的学生主导 IEP；第二，IEP 转衔计划的质量提升和效果讨论；第三，IEP 与普通课程的结合，如教学调整、课程调整、评价方式转变等。这些研究结果为本研究的具体讨论提供了参照对象，使得本研究在以往结果上有向前延伸的可能。

（二）现有研究不足

1. 缺乏系统深入的 IEP 研究

在对 IEP 的相关文献进行梳理后，不难发现，当前我国大陆地区对 IEP 的研究，不论在理论上还是实践上都十分缺乏，只有少数研究者对其概念内涵以及实践探索现状进行了研究。从理论角度来说，大陆地区没有形成对 IEP 较为一致的理解。理论研究是实践的基础，IEP 理论的缺失使得不同地区、不同学校甚至不同教师对 IEP 的理解缺乏有效指导，难以形成高效的 IEP 合作团队促进工作开展。从实践角度来看，当前我国大陆对于 IEP 发展模式的研究主要集中于对美国、英国以及我国台湾地区模式的介绍及借鉴上，缺少对 IEP 实施模式的系统梳理和本土化阐释。虽然在有些地方的文件上规定了 IEP 执行的若干步骤，但却是基于随班就读环境且较为笼统，难以真正有效地指导教师实施 IEP。因此开展我国大陆地区 IEP 实施的系统研究工作显得十分重要。

2. IEP 过程性研究较为单薄

从美国及我国台湾地区的 IEP 发展来看，IEP 的发展重点已经从如何推广 IEP 的理念，如何通过法律和行政手段保障 IEP 程序的正确，逐渐转向如何通过 IEP 来促进特殊儿童的教学和成长，这也是当前 IEP 研究的重点和趋势。对于 IEP 与课程教学的关系，以及结合途径和方式的研究相对较少。这可能是由于 IEP 本身牵涉到众多人员和资源因素，IEP 集管理、监督、指导等多种功能和角色于一身，这令 IEP 的目标在教学实践中的有效落实成为研究和实践的难点。但 IEP 自提出之日起就旨在保障特殊儿童的教育权利和教育质量，因此对 IEP 在课程和教学中的实施过程进行研究有重要的意义。

3. 培智学校 IEP 的研究不足

当前随着国际融合教育的发展，隔离式的特殊教育学校或者班级已经越来越不被教育者提倡和接受。在已有研究中，美国、英国和我国香港、台湾地区都通过法律或者行政手段减少特殊学校或班级的数量，推动融合教育的发展。这使得 IEP 的研究多在融合教育环境中探讨，且多与国家或地方的普通、统一课程相联系，单独就特殊学校或者培智学校 IEP 发展进行的研究较少。与此同时，大陆地区的融合教育发展尚处于起步阶段，全国目前仍有超过 2000 所特殊学校，其中以培智学校居多，而且随着融合教育的不断推进，培智学校招生对象呈现出障碍类型多样化和障碍程度严重化的趋势，这为日常教育教学的开展带来极大的挑战。因此，在我国当前特殊教育的发展体系下，探讨培智学校的教育教学仍然有非常重要的意义。而作为特殊教育质量提升方式的 IEP，在培智学校的教学实践中是何种角色与作用，与课程教学有什么样的互动关系和影响，也是非常必要且值得研究的问题。

第四节　研究设计与方法

从前文对 IEP 相关文献的综述可以看出，IEP 本身就可被视为一种制度，但是几乎没有研究从制度的视角去探讨 IEP 在学校组织中的发展和问题。国外关于 IEP 的研究多是从政策落实或者实践效果的视角展开，这与 IEP 在国外作为正式法律制度而存在的形式有关。由于国内缺少 IEP 相关的正式法律政策文件，IEP 实施在国家层面长期处于一种呼吁式的倡导状态，关于 IEP 的研究也多聚焦于文本规范、制定过程、态度理解等微观层面，缺少学校组织、教育体制等中观甚至宏观层面的探究分析。

鉴于此，本研究采用质性研究范式，以 X 培智学校为个案，实地调研培智学校的 IEP 发展，梳理其 IEP 的实施缘由、实施过程以及实施效果，基于新制度主义理论视角，分析培智学校中 IEP 的诠释与定位、IEP 实施的过程特征、IEP 实施效果及影响因素，为今后培智学校 IEP 实施提供参考。

一　理论基础与研究框架

（一）理论基础

教育组织自创办之日起就为社会提供公共服务，承担起广泛的社会责任。因而教育组织的合法性（legitimacy）也无法脱离社会公众认可而独立存在。"组织""公共""合法性"等概念的结合使教育领域长久以来被视为社会学新制度主义理论最为适切的应用领域。[①] 从社会学奠基人迪尔凯姆（Durkheim）和韦伯（Weber），到教育社会学家沃勒（Waller）、经济学家维布伦（Veblen），再到当代社会学家如阿切尔（Archer）、布尔迪厄（Bourdieu）、科林斯（Collins）等，社会科学领域的研究者们一早就认识到教育及其制度结构的重要性。[②] 20 世纪 70 年代，组织行为学的研究者注意到原有制度理论对教育组织发展解释的局限性，于是开始尝试从新制度主义视角进行阐释研究。在发展过程中，新制度主义融合了认知心理学、文化研究、现象学和常人方法学（Ethnopedology），从"规制""规范""文化–认知"三要素的角度，按照"规范—组织—制度"的分析层级，探讨教育场域中，组织制度的建立、发展和变迁。[③]

1. 新制度主义理论概述

新制度主义（New Institutionalism）兴起于 20 世纪 70 年代中期，在对

① 尹弘飚. 论课程变革的制度化——基于新制度主义的分析 [J]. 高等教育研究, 2009, 30 (4): 75-81.

② 海因兹-迪特·迈尔, 布莱恩·罗万, 郑砚秋. 教育中的新制度主义 [J]. 北京大学教育评论, 2007 (1): 15-24, 188.

③ 罗燕. 教育的新制度主义分析——一种教育社会学理论和实践 [J]. 清华大学教育研究, 2003 (6): 28-34, 72.

当时政治学行为主义和经济学新古典经济理论反思的基础上，西方社会科学研究者将目光转回到制度主义的分析范式，掀起了一股制度主义复兴的理论思潮。1977 年，约翰·迈耶（John W. Meyer）和布里安·罗恩（Brian Rowan）发表了《制度化的组织：作为神话的仪式》，正式开创了组织社会学领域中的新制度主义学派，该文也被誉为"新制度主义分析的奠基之作"。① 1984 年，詹姆斯·马奇（James G. March）和约翰·奥尔森（Johan P. Olsen）发表《新制度主义政治学：政治生活中的组织因素》，强调复兴制度分析的重要作用，并在文中使用了"新制度主义"一词，目的是和 19 世纪末至 20 世纪中期的制度主义研究做区分，从此正式开始了"新制度主义"时期。此后，新制度主义理论在多个领域迅速崛起，在政治学、经济学、社会学等领域展现出强大的学术解释力，极大地激发了研究者的想象力，成为社会科学研究的招牌性标语。②

新制度主义内含的是一种经验研究方法，该理论关注社会生活的制度基础，强调制度因素具有解释性权力。③ 它继承了制度主义关于制度约束着人们的社会行为及其结果的基本假设，重新界定了制度的含义，大大地拓展了制度分析的应用范围。虽然被称为"复兴"，但新制度主义并不是制度主义的简单回归，而是制度分析的现代转型与演进。④ 比如，在制度内涵方面，新制度主义者拓宽了制度的定义，认为制度不仅包括正式制度，也包括人类活动中长期形成的习俗、信仰、文化、习惯等非正式制度。在制度范围上，新制度主义者打破了旧制度主义的整体主义观，不再只描述宏观制度，更重视解释社会中观层次的组织现象和微观层次的个体行为。在制度视角上，新制度主义改变了旧制度主义静态、独立地看待制度实体的方式，关注制度的动态性和嵌入性，认为制度并非一成不变、完全独立的实体，而是嵌入特定社会环境中。在价值分析取向上，旧制度主

---

① Meyer J W, Rowan B. Institutionalized organizations: Formal structures as myth and ceremony [J]. American Journal of Sociology, 1977, 83 (2): 340–363.

② 柯政. 学校变革困难的新制度主义解释 [J]. 北京大学教育评论, 2007 (1): 42–54, 189.

③ 汤蕴懿. 非政府组织的治理过程：一个制度变迁的视角 [D]. 上海：上海交通大学, 2007.

④ 陈家刚. 全球化时代的新制度主义 [J]. 马克思主义与现实, 2003 (6): 15–21.

义者不重视行为主体的价值立场，采用"偏好漠视"的态度，但新制度主义者在诠释制度与行为关系时，始终将行为主体的价值偏好视为重要的中间变量进行分析。①

新制度主义并非源自某一特定学科，而是一个跨学科的思潮，其内部有丰富的多样性。② 20 世纪 90 年代以来，新制度主义分析范式逐渐超越单一学科，几乎遍及整个社会科学。许多学者从不同的角度对新制度主义进行划分，形成不同理论流派，各个流派在许多重要议题上持有不同的看法，甚至同一流派里不同学者的观点也不尽相同。其中最经典且最广为人接受的是彼得·豪尔（Peter A. Hall）和罗斯玛丽·泰罗（Rosemary C. R. Taylor）1996 年提出的三分法，他们认为新制度主义可以分成理性选择制度主义（Rational Choice Institutionalism）、历史学制度主义（Historical Institutionalism）和社会学制度主义（Sociological Institutionalism）三大流派。③

三个流派各有千秋。理性选择制度主义关心个体在面临集体行动时如何进行选择的问题，擅长从微观层面分析主体行为走向，在方法论上秉持个人主义，坚持把"理性的个人"作为理论分析的起点，把制度安排作为主要变量来解释和预测个人行为以及其导致的集合结果，认为计算"回报"是个体行为产生的基础，而制度的功能则在于增进个体的效用。历史制度主义继承制度比较分析方法，擅长分析制度变迁，侧重重新诠释政治学中权力与国家等传统论题，强调权力在制度运作和产生过程中具有的非对称性，制度发展过程中的路径依赖，以及政治结果的多元动因。社会学新制度主义，也称组织分析制度主义（Organization Institutionalism），则倾向于论述制度无所不在的特质，提倡在更广泛的意义上界定制度，由此，

---

① Lowndes V. Institutionalism Theories and Methods in Political Science［M］. Palgrave，2002：90 –108；石凯，胡伟. 新制度主义"新"在哪里［J］. 教学与研究，2006（5）：65 – 69；刘欣，李永洪. 新旧制度主义政治学研究范式的比较分析［J］. 云南行政学院学报，2009，11（6）：22 – 24.

② 柯政. 学校变革困难的新制度主义解释［J］. 北京大学教育评论，2007（1）：42 – 54，189.

③ Hall P A，Taylor R C R. Political science and the three new institutionalisms［J］. Political Studies，1996，44（5）：936 – 957.

制度不仅包含正式规则、程序和规范，还应该包含为人的行动提供"意义框架"的象征系统、认知模式和道德模块。在行动者维度，该理论还强调参与个体的社会人属性，认为人的社会性可以塑造集体价值和共同伦理，能够为制度认同提供合法性基础。①

2. 新制度主义核心概念

新制度主义的核心命题是关注制度（institution）如何影响个体或组织的行为，制度如何形成又如何变化。虽然不同学科、不同流派的新制度主义者尚未能构建统一的理论体系，但他们有着基本的理论共识。本研究基于研究目的选取以下几部分新制度主义的核心概念观点，并做简要介绍。

（1）合法性机制

"合法性"（Legitimacy）是组织制度理论中的核心概念。韦伯将"合法性"首次引入社会学理论。新制度主义的创始人迈耶和罗恩将文化认知方面的因素纳入了组织合法性研究的范畴。合法性概念强调，首先有一种建立在社会认可基础上的权威关系，这种关系会使社会的法律制度、观念制度、文化期待等成为人们"广为接受"或"理所当然"（taken-for-granted）的社会事实，具有强大的约束力，可以规范人们的行为。② 合法性机制可以在无形中诱使或者迫使组织采纳特定制度环境（institutional environment）中所要求的具有合法性的组织结构和行为模式。③

新制度主义认为，合法性是组织存在的基础，组织只有适应制度环境的要求即相关法律规章、社会规范和文化期待等被"广为接受"的社会事实才得以生存。合法性可分为三种。第一种，建立在强制性奖惩基础上的合法性。一旦失去合法性，组织可能会付出沉重的代价。因为组织可以预见这些可能的结果，为了维护自身的利益，组织或主动或被动地满足利益相关方的期待，从而获得合法性。第二种，建立在遵从价值观和规范基础上的合法性。组织中的所有成员遵从和分享一定的价值观和规范，从而使

---

① 陈家刚. 全球化时代的新制度主义 [J]. 马克思主义与现实，2003（6）：15 - 21；黄新华. 政治科学中的新制度主义——当代西方新制度主义政治学述评 [J]. 厦门大学学报（哲学社会科学版），2005（3）：28 - 35.

② 周雪光. 组织社会学十讲 [M]. 北京：社会科学文献出版社，2003：67 - 78.

③ 涂洪波. 制度分析：对新制度主义的一种解读 [J]. 广东社会科学，2006（6）：95 - 100.

系统保持一个相对稳定的状态。同时这也产生了对组织内特定成员所扮演角色或行为的期待。第三种，建立在共同理解基础上的合法性。该类型的合法性强调在以社会为中介的共同框架下，个体和组织合法性的内生性。①

迈耶认为，组织和环境之间的关系非常重要。组织不仅是技术需要的产物，更是制度环境的产物，实际上组织面对两种不同的环境：技术环境和制度环境。技术环境对组织提出效率要求，即组织需要按照最大化原则进行生产活动；而制度环境则要求组织不断接纳外界公认的、推崇的原则或行为，否则就会导致"合法性"危机。这两种环境对组织的要求常常是相互矛盾的，技术环境追求效率，制度环境则不惜耗费资源以满足合法性。② 组织为了满足这些相互冲突的环境要求，往往会采取"松散联结"（loose coupling）的对策，即把正式结构与组织内部日常运作分离开来（decoupling），从而解决合法性地位和效率实现过程中的冲突问题。这样一来，组织的正式结构变成了象征性的符号，对内部运作没有实际指导意义，组织内部可能采用其他非正式的职业规范来约束成员的行为。这也就是组织耗费大量资源制定了许多规章制度，却终究成为摆设的原因。

另外，合法性机制还会导致"制度化的组织"以及组织趋同性，即不同任务、技术的组织采纳相同组织制度和做法的趋势。而关于组织趋同命题，1983 年迪马久（Di Maggio）和鲍威尔（Powell）的文章从组织间关系和组织场域（organizational field）的角度进一步讨论了组织趋同性的渊源。两人认为至少有三个机制可以解释组织趋同：一是强迫性机制（coercive），即制度环境通过法律、法规、法令等强迫各个组织接受有关的制度和管制；二是模仿机制（mimetic），即各个组织会有意模仿同领域中被公认成功、优秀、领先的组织的行为；三是社会期待（normative），即领域内的社会规范对组织或个体所扮演的角色或应该表现的行为产生约束作用。③

① 陈扬，许晓明，谭凌波．组织制度理论中的"合法性"研究述评［J］．华东经济管理，2012，26（10）：137－142；毛丹．合法性压力与教育政策制定——对美国伊利诺伊州高等教育绩效拨款政策的案例研究［D］．北京：北京大学，2015.
② 周雪光．组织社会学十讲［M］．北京：社会科学文献出版社，2003：67－78.
③ 张永宏，主编．组织社会学的新制度主义学派［M］．上海：上海人民出版社，2007：序1－10.

由此解释了为何在同一制度环境中，现代社会的不同组织表现出越来越多的相似性。

（2）制度三大要素

制度是新制度主义研究范式的核心概念，在新制度主义框架内，制度不仅是一种正式的规则，还包括价值、思想观念和习惯等非正式规则。在对制度内在成分进行考察的基础上，斯科特（W. R. Scott）认为制度包含三方面要素——规制（regulative）要素、规范（normative）要素和文化－认知（culture-cognitive）要素，它们共同构成了支撑制度的三根"柱子"（pillars of institutions，如表 1－1 所示）。

表 1－1　制度的三大基础要素和支柱框架①

框架构成	规制要素	规范要素	文化－认知要素
遵守基础	权宜性应对	社会责任	视若当然、共同理解
秩序基础	规制性规则	约束性期待	建构性图式
扩散机制	强制	规范	模仿
逻辑类型	工具性	适当性	正统性
指示标志	规则、法律、奖惩	合格证明、资格承认	共同信念、共同行动逻辑
情感反应	内疚/清白	羞耻/荣誉	确定/惶恐
合法性基础	法律约束	道德支配	可理解、可认可的文化支持

新制度主义的不同流派实质上就是对制度不同面向的强调。② 比如组织社会学制度主义格外重视从文化－认知维度对制度进行阐释，认为倘若组织和文化之间是分裂的，那么文化作为一种内化的观念制度，可以把这种分裂融合起来。文化应当被理解为组织成员所共同拥有的态度和价值观，是组织成员共享的惯例、符号或认知网络，可以为组织成员的行为提供模板和"意义框架"，并以此指导成员行为。

其中，规制性制度要素是指必须遵守的正式法律、法规、规章等制度形态，具有强制性和权威性。最广泛而言，几乎所有学者都承认规制性要

① W. 理查德·斯科特. 制度与组织——思想观念与物质利益：第 3 版 [M]. 姚伟，王黎芳译. 北京：中国人民大学出版社，2010：59.

② Scott W R. Institutions and Organizations: Ideas, Interests, and Identities [M]. Sage publications，2013：47 - 70.

素对个体或组织的重要作用，即制度可以制约、规制并调节行为。规制性制度要素的核心成分包括强制暴力、奖惩和权宜性策略反应，它强调明确外在的各种制度过程，对可做的或不可做的行为进行明确规定。规制性要素通过规则、奖惩机制来影响行为，行为主体则基于对利益的计算而采取权宜性策略来应对。[①]

规范性制度要素是指个体或组织应当遵守的规范、义务和责任等制度形态。它强调的重点是制度的说明性、评价性和义务性等维度，主要包括价值观和行为规范。制度的规范性体现在，它既规范了行为主体的价值观念和行为目标，也规范了追求所要结果的合法方法或手段。行为主体受到约束性期待机制的影响，比如社会规范通过公众所认可的价值观念和行为准则，对行为主体的行为产生具有约束性的期待，行为主体在面对具有道德合法性的规范性制度时，往往基于社会责任而遵守这种期待并规范自我行为。规范会引起行为主体强烈的情感反应，遵守或违反规范，会涉及大量关于适当性的自我评价——强烈的懊悔、自责，可能对自尊产生重要的影响。

规范性要素中的某些规则可能适用集体所有成员，也可能只适用于特定职位类型的行为主体，因而也产生了不同的行业职位或角色任务。这些规则为个体或特定的社会职位（如教师、医生）确定了关于什么是适当的、正确的行为的观念，形成一种规范性的期待，并对行为主体造成外部压力，这种外部压力被行为主体不同程度地内化成自我约束，至此角色便被正式构建起来。相关研究者强调社会信念和规范通过个体内化与运用而变得稳固。从早期的社会学家涂尔干到帕森斯和塞尔兹尼克，再到当代许多研究组织的社会学和政治学研究者，都认可制度的规范性要素，认为社会规则也是一种社会义务。

文化－认知制度要素指的是那些被社会广泛接纳、视为理所当然的知识和特定的看问题的方式或图式等制度形态。社会学与组织分析新制度主义关注文化－认知要素的维度。相关研究者提出了人类存在的认知维度，

---

① W. 理查德·斯科特. 制度与组织——思想观念与物质利益：第 3 版［M］. 姚伟，王黎芳译. 北京：中国人民大学出版社，2010：60 - 62.

认为认知是外部刺激与个体反应的中介，是在内容上关于世界、过程上内化于个体的系列符号表象。符号（如语言、姿势）塑造了我们赋予客体、世界或行为活动的意义，意义又出现于互动之中，并被个体或群体用来理解持续不断的互动，从而使意义得以维持和转化。文化不仅是一种个体主观的信念，也是一种被感知为客观的、外在于个体的符号系统。"文化 - 认知"指的是，个体"内在的"理解过程是由"外在的"文化框架塑造的。

文化 - 认知因素通过图式机制来影响行为者，通过以社会为中介的共同意义框架，为行为者提供模板和脚本，赋予行动力量；在面对可理解、须遵守的文化 - 认知性制度时，行动者往往会视若当然地模仿和遵照其行为类型，难以想到其他的行为类型，这也是制度维持社会秩序最为深层的原因。多位研究者指出，个体与组织在很大程度上都必然受到各种信念体系与文化框架的制约，会主动或被动、有意或无意地接纳各种信念体系与文化框架。与主流文化信念相亲近的行为主体，可能会建立起确信、信心等积极情感，认为自己有能力且是重要的；而与主流文化信念相悖的行动者则会感到迷茫、困顿等消极情绪，被认为是"无知的""无能的"，甚至是"疯癫的"。①

3. 新制度主义对本研究的启示

诚如前文所述，新制度主义为解释教育制度的形成、发展、变迁提供较为有力的分析框架。本研究关注的是作为一种制度存在的 IEP。IEP 作为一种特殊儿童教育权利和教育质量的保障方式，在全世界范围内盛行。我国引入并实施 IEP 已超过 30 年，IEP 的理念也得到特殊教育工作者的普遍认同和支持，但是不论从研究文献还是实践调研中都不难发现，IEP 因面临种种困难而难以实施，很多学校组织大量人力完成的 IEP 文本也仅停留在应付教学检查的层面，对实际教学的指导意义非常有限。这一现象与迈耶所说的"松散联结"状态不谋而合，也是引发笔者关注新制度主义理论的起点。笔者在进一步研读理论后发现，新制度主义关于制度发展的理论

---

① W. 理查德·斯科特. 制度与组织——思想观念与物质利益：第 3 版 [M]. 姚伟，王黎芳译. 北京：中国人民大学出版社，2010：65 - 67.

对本研究有重要启发，具体表现在以下方面。

首先，本研究可以从制度发展的视角出发，将 IEP 视为一种教育制度，进而探讨培智学校 IEP 的实施过程。在不同的国家和地区，IEP 作为一种正式法律、教育政策、行政管理措施或者课程教学纲领而存在，有其固定的制定逻辑和程序规范，与其他教育教学措施相互联系、相互制约，共同对特殊教育教学过程和参与人员产生影响。可以说，IEP 作为一种制度实然存在于特殊教育实践中，但是以往的研究主要从 IEP 教学指导功能出发检验其实践效果，是将 IEP 作为独立的、单一的教育政策来看待，少有研究从制度角度考察 IEP 与其存在组织场域中其他制度、人员或环境因素之间的联系，缺少一种整体的、动态的、关联的视角来看待 IEP 的实施和发展。新制度主义理论恰好弥补了这一不足，比如新制度主义关于制度构成的三大要素理论，为 IEP 的研究提供新颖且具有合理性的视角，让本研究可以从规制性要素、规范性要素和文化－认知性要素的角度收集资料，分析培智学校 IEP 作为一种制度存在的合法性与合理性，以及其与所在的培智学校组织场域之间的互动过程和相互影响机制，同时还可以为解释中西方 IEP 角色功能侧重点的不同提供新的可能性。

其次，可以将培智学校视为一种特定类型的教育组织，从组织与周围环境互动的视角，去考察培智学校实施 IEP 的缘由、过程以及过程中不同参与者的理解等。培智学校是一个有边界的系统，边界意味着培智学校具备一定独立性，而系统则意味着学校内部各项人、事、物和活动的有机构成。以往关于 IEP 的研究，多是从单维的人（教师、行政管理者、家长）或活动（教学活动）的角度出发，探讨 IEP 实施中某些因素的现状或影响，比如教师对 IEP 的态度、IEP 的撰写质量、IEP 对教学的作用等，少有研究将学校视为一个系统的、具备能动性的组织，进而考察 IEP 在学校组织场域内扮演的角色以及与场域内外其他环境因素之间的关联和影响。而新制度主义一直将学校作为微观层面的制度环境来进行研究，新制度主义认为任何组织都不能脱离环境而独立存在，组织的存续离不开对周围环境的适应与调整。不同的环境会给组织造成不同来源的合法性压力，面对压力组织会主动采取不同的制度措施来加以应对。这为解释培智学校主动借鉴和发展 IEP 的行动提供了新的视角。

（二）研究框架

本研究旨在通过个案研究，了解在我国特殊教育发展体制下，培智学校相关人员如何理解 IEP、如何制定实施 IEP 以及 IEP 的实践效果如何。在新制度主义理论的启发下，本研究借鉴新制度主义中"制度三大要素"的框架，从规制性、规范性和文化－认知性要素的角度，分别探讨培智学校 IEP 实施过程中，各类制度性要素的具体表现形态及其对 IEP 实施的影响。因此在前文文献和理论分析的基础上，结合 IEP 的实施过程，本研究提出如图 1－1 所示的开放性理论框架作为资料收集和分析的引导。

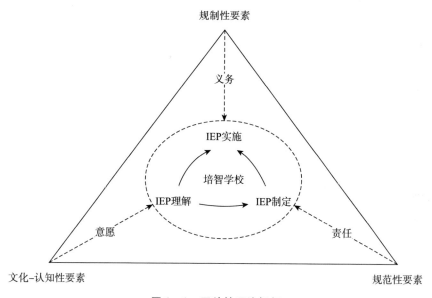

图 1－1　开放性理论框架

二　研究方法

（一）个案研究方式的确定

1. 质性研究的范式

研究范式（paradigm）包括了某一领域研究者所共同持有的世界观和行为方式，引导着研究者对客观事实的本质提出假设、探索各种问题、进行研究。每一种范式的选择都体现了研究者对世界本源的不同理解以及获得理解的途径。① 就教育研究而言，研究对象和研究环境都是复杂多变的，需要研究者对特定情境下的互动关系予以整体的理解，才能把握教育现象背后的意义和价值。研究者不仅需要通过客观数据去了解教育现实，更需要在特定社会政治经济文化背景下，在具体的教育情境中，了解具体教学活动过程，理解参与教育过程的教师、学生、家长及教育管理人员等各类不同群体，有时甚至还要对研究者自身观念进行反思。为达成上述研究目的，质性研究范式成为最佳选择。"质性研究方法是以研究者本人作为研究工具、在自然情境下采用多种资料收集方法对社会现象进行整体性探究、使用归纳法分析资料和形成理论、通过与研究对象互动对其行为和意义建构获得解释性理解的一种活动。"② 质性研究具有以下特点：其一，遵循自然主义的探究传统，强调在自然情境下开展研究，注重社会现象的整体性和关联性；其二，与被研究者互为主体，对意义进行"解释性理解"；其三，认为研究是动态的、演化发展的建构过程；其四，采用归纳法，将研究者本人作为研究工具。

质性研究方法独有的特质，使它与教育领域研究具有高度契合性。具体而言，本研究选择质性研究方法，主要基于以下几点考虑。

首先，研究目的和研究问题决定了本研究采用质性研究方法。研究方法是实现研究目的、回答研究问题的手段和途径，不同的研究方法代表着背后不同的研究逻辑。因此，研究方法的选择在很大程度上受研究目的和研究问题的制约。通常而言，量化研究是对事物可以量化的部分及其相关关系进行测量、计算和分析，以此验证研究者自己的理论，从而对事物的"本质"有一定把握。③ 而质的研究则倾向于通过研究者和研究对象之间的互动，对事物进行深入、细致、长期的体验，与研究对象之间达到视域融合，从而对事物的"质"形成解释性理解。④ 具体到本研究中，研究者关注培智学校 IEP 实施过程，在社会文化背景下和具体教学情境中，探究教

---

① 约瑟夫·A. 马克斯韦尔. 质的研究设计：一种互动的取向 [M]. 重庆：重庆大学出版社，2007：27.
② 陈向明. 质的研究方法与社会科学研究 [M]. 北京：教育科学出版社，2000：12.
③ 陈向明. 教师如何作质的研究 [J]. 教师，2013 (6)：2.
④ 陈向明. 质的研究方法与社会科学研究 [M]. 北京：教育科学出版社，2000：10.

师、家长、学生、管理者等参与者在 IEP 中扮演的角色和彼此之间的互动，尝试站在研究对象的视角解释他们对 IEP 的理解和态度，并试图从动态的、多视野融合的角度去分析培智学校 IEP 的发展脉络、动力和困境，以此归纳出其本质特征。这种关注整体性、情境性以及意义阐释的研究问题，不是量化研究的范畴，也不符合量化研究的逻辑，但这是质性研究所擅长解决的，故而选择质性研究方法。

其次，质性研究方法本身在特殊教育研究中具有优越性。质性取向研究具有"流动的（fluid）、演进中的（evolving）及动态的本质"，① 它更关注"人"本身及其在不同情境中对周围世界的意义解释和建构。这使得质性研究比量化研究更具有动态性和人文关怀，更适用于真实情境中的教育研究。在动态性方面，质性研究擅长在时间的流动中，从微观层面对个别事物进行细致动态的描述和分析，关注发展过程中的变化和影响。这正是本研究所需：以培智学校 IEP 为切入点，以发展变化的眼光关注、追踪IEP 的具体开展过程，以及过程中的人、事、物的变化，以此把握个别化教育的发展特征。另外，教育是针对人的活动，教育研究不仅是一种事理研究，也是一种价值研究。质的研究方法，将人或事置于社会历史文化情境和脉络中去考虑，在研究过程中通过不同视域的融合，充分尊重人的主观性，理解其对周围事物的诠释。这也符合本研究的意图，即在具体的学校教育情境中，考察家长、教师、学生、行政管理者等参与人员在 IEP 中的角色和彼此之间的互动关系，关注他们的情感及价值欲求，整体上"看见"他们的态度以及背后的原因，以此探讨 IEP 的发展特性和模式，把握发展背后的意义与价值。

最后，研究者个人的研究兴趣倾向于质性研究方法。质性研究是将研究者本人作为研究工具的，质性研究者本人的观念、经历、行为风格等都会对研究过程产生或大或小的影响。② 虽然质性研究认同量化研究在科学分析过程中的"价值中立"原则，但在研究问题的选择上，质性研究同样

---

① Juliet M. Corbin, Anselm L. Strauss. 质性研究的基础：形成扎根理论的程序与方法［M］. 重庆：重庆大学出版社，2015：15.
② 陈向明. 质的研究方法与社会科学研究［M］. 北京：教育科学出版社，2000：12.

认可"价值介入"的观点，并且将研究者的价值看作研究的潜在基础。通常而言，选择质性研究方法的研究者有一些共同的特质，如对人文主义的爱好、好奇心和冒险的意愿、承认规律性也承认多样性等。正如 Juliet M. Corbin 和 Anselm L. Strauss 总结的那样："质性研究者渴望进入参与者的世界，从参与者的视角看待这个世界，从而做出新的发现，继续发展经验知识。"① 就本研究而言，在开展质性研究之前笔者一直从事量化研究，在基础的数据分析等技术层面实现熟练掌握之后，笔者开始逐渐意识到量化研究对真实教育问题和情境的忽视，在其中也感受不到教育研究对研究对象的理解和人文关怀。然而对人的理解和关怀笔者所珍视的，这也是笔者选择特殊教育专业并开展教育研究的初衷。正当饱受研究不得其道的困惑困扰时，笔者惊喜地发现与自己研究理念和风格相符的质性研究，有种豁然开朗之感，正是这样的研究兴趣，让笔者选择用质性研究方法。

2. 个案研究方式的采用

正如有研究者说"质性研究像一把大伞"，即便研究者确定了质性研究取向，也仍然面临在众多具体方法中进行选择的问题。基于对研究问题和研究目的的考虑，本研究需要长期深入培智学校内部，系统考察学校中与 IEP 相关的人、事、物以及情境，既要关注学校内部发展，也要将学校视为一个系统的整体。因此笔者首先想到了个案研究的方式。

个案研究（case study）以典型事例或人物为具体研究对象进行全面系统的调查研究，以了解其发生和发展的规律，从而为解决更一般的问题提供经验。② Robert Stake 将个案总结为"一个有界限的系统"，即个案是与其他个案及其环境相区别的、相对自成一体的单位。③ 个案研究强调在自然情境下探讨问题，重视发展脉络，采用细致深入的探究方式，以建构理论为目的等，与质性研究逻辑非常相似。④ 在人文社会科学领域研究中，

---

① Juliet M. Corbin, Anselm L. Strauss. 质性研究的基础：形成扎根理论的程序与方法 [M]. 重庆：重庆大学出版社，2015：18 – 19.
② 文军，蒋逸民主编. 质性研究概论 [M]. 北京：北京大学出版社，2010：94 – 95.
③ Robert E S. Qualitative Case Studies [M] //Denzin N K, Lincoln Y S. The Sage Handbook of Qualitative Research. Sage Publications, 2005：444.
④ 潘淑满. 质性研究：理论与运用 [M]. 台北：心理出版社，2005：259 – 261.

个案研究通常面临着"代表性"和"推广度"的质疑和挑战，即研究"如何走出个案"。因为无论研究者选择从多么微小的个案入手，或是多么谨慎地限制研究的适用性，事实上都不能掩盖他们对概括性结论的追求，即渴望从微观的、特殊的个案走向宏观的、普遍的法则。[①] 这种质疑推动着研究者们在反思个案研究适用性和价值的同时，开始探索"走出个案"的途径和方式。[②] 对个案研究意义和限度的讨论，促使个案研究在发展过程中取得理论层面和事实层面的超越。

本研究选择个案研究方式是基于对研究问题和研究可操作性的双重考虑。已有关于 IEP 的研究大多数是现状描述和文本调查，研究者的主要关注点在于 IEP 的文本完整度、目标制定质量、教师参与及态度等客观事实。而本研究关注培智学校 IEP 的实施，希望深入、动态地展现实施的具体过程和过程中人、事、物的发展状态。这一目的的实现需要在自然情境下，从发展脉络的角度充分考虑各种可能涉及的因素，需要研究者放下自己的假设和偏见，高度卷入研究对象的生活。在相对有限的时间和精力条件下，选择单一的研究对象，如一所培智学校，进行全面、深入、系统的考察是本研究的最佳选择。因为在现实生活中，培智学校本身就是一个"有界限的系统"，可以有效帮助研究者在自然情境中聚焦问题的深入性。因此，本研究采用个案研究的方式，实地深入一所培智学校进行为期两个多月的调查，充分考虑文化、政策、制度、资源等情境因素的影响，综合运用观察、访谈、实物收集等多种调查方式，了解培智学校 IEP 的开展历史和现状、制定和实施过程，在真实呈现个案学校 IEP 发展原貌的基础上，进一步对影响培智学校 IEP 的制度因素做深度探讨与分析，从而揭示培智学校 IEP 的发展困境及背后机制。

（二）研究情境的进入

1. 个案学校的选择

个案的选择对研究结果有直接的影响，个案研究地点的选择通常受到

[①] 卢晖临，李雪. 如何走出个案——从个案研究到扩展个案研究 [J]. 中国社会科学，2007（1）：118 – 130.

[②] 王富伟. 个案研究的意义和限度——基于知识的增长 [J]. 社会学研究，2012，27（5）：161 – 183，244 – 245.

研究目的、研究经费、个案适切程度、进入个案的便捷性和可行性等多种因素的综合影响。其中，能否提供丰富的信息以回答研究问题，是个案研究者在选取个案时必须予以重视的基本因素。鉴于此，本研究根据目的性抽样原则，选取能够提供较高密度和强度的信息的个案进行研究。经过综合考虑，研究最终确定将 X 培智学校作为个案学校，这主要基于以下几方面的考虑。

首先，X 培智学校能够为研究问题的解答提供最大信息量。具体表现在以下层面。

第一，办学历史悠久。X 培智学校成立于 1984 年，是北京市最早创建的特殊学校之一，主要招收智力落后、发育迟缓及孤独症的儿童。经过多年发展，X 培智学校积累了大量培智教育的经验并取得了丰硕的成果。学校有职教部（职业教育部）和义教部（义务教育部）两个校区，义教部涵盖了完整的 1~9 年级培智教育。

第二，开展 IEP 时间长、经验丰富。X 培智学校于 20 世纪 80 年代就已经开始了对 IEP 的探索，是全国最早开始实施 IEP 的培智学校之一。在 30 多年发展历程中，X 培智学校一直坚持将 IEP 嵌入学校教育教学活动中，有非常丰富的发展经验。"我校于 1989 年在中央教育科学研究所的指导下进行了个别化教学的初步研究，其中针对个别化教育计划的制定、分组教学的实施等问题进行了实践研究，收到了一定的效果。"（S - S - 学校报道 - IEPBG）

第三，IEP 发展相对完善。X 培智学校在发展 IEP 的过程中形成了相对完整的实施流程，从评估、目标制定、目标落实到评价，每个环节都建立了相应的制度规范，保障 IEP 的落实，形成了具有校本特色的个别化教育实施模式。在该校公开出版的 IEP 文集中，有关专家是这样评价的："尤其是在如何把个别化教育计划落实在弱智教育的实际工作之中，X 培智学校的研究是走在全国前列的。在个别化办学指导思想和教育目标、个别化课程内容、个别化教育计划的制定程序和要求、个别化教育计划的实施和评价等方面，他们通过系统的研究和实践，取得了令人惊喜的成果。"（S - S - 学校报道 - IEPBG）

第四，IEP 成果突出。X 培智学校开展过多次以 IEP 为主题的系列教研活动和课题研究，发表出版了一系列研究论文、书籍和成果报告，在北京市举办的相关竞赛中也一直名列前茅，是北京乃至全国培智学校 IEP 实施的学习榜样。因此，从信息最大化的角度来说，X 培智学校是本研究的不二之选。

其次，在 X 培智学校开展研究具有可行性和便捷性。如何在确定理想个案后进入个案研究现场展开实地调查，是研究者自然而然会想到的另一个问题。多数情况下，公开进入研究现场需要争取最高当局的许可，以使现场其他成员逐步放下对研究者的防御，从而获取真实有效的资料。尤其是在质性研究中，如何获得研究现场"守门员"的认可和欢迎，通过恰当的方式进入研究现场，对于研究工作的实际开展十分重要，而且"进入研究现场并非一次性或者一劳永逸的工作，需要研究者持续不懈的努力和调整"[①]。在本研究中，笔者的导师与 X 学校的校长一直有长期稳定的良好合作关系，经常去该校指导学校发展、课程建设、教学研讨等，同时师门中一直有师姐师妹在该校开展博士、硕士学位论文研究和教学实践活动，这些都为本研究提供了进入研究现场的基础。2017 年 4 月，笔者跟随师姐去 X 培智学校收集博士学位论文资料，在此期间，笔者就该校 IEP 发展情况对学校校长和教研主任进行了简短的访谈，并表示自己想就这一主题在该校开展相关研究，同时征询校长的意见。M 校长肯定了研究主题的意义和价值，并欢迎笔者经常去该校以便开展长期研究，探讨 IEP 的发展。由此，选择 X 培智学校作为本研究个案便基本确定。

最后，就研究者个人来说，选择 X 培智学校有较强的"局外人"优势。在研究中，作为"局内人"的研究者往往拥有更为便利的研究条件，更容易进入被研究者的"期待视界"并与之产生情感共鸣，这也是很多研究者选择自己较为熟悉的场域作为研究现场的原因。但"局内人"身份也可能给研究布下陷阱，如与被研究者共享的东西太多而失去对被研究者行为背后意义的敏感度。在本研究中，作为特殊教育专业的学习者，笔者常在不同的培智学校实习见习，对各校开展的 IEP 状况较为熟悉，形成了一些固有认知，若作为"局内人"选择熟悉的培智学校作为个案对象开展研

① 陈向明. 质的研究方法与社会科学研究 [M]. 北京：教育科学出版社，2000：149.

究，难免受到已有认知的搅扰和影响。因此，为了尽可能保证研究的客观性和真实性，将研究者在研究之前的想法进行保留悬置，需要选择一个相对陌生的培智学校，以"局外人"的身份进入，最大限度保持对该校 IEP 相关问题的敏感度，以此客观真实地呈现个案学校的数据资料。具体到本研究中，笔者在预研究开展之前仅在会议和师门讨论会中听过 X 培智学校，但从未实地去过，对学校的环境和教师也并不熟悉，可以算是完完全全的"局外人"。所以于笔者而言，X 培智学校是较为理想的个案学校。

2. 研究关系的建立

正如前文所述，本研究基于信息丰富程度、便捷性考量和研究者本人的"局外人"优势选择了 X 培智学校作为个案学校，如何恰当顺利地进入研究现场，与被研究者建立融洽和谐的研究关系，对研究的实际开展有重要的影响。在本研究中，研究关系的建立过程大致如下。

首先可以明确的是，笔者的导师与 X 培智学校长期稳定的良好合作关系，以及该校校长对笔者去做研究的认可，都为本研究的开展奠定了良好的基础。2017 年 4 月中旬，笔者在导师的介绍下，就在个案学校开展 IEP 主题相关研究一事征询校长的意见，校长肯定了研究主题的意义和价值，并欢迎笔者经常去该校以便开展长期研究，探讨 IEP 的发展。

2017 年 4 月 17～28 日，笔者在 X 培智学校开展了为期两周的预研究。由于本研究不涉及敏感问题，在向校长说明研究目的和内容后，在教研主任和年级组长的安排下，笔者非常顺利地进入了研究现场。在为期两周的预研究期间，笔者作为参与式观察者，分别在三年级、四年级和七年级的三个班，各自全程旁听了两整天的课，包括早读、早操、"阳光一小时"体育锻炼以及实践活动等。同时利用课余时间和空闲与教师进行交流，中午与学校教师一同吃饭，老师们对学校出现的新面孔没有太大反应，还会针对学生表现、课程教学等问题主动与笔者聊天。据 M 校长和 N 主任说，学校经常有来见习实习和寻找研究问题的学生，老师们对此已经习以为常了。从这一点上，笔者感受到了学校整体环境的开放性。除去参与式观察和非正式访谈，在预研究期间笔者还同时参与了当时在 X 培智学校开展课程研究的师姐对部分教师的正式访谈，与所观察班级的教师有进一步接触，对教师的教学理念和教学过程有了更加深入的理解，也从教学角度侧面了解到个案学校 IEP 开展的真实情况以及教师们的态度。经过两周的预研究，笔者对个案学校的物理环境和人文环境都有了较为熟悉的感觉，同时与学校教师和部分学生也建立了较好的关系，有了开展正式研究的信心。

正式进入个案学校进行研究是 2017 年 11 月～2018 年 1 月，笔者在 X 培智学校进行了两个多月的实地调查和资料收集。为了尽可能以自然的方式收集真实资料，在校长和教研主任的许可下，笔者在研究开展的过程中，除在全校范围内进行听课、观察和访谈活动以外，同时还以"助教"的身份参与四年级的班级课堂教学，协助教师带领学生活动、管理班级秩序、参与教学研讨活动等。这大大提高了笔者对个案学校了解的深入程度，同时也消除了教师们对"外来研究者"的防御和顾虑。在实际研究过程中，教研主任、教师们也时常会询问笔者个人对该校课程教学、IEP 相关的看法与意见等。总体来看，在资料收集的整个过程中，笔者与被研究者建立了较为和谐、融洽、平等的研究关系，这对本研究的开展有至关重要的作用。

3. 访谈对象的选择

本研究主要关注培智学校 IEP 的实施，这几乎涉及个案学校发展的各个方面，为了全面深入地了解个案学校 IEP 实施的历史发展过程和现状，本研究从不同层面选择了具体的访谈对象进行正式访谈。

首先要访谈的是 X 培智学校现任副校长 M 校长。X 培智学校开展 IEP 的年限较长并一直与学校的教育教学活动紧密结合，这与校长的决策和领导因素分不开。本研究的开展时值 X 培智学校与另外一所培智学校的合并阶段，M 校长虽然是副校长，但在此期间实际负责全校的科研教学工作，而且在担任副校长一职之前，他已在学校工作多年并担任学校教研主任，对学校 IEP 的发展有着十分清晰的了解和把握。

其次是 X 培智学校的教研主任和低、中、高各学段教研组长。他们都是学校的骨干教师，参与过学校 IEP 的多项课题研究和比赛活动，有非常丰富的教学经验和 IEP 开展经验。同时，作为学校中层管理者，他们对各个年级段 IEP 的实际开展情况较为了解，负责召开本学段的 IEP 教学研讨会，检查并反馈 IEP 相关的教学材料，可以说是 IEP 实施的领头人和质量监督者，而且拥有"教师和管理者"的双重身份也使他们对 IEP 的理解更为深入。

再次是各个年级的包班教师、康复教师和体育教师。X 培智学校实行包班制管理教学，每个班级有 2 位教师搭班管理，他们是 IEP 的直接制定、实施和评价者，不同年级教师对 IEP 的理解因其教龄、所教学生年级、教育理念的不同而有所区别。因此本研究对个案学校 1~9 年级的 2 位包班教师全都进行了访谈，力求全面了解教师对 IEP 的态度和 IEP 实施过程。同时学校还有专门负责康复领域和体育教学的教师，他们不直接担任包班教师，但是会为学生制定康复和体育领域的 IEP 并实施教学，相比于包班教师，他们的 IEP 制定得更直接精练，受培智学校原有课程影响更小。

此外，笔者还访谈了学校的几位前任校长和离职教师。在笔者收集资料时，个案学校的现任副校长 M 担任校长时间不久，为了全面深入了解个案学校 IEP 的发展历史，本研究还对 M 校长之前的 3 位校长进行了访谈，同时对学校曾经负责综合课程改革的骨干教师 M 老师进行了访谈（访谈时 M 老师已调职离开学校），M 老师在综合课程改革期间对学校的 IEP 有细致深入的研究，还代表学校在市级教研会上汇报展示 X 培智学校 IEP 的实施模式。

最后，家长群体也是 IEP 研究中不可忽略的利益相关者，他们是 IEP 制定过程中的重要信息来源和目标适切性的评价者之一，对 IEP 的制定有重要影响。在研究过程中根据家长的意愿和时间方面的考量，笔者利用家长会、家长接送孩子等时间访谈了 3 位家长。

综合来看，本研究的正式访谈对象包括前任校长及现任校长 4 人，教研主任和教研组长 4 人，包班教师及学科教师 17 人，前教师 1 人，家长 3 人，具体见表 1 - 2。

（三）资料收集方法

1. 访谈法

访谈法（interviewing）是质性研究中最重要的资料收集方式，访谈不是一方"客观"地对另一方进行了解的过程，而是双方通过探询、博弈、协调，共同建构"事实"和"行为"的过程。①

---

① 陈向明. 质的研究方法与社会科学研究［M］. 北京：教育科学出版社，2000：165 - 174.

本研究主要采取半结构式访谈，以一对一的个别访谈为主，立足于研究问题，围绕 IEP 的实施环节与步骤、IEP 受访者与课程教学的关系、受访者在 IEP 实施中的角色、受访者对 IEP 的认识与理解、受访者在 IEP 实施过程中遇到的困惑和问题等，分别对学校的管理者（见附录一：校长及教研主观访谈提纲）、教研组长（见附录二：教研组长访谈提纲）、教师（见附录三：授课教师访谈提纲）及家长（见附录四：家长访谈提纲）进行了不同程度的访谈。再根据访谈对象的回答及访谈后的及时梳理，对其中感兴趣和尚存疑惑的内容进行追问或二次访谈，以全面、深入、准确地获得访谈资料信息。本研究共正式访谈现任学校管理者和教师 22 人，退休或调离管理者和教师 4 人，家长 3 人，访谈对象的基本情况见表 1-2。在征得访谈对象同意的前提下，笔者以录音的方式保证访谈资料得以完整真实的记录，个别未能录音的访谈，通过访谈时记录提纲笔记和访谈后及时回忆整理等方式，保证访谈资料的准确性。

除了正式访谈，本研究还展开了大量的非正式访谈，非正式访谈以无结构访谈为主。由于笔者长期沉浸在个案学校中，有大量的时间与研究对象相处，因此充分利用了早操、课间休息、午饭午休、放学路上等零散时间段对教师进行了访谈，访谈主题通常是在当天观察、听课等情境中所遇到的问题困惑，或是对之前正式访谈信息的补充，或是对不同存疑信息的再次验证，或是教师本人的教育观念等。相比于正式的半结构访谈，在非正式无结构访谈中，一来被访谈者处于完全放松的状况，有助于真实信息的获取；二来访谈时间灵活，可以及时抓住当下活动中即时发生的问题，帮助研究者从不同角度获取研究信息。

表 1-2　访谈对象基本信息

序号	访谈对象	性别	入校年份	年级或职务	（正式）访谈日期	访谈地点
1	HHI 老师	女	1995	一年级	2017 年 12 月 22 日 8：30～10：30	教师休息室
2	LT 老师	女	2007	一年级	2017 年 12 月 22 日 13：30～15：00	教师休息室

续表

序号	访谈对象	性别	入校年份	年级或职务	（正式）访谈日期	访谈地点
3	KKG 老师	女	2015	二年级	2018 年 1 月 8 日 8：30～9：10	本班教室
4	YMM 老师	女	1999	二年级；低年级教研组长	2017 年 12 月 18 日 14：00～15：30	一楼活动室
5	KLS 老师	女	2001	三年级	2017 年 12 月 26 日 14：30～15：30	本班教室
6	KBR 老师	女	2004	三年级	2018 年 1 月 4 日 8：30～9：30	活动室
7	ZYC 老师	女	1992	四年级	2017 年 12 月 28 日 10：00～11：30	本班教室
8	UYI 老师	女	2014	四年级	2017 年 12 月 14 日 14：50～15：35；2017 年 12 月 27 日 10：00～11：50	教师休息室
9	EQK 老师	女	2007	五年级；中年级教研组长	2017 年 12 月 12 日 14：00～14：40；2017 年 12 月 13 日 14：00～15：00；2017 年 12 月 18 日 10：20～10：35	教师休息室
10	ADG 老师	女	2009	五年级	2017 年 12 月 20 日 14：00～15：00	本班教室
11	MM 老师	女	2003	六年级	2018 年 1 月 3 日 14：00～15：20	教师休息室
12	MDY 老师	女	2002	六年级	2018 年 1 月 4 日 10：00～10：40	教师休息室
13	DZY 老师	男	2002	七年级	2018 年 1 月 8 日 12：30～13：10	会议室
14	MAI 老师	女	1989	七年级；高年级教研组长	2017 年 12 月 15 日 9：00～9：30	本班教室

序号	访谈对象	性别	入校年份	年级或职务	（正式）访谈日期	访谈地点
15	MZK 老师	女	2010	八年级	2018 年 1 月 8 日 9：20～10：00	本班教室
16	AY 老师	男	2013	八年级	2018 年 1 月 2 日 14：00～15：20	本班教室
17	XKK 老师	女	2004	九年级	2017 年 12 月 25 日 8：30～9：30	本班教室
18	ZGX 老师	女	2003	九年级	2017 年 12 月 25 日 14：00～15：20	本班教室
19	MIQ 老师	女	2004	校长	2018 年 1 月 4 日 15：00～16：15	会议室
20	NX 老师	女	2001	教研主任	2017 年 12 月 19 日 9：00～10：00； 2017 年 12 月 21 日 10：30～12：00	会议室
21	NI 老师	女	1999	康复老师	2017 年 12 月 22 日 10：30～11：50	教师办公室
22	HUY 老师	男	2010	体育老师	2017 年 12 月 25 日 9：30～10：30	教师办公室
23	LLM 老师	女	2010	前校长	2017 年 12 月 27 日 8：10～9：30	校长办公室
24	TZ 老师	女	1992	前校长	2017 年 12 月 27 日 14：00～15：00	会议室
25	QM 老师	女	1989	前校长	2018 年 1 月 6 日 10：00～14：40	咖啡厅
26	MYK 老师	女	2009	前教师	2018 年 1 月 17 日 9：00～12：00	资源教室
27	RRR 妈妈	女	—	家长	2018 年 1 月 16 日 12：30～13：00	教师休息室
28	AZY 妈妈	女	—	家长	2018 年 1 月 16 日 15：00～15：30	本班教室
29	ATK 妈妈	女	—	家长	2017 年 12 月 26 日 12：30～13：00	教师休息室

2. 参与式观察法

参与式观察是质性研究中重要的方法之一，其主要目的在于从参与者的视角来理解所研究的文化、情境或社会现象，试图透过观察对象的眼光来看世界。[①] 在参与式观察中，观察者与观察对象一起生活、工作、学习，在密切的接触和直接体验中倾听和观看他们的言行。[②] 相对于非参与式观察，参与式观察具备一些不可替代的优势，比如可以实地观察现象或行为的发生，收集到第一手的鲜活资料，保证资料的真实性和原始性；同时，参与式观察的灵活性较高，作为研究工具，研究者可以随时随地进行观察，并依据研究目的和实际情景随时调整观察计划；此外，参与式观察可以收集到语言或文字难以表达的资料，如氛围感受、情绪变化、心理过程感知等。[③] 但由于参与的性质，观察者同时具有研究者和观察者的双重身份，因而需要在与被观察者建立良好关系的同时保持研究所必需的心理和空间距离。

在本研究中，X 培智学校的整体氛围较为开放，笔者作为参与观察者，得以深入进行实地观察，观察情境包括学校的课堂教学、课外活动、教研活动、培训学校以及其他常规活动和特色活动等。

在预研究阶段（2017 年 4 月 17 日~28 日），笔者周一至周五全天置身于个案学校，并在低、中、高不同学段各选了一个班级（三年级、四年级和七年级）进行参与式观察，每个班级开展两整天的教学活动观察，包括早读、早操、"阳光一小时"体育锻炼、课堂教学以及实践活动等。此阶段只在于熟悉学校环境，了解学校 IEP 开展的大致情况，因此并未做正式的课堂观察记录，仅在每日观察后撰写观察及反思笔记。

在正式研究阶段（2017 年 11 月~2018 年 1 月）的两个多月时间里，笔者保持周一至周五全天去个案学校的频率进行观察。由于预研究阶段已经对学校和各班级有大致了解，为了更聚焦于 IEP 在课堂层面的实施情况，经过校长的同意，笔者选定四年级班作为"常驻"班级，开展连续观察。

---

① J. Amos Hatch. 如何做质的研究 [M]. 朱光明，沈文钦，等，译. 北京：中国轻工业出版社，2007：74.

② 陈向明. 质的研究方法与社会科学研究 [M]. 北京：教育科学出版社，2000：228.

③ 文军，蒋逸民. 质性研究概论 [M]. 北京：北京大学出版社，2010：122 - 123.

四年级的两位包班教师对笔者的驻班观察并没有表现出不适，他们将笔者以班级"新来一位老师"的身份介绍给学生。一开始笔者并未参与课堂教学，仅在班级角落位置进行观察，此阶段主要是让教师和学生熟悉笔者的存在，尽量不因为陌生人的存在而影响课堂教学。同时笔者也得以对班级状况进行更为细致的了解，如班级氛围、学生特点及表现、课堂教学程序、师生互动情况等。大约两周以后，学生和教师基本对笔者的存在习以为常，笔者也慢慢开始参与进班级的各项活动中，成为两位包班教师的助手，如带领学生排队出操、维持课堂秩序、准备教学材料、协助教师开展教学活动等。此阶段的观察更有目的性也更为聚焦，在观察过程中或者观察结束后会及时做观察记录，涉及课堂教学的部分使用课堂观察与分析表进行记录（见附录五：课堂观察与分析表）。

除此之外，笔者还对其他年级的课堂教学、展能活动、公开课、期末评估、元旦联欢、家长会等活动进行参与式观察。在教研活动方面，对中学段的教研讨论和全校教研活动进行了观察（见附录七：教研活动观察记录表），具体见表1-3。

表1-3　观察活动整理

序号	时间	年级	授课教师	主题	活动类型
1	2017年12月12日	四	ZYC老师	美术——遮挡	人人做课
2	2017年12月13日	七	DZY老师	公共交通	人人做课
3	2017年12月14日	四	UYI老师	我家的客厅	人人做课
4	2017年12月19日	六	MM老师	数学——饮料	人人做课
5	2017年12月19日	一	影随老师	认识颜色	公开课研讨点评
6	2017年12月20日	二	影随老师	元宵节	公开课研讨点评
7	2017年12月21日	三	影随老师	卫生间里的活动	公开课研讨点评
8	2017年12月21日	全校	全体教师	期末工作安排	教研活动
9	2017年12月28日	五	EQK老师 ADG老师	庆元旦	联欢活动
10	2018年1月9日	五	EQK老师	期末评估活动	评估活动
11	2018年1月16日	四	UYI老师	期末评估活动	评估活动

续表

序号	时间	年级	授课教师	主题	活动类型
12	2018 年 1 月 16 日	四	UYI 老师	本学期学生发展进步情况交流	家长会
13	2018 年 1 月 18 日	康复组	NI 老师	本学期学生发展进步情况交流	家长会

值得说明的是，整个研究的观察过程，时常伴随着访谈的进行。最典型的是对课堂教学或者实践活动的观察，笔者在作为观察者使用观察记录表进行观察时，记录的大多是片段式甚至碎片式的客观事实，难以确定地、完全地了解教师设计活动的意图，尤其是作为课程教学大纲的 IEP，往往很难在课堂教学活动中直接呈现，甚至还有一些内容是无法通过课堂活动体现出来的。作为研究者要时刻提醒自己，不能仅依靠记录的事实进行扩展或者推论，尤其是当作为"局内人"沉浸在教育情境中时，要对一些"理所当然"的联想保持警惕。因此在对课堂教学或实践活动进行观察后，笔者通常会对教师进行听课观察访谈，深入了解教师如何将 IEP 与班级日常教育活动联系起来，探知教师在这一过程中的感受与评价，并就自己的想法和疑惑与教师做进一步沟通和澄清，确保观察资料收集的真实性和可靠性。（见附录六：听课访谈提纲）

3. 实物收集法

实物收集是除访谈和观察之外，质性研究者所依赖的另一种重要的资料收集方法。"实物"资料主要包括文字、图片、音像、物品等与研究问题相关的材料。对实物资料的收集和分析可以扩大研究者的意识范围，使研究视野更开阔，同时还可以为其他渠道收集来的信息提供相互补充的相关检验。[①]

本研究在征得个案学校相关当事人许可的前提下，通过获取纸质文本、复制电子文本、照相、录像等方式，广泛收集了个案学校 IEP 相关的学校管理文件、教师教学文件和班级管理文件、学生 IEP 文本及 IESP（In-

---

① 陈向明. 质的研究方法与社会科学研究［M］. 北京：教育科学出版社，2000：266.

dividual Education Support Program，个别化教育支持计划）文本、学生作品、课程影像资料等，具体包括：

（1）学校发展历史相关的资料：学校简介、发展年鉴、校刊、获奖统计等；

（2）学校 IEP 相关资料：2015～2016 学年下学期、2016～2017 学年全年共 3 个学期的学校义务教育部教科研计划、学校重点工作安排表、工作总结，IEP 相关基本功竞赛的获奖课例教案 2 份；

（3）教研组资料：2015～2016 学年下学期、2016～2017 学年全年 3 个学期中 3 个教研组的工作计划（包括教研活动计划和科研子课题计划）、教研反思和工作总结；

（4）教学资料：2015～2016 学年下学期、2016～2017 学年全年 3 个学期中教研组长所在班级学期教学计划、每月主题单元计划、每周备课表、课例；期末评估计划和评估表；学校课堂教学评价表、IEP 评价表等；学生作业单、班主任工作手册等；

（5）科研材料：学校历年与 IEP 相关的科研课题和子课题的研究计划和课题报告以及相关的工作总结；与 IEP 相关的科研论文集 3 本；

（6）学生 IEP：2015～2016 学年下学期、2016～2017 学年全年 3 个学期中教研组长所在班级学生的 IEP、IESP；高、中、低学段各一名学生连续 3 年的 IEP 或 IESP 文本；

（7）影像资料：公开课、竞赛课课程录像资料 22 节，学校、班级环境布置创设、学生活动录像及照片若干。

同时，在整个研究中笔者也非常注重田野笔记的撰写，以保证资料收集的即时性，并为研究后期的资料分析提供思考的灵感。

（四）资料分析方法

本研究在两个多月的实地调研中收集了大量个案资料，初步统计出访谈资料转录文字约 40 万字，实地观察和反思日记 5 万字，文本资料 6 本，电子资料（包括文本、照片、录像等）80G。这些资料盘根错节地交织在一起，需要研究者充分"置身其中"然后再"抽离之外"，对资料进行还原、拆分、重组、关联，生成意义。虽然资料分析的方法多种多样，但都需要结合研究目的以及所收集资料本身的特点来选择。在本研究中，研究者关注个案学校不同人群（管理者、教师、家长等）对 IEP 的态度及参与状况，按照 IEP 的实施程序对相关人员进行不同主题的访谈，这背后是一种"差异理论"的假设，即不同人群会对 IEP 的过程持有不同的看法，这是类属分析的机制和原理所在。但类属分析容易忽略资料之间的连续性以及他们所处的具体情境，难以反映出动态事物的流动过程，而本研究却着意于通过以访谈、观察、实物等不同形式收集的资料来对个案学校的 IEP 实施进行深描，力图呈现出 IEP 开展的过程性和动态性，这正是情景分析所擅长的。① 基于此，本研究采取类属分析与情境分析相结合的方式，尝试理解在培智教育情境下，IEP 实施过程中不同参与者的理解认知和实施的效果、困难等。具体分析步骤如下。

1. 资料转化与简化

本研究收集了大量不同类型的实物资料，各个资料相互交织，纷繁复杂，因此首先要做的是将资料分门别类地整理并简化。研究资料主要分为访谈录音及笔记、实地调查中的田野笔记，以及收集到的实物资料（文本、图片和视频）。访谈录音的转录采取机器 + 人工的方式进行，具体过程为：第一，将录音粗略听一遍，筛除敏感信息（本研究几乎不涉及敏感信息）；第二，采用正版"讯飞听见"软件进行机器转录，保留访谈中的语气词；第三，对照机器转录文本和原录音文件，进行人工逐字逐句转录；第四，在转录过程中以脚注形式做转录笔记，包括访谈时的情境信息、对被访者当时情绪状态的及时回忆、转录时的思考等；第五，针对每位访谈者形成一份单独的访谈文本 Word 文件，注明访谈对象、时间、地点、具体情境等，将访谈问题以大纲标题形式突出显示并生成目录，以备后续查阅。由于本研究涉及的访谈对象较多，每位被访者的访谈时间平均在一个小时，且人工转录核实的过程较慢，经常需要研究者对着录音文件反复"后退 + 重听"，1 个小时的访谈录音通常至少需要 3～4 个小时转录时间，实在难以在访谈当日及时完成转录工作，因此在访谈结束后笔者会立刻撰写本次访谈要点及需要注意的事项，同时以此为依据汇总成访谈资

---

① 陈向明. 质的研究方法与社会科学研究 [M]. 北京：教育科学出版社，2000：296-297.

料索引文档，并在力所能及的时间内尽快完成资料转录，以最大限度保证访谈资料的准确性和"鲜活状态"。

对于观察记录笔记则按照活动类型进行分类整理，首先将其中的简化符号补充完整，同样在每份笔记首页标注出具体的时间、地点、相关人员及要点总结，以此形成观察笔记索引 Excel 表格，便于后续查找，并和学校提供的教案资料、课程录像资料相关联、印证、对比。对影像资料除具体标注外，还会根据"课堂观察记录表"做大致记录。对学校提供的电子文本资料按照资料的类别和时间大致归类，并制成 Excel 资料目录表格，方便做资料分析时反复查阅。

本研究收集的资料来源于访谈、观察、实物、笔记等方式，涉及的对象包括学校行政管理人员、教师和家长三种类型。为方便查找分析，本研究以 O 代表观察资料，I 代表访谈资料，S 代表实物资料，N 为笔记。具体而言，对访谈资料编号以"I－对象角色－对象简称－时间"用以表述，对象角色 A 表示学校行政管理人员，T 表示教师，P 表示家长，如"I－A－MIQ－0104"表示资料为 2018 年 1 月 4 日对学校管理者 MIQ 的访谈；转录笔记则以"Z－对象角色－对象简称－时间"表示，如"Z－T－NI－1222"表示资料为转录 2017 年 12 月 22 日访谈 NI 老师录音时的笔记。课堂观察资料编号以"O－对象角色－对象简称－时间"表述，如"O－T－UYI－1214"表示资料为 2017 年 12 月 14 日在课堂中对 UYI 教师的观察。集体活动的观察以"O－对象角色－活动名称－时间"表述，如"O－S－展能课－1213"表示 2017 年 12 月 13 日展能课对学生的观察。实物资料表明以"S－资料来源－资料名"表示，如"S－S－文件名缩写"表示校级实物资料，"S－T－MAI－实物名称"表示教师 MAI 的个人资料。田野笔记以"N－时间"表示，如"N－1206"表示资料为 2017 年 12 月 6 日的田野笔记。以此类推。

2. 开放式编码

开放式编码是资料分析的第一步，需要研究者对原始资料通读、熟读，完全沉浸于与资料的互动，并在这一过程中保持对资料的"主动投降"，将个人价值判断暂时悬置，以开放的、敏锐的心态看待研究资料，即让资料"说话"。在本研究过程中，笔者首先对整理简化后的文本资料进行反复阅读，以便掌握资料的整体脉络，获得概括性的理解，在此过程中撰写资料阅读的感受、理解和反思，然后将观察笔记、访谈文本、转录笔记、田野笔记等不同类型资料进行开放式的编码，将相似的现象给予同样的名称代码，如教师访谈中提到的课程标准、课表的不同领域和层次、五码目标的分级细化等，这些在编码中被整合为"IEP 长期目标制定来源"。起初的编码较为分散，也较为概括，于是笔者选择对学校教研主任以及所在观察班级两位包班教师的访谈资料和课堂观察笔记做重点详细编码，因为她们对于 IEP 的整体性和过程性有较为全面深入的把握，如此将便于笔者快速有效地建立初级编码目录。

3. 关联式编码

关联式编码是在开放式编码的基础上进一步对材料编码之间的类属关系或主题进行凝聚或区分。经过初步编码后，研究者对研究中的主题有一个大概的了解，这个步骤主要是通过主题的引领，生成新的节点或增加新的观点，要在分析的过程中把所有的主题串联起来，最后作为轴心的关键类属。在这个过程中笔者根据编码的关联程度，按照 IEP 开展的具体流程，比如 IEP 的评估、IEP 长短期目标的制定、IEP 的实施过程、IEP 评价方式等，学校对 IEP 的管理，如管理方式、评价体系、资源支持等，以及实施 IEP 过程中不同人员对 IEP 的理解和态度等不同类属，将编码资料进行深入关联；同时对无法归类关联的材料进行深度分析调整，比如在分析 IEP 实施过程中如何平衡学生个体 IEP 目标和班级集体教学目标时，有多位教师提到学校除了给每位学生制定 IEP，每学期还会在班级中选择一位学生为其制定 IESP，于是在 IEP 理解编码中新增了"IEP 与 IESP"。再比如很多教师都认为 IEP 的目标制定既需要遵循国家课程标准，又需要考虑学生的现有发展水平和特殊需求，同时还需要兼顾班级集体授课的教学目标，因此在类属编码中，这些资料被归纳至"IEP 长期目标制定是否体现学生所需"类别。

4. 核心类属编码

核心类属在整个研究中起着统帅作用，能够将研究中的大部分研究结果在一个宽泛的理论框架中展现。在以 IEP 的开展流程为主要线索完成开放式编码后，笔者对已经形成的关联式编码和材料进行反复比较、综合，形成关于个案学校 IEP 发展的核心类属编码系统，并尝试以此回答研究问题。比如将"只有傻老师才教傻学生""你们学校还要教学么""我不是被普教淘汰的"等归类为培智学校教师专业合法性压力中的"次等教师身份感"；再比如将"我说进步就是进步""凭良心做事""标准化评估是空白"等归类为"润物无声的教育方式"。每个阶段的编码都是动态调整的。本研究在具体编码过程中采用数据软件 MAXQDA 2020，得到资料分析编码矩阵（见图 1 - 2），资料编码示例见表 1 - 4。

表 1 - 4　资料编码示例

三级编码	二级编码	一级编码	原始资料
专业身份遭受质疑	社会污名	特教师生受社会歧视；大众对特殊教育不理解；培智教师的专业性体现在何处	有老师参加工作后第一次带学生出去活动，从学校走出去没多远就遭到一群人的围观，其中还有人大声喊："看，这帮傻学生和傻老师又出来啦！"（S - S - 学校报道 - XFDQN） 有时候也难怪社会上很多人把特教老师不当回事，家长也看不起特教老师，人家就觉得你除了看孩子以外，什么都干不了。（I - T - UYI - 1227）
	同行质疑	培智学校与普通学校之间的隔离；普通教育教师对特教不理解	我的同学都是学师范出身，他们可能在普通小学或普通中学做老师的居多，见了面就问我："你们学校学什么，你干吗呢？"我说我在学校抓教学，他们就说："你们还教学，你们学什么，你用学吗？"（I - A - NX - 1221） 有时候咱们区或者市里开会，大家会互相问对方是哪个单位的，我们学校的老师一般会直接说教的学科，比如我教语文，她教数学，不太愿意直接说学校，一说完了对方不了解我还得介绍一大堆，而且总感觉别人看你的眼神就不一样了。（I - T - UYI - 1214）
	身份危机	培智教师的专业性体现在何处；特校教师是被普校淘汰的；特校工作比普校轻松	很多时候别人看我们的教学内容，认为我们像保姆一样，我们自己也有这种感觉。（I - T - UYI - 1217） 我不是普校做不好才来的，我是自愿从普校调来咱们这儿（培智学校）的，那会孩子小升初，我在普校没时间照顾他。（I - T - EQK - 1212） 咱们老师真应该跳出特教圈子去普通学校看看，看看就知道人家现在教学发展到什么程度了，人家教学的专业性，特教老师真比不了，真不怪普教老师鄙视咱们，是好是坏，一对比自己就知道了。（I - A - MYK - 0117）

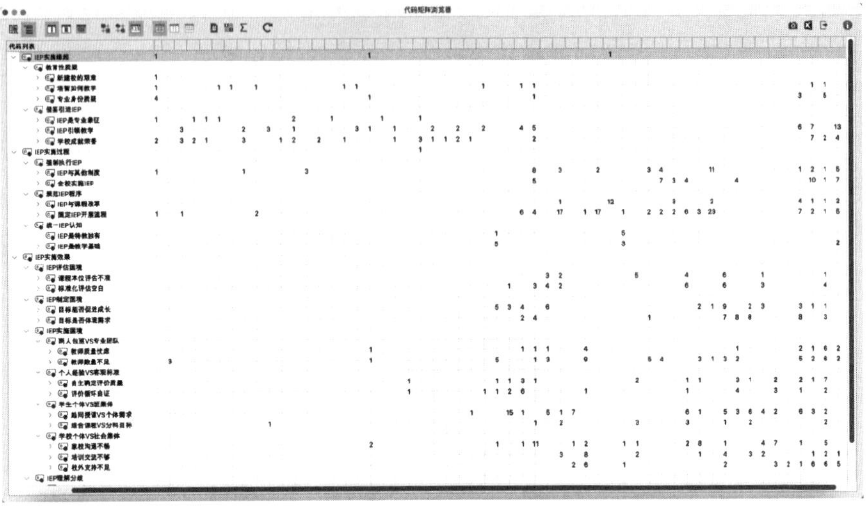

图 1 - 2　资料分析编码矩阵（由 MAXQDA 2020 生成）

三　研究的效度与研究伦理

（一）研究效度

效度是指准确性或可信度，在质性研究中应用"效度"概念，并不意味着存在"客观真理"，使得任何描述都可以和它进行比较。[①] 质性研究者关注的是如何消除"效度威胁"，即可能会导致无效结论的具体时间或者过程。本研究从以下五个方面进行了尝试和努力，以期提高研究的可靠性和有效性。

第一，长期置身于研究现场充分收集一手资料。在本研究中，笔者首先在个案学校进行了为期两周的预研究，以便增加对个案学校的了解，建立良好的研究关系，同时通过观察和交流将研究问题进一步聚焦，验证研究实施的可行性。在正式研究阶段，笔者在个案学校开展了两个多月的实地调查，深入学校情境内部，参与学校各项教学活动，与教师、管理者、家长、学生建立起信任关系，获得了丰富而真实的一手资料。

第二，采用三角互证方式提升资料收集的有效性。本研究中的三角互

---

① 约瑟夫·A. 马克斯威尔. 质的研究设计：一种互动的取向 [M]. 重庆：重庆大学出版社，2007：81 - 82.

证包括不同访谈对象之间获取资料的互证，比如学校管理者、教师和家长对 IEP 的效果评价；不同资料类型之间的互证，比如教师访谈资料和收集到的教案以及课堂观察笔记之间的对比验证；还有研究者获取的外部人员视角与学校内部人员之间的互证，比如学校在职管理者、教师和退休调动管理者、教师对 IEP 的态度评价等。总而言之，是运用了多种方法，从不同领域的个人和现场收集关于 IEP 实施的资料进行对比和验证，以保证资料的可靠性。

第三，运用受访者检验方式确保资料收集的真实性。在研究过程中笔者会把整理出的访谈记录或者研究报告及时反馈给相关的参与者，由他们核实资料的准确性和真实性，以此消除可能造成的对参与者言行意义的误解。

第四，通过多人编码尽量保证编码的客观性。编码本身是相对主观的过程，在本研究的编码过程中，为了尽量保证编码的一致性，笔者邀请了一名本专业的博士研究生一起对两位访谈对象的资料进行编码，先对编码的含义进行讨论和明确，各自编码后进行对比，根据两人编码的一致性来验证编码过程的客观性。

第五，在质性研究中，研究者本人作为研究工具，是保证研究效度的重要因素。在研究过程中，笔者通过持续撰写研究反思、与导师及相关专业人员讨论等多种方式，对研究者自身进行反思，检视研究者价值判断，最大限度保证研究工具的客观性。

（二）研究伦理

质性研究重视研究者与研究对象之间（即主体与客体）的关系对研究的影响，伦理问题是质性研究不可回避的问题，贯穿于研究的全过程。本研究遵循了知情同意、尊重隐私和保密等伦理道德原则，具体通过以下措施保障研究伦理。

首先，公开进入研究现场并对研究进行说明。在本研究正式开展之前，笔者通过书面形式将研究目的和大致程序告知学校管理者并在征得其许可后（见附录八：研究知情同意书），公开进入研究现场，在课堂观察、访谈以及实物资料收集过程中，笔者都会提前告知每位被访谈者或观察者本研究的主要目的，参与研究所需花费的时间、可能遇到的问题、研究数据的保密程度等，尽可能打消参与者的疑虑，确保研究对象的充分知情权。

其次，坚持研究对象自愿参与的原则。在质性研究中，研究对象参与研究的意愿对研究资料的真实性会产生较大影响。为确保研究对象在对研究知情的前提下自愿参与到本研究中，笔者在所有的观察和访谈之前，均以书面形式为研究对象提供"研究知情同意书"。在进班观察和实物资料收集过程中也充分尊重教师、家长意愿，在不干扰原有课堂教学秩序和给教师额外增添负担的情况下进行观察和访谈，同时告知研究对象有随时退出本研究的权利。

最后，多种方式保证资料的真实性和安全性。本研究严格遵守保密原则，所收集到的资料均经过二次匿名处理，隐去研究对象的真实姓名，以字母数字编码的方式对涉及个人隐私的信息进行处理；在引用访谈资料时，除非语句不通、涉及语法问题或者对具体情境信息做补充，否则不对所引用的表达做改动，同时尽量做到原段引用，完整客观地展现被访谈者的语意，避免截取只言片语所带来的断章取义之感；对于难以隐蔽的数据保证不用在本研究中。所有相关文字材料、作品、照片、录音等仅用作本研究的素材，使用后进行妥善保管，未经研究对象同意绝不外泄。

第二章

培智学校 IEP 的实施缘起：合法性的压力

1979 年，北京创办了弱智儿童特殊教育班，20 世纪 80 年代初全国开始建立培智教育学校。虽然国家政策从宪法这类的根本大法到专项教育法都明确保障特殊儿童的受教育权利，但具体落实到实践层面并非一朝一夕之力。培智学校若要科学有效地开展教学活动，成为像普通学校一样得到社会公众认可的专业育人组织，还需要经历一个探索发展过程。本研究中的个案学校是全国最早成立的培智学校之一，是培智教育实践中的"开路人"。从普通学校辅导班到单独成校，从最开始被人认为是"看傻孩子的地方"，一路艰难创业到最后成为首都对外交流的文明窗口、全国特殊教育先进学校，X 培智学校从专业建设角度出发，主动借鉴 IEP 发展制度引领教学，在挣扎和努力中走出一条学校发展之路。

第一节　主流之外：新建培智学校面临教育性质疑

1984 年，X 培智学校正式建校，成为全国首批培智学校之一。作为新建学校，除了校园蜗居在偏僻的胡同里不为人知以外，压在校长和教师心头的重担是教育教学活动的开展。如何证明培智学校也是教书育人的地方？如何将培智教育搞好，让特殊儿童也能通过教育自食其力，为社会做出自己的贡献？解决这些问题是学校在成立之初的头等大事。

一　筚路蓝缕：新建校的艰难

20 世纪 70 年代末，伴随着改革开放和市场经济发展对人才的需求，政府对教育事业的重视和支持日益增加，特殊教育也迎来历史发展新机遇。1982 年《中华人民共和国宪法》颁布，规定"国家和社会帮助安排盲、聋、哑和其他有残疾公民的劳动、生活和教育"，在根本大法中确立国家作为残疾人特殊教育的责任主体地位，1986 年《中华人民共和国义务教育法》明确"地方各级人民政府为盲、聋哑和弱智的儿童、少年举办特殊教育学校（班）"，确定国家提供盲、聋哑与智力落后儿童义务教育的法定责任。① 为了保障特殊儿童的义务教育权利，培智学校应运而生。但是作为新建校，培智学校无论在硬件设施还是在师资、教学资源等软件条件上都处于资源匮乏的起步状态。

（一）一穷二白：胡同里的"老破小"

X 培智学校前身是一所普通小学的智力落后儿童辅读班，1984 年正式建校，"是全国最先成立的两所培智学校之一"（S－S－学校报道－ZHD-CB）。成立之初，学校"师资最开始只有 4 人，到招生开学时增加至 8 人，招收了 30 名学生，在不足 70 平方米的小操场上举办了开学典礼"（S－S－学校报道－ZASC），几乎可以用"一穷二白"来形容：校址位于偏僻的胡同小院里，教室是原本残庙改建而成。"条件简陋，办公上课同在一室，冬天，运煤车来了，却因胡同太窄进不去，取暖煤要靠老师们一簸箕一簸箕地从胡同口端回学校。"（S－S－学校报道－YZQTQ）

作为一所公办学校，X 培智学校艰难匮乏的办学条件，是当时的教育同行难以想象的。

偏僻窄小的校园、窘困简陋的条件、人员不足的教师、被普通学校拒绝的学生，这些元素组合到一起，就是 X 培智学校创办之初的真实境况。

（二）建制不足：国家课程的缺位

如果说物质环境并不是判断一所学校被称为学校的主要标准，那么课

---

① 冯元，张金福．近三十年我国特殊教育政策发展进程的理论阐释——基于历史制度主义的分析［J］．教育发展研究，2017，37（11）：15－25.

程教学无疑是评判学校合格性的决定性因素了。在培智学校建校之初，并没有与之相适应的国家课程大纲，教材也是直接沿用普通学校教材，在其基础上进行一些简单删改。直到 1987 年的《教学计划》才对培智教育的培养目标和任务、学制及入学年龄、招生对象、教学组织形式、时间安排以及课程设置等进行规定，正式开辟我国培智教育之先河。1988 年以后国家开始组织编写全日制培智学校常识、语文、数学、音乐、美术、体育、劳动技能 7 科教学大纲，随后又开始编写这 7 个科目的教材、教学参考书，一直到 1993 年秋开始推广使用。[①] 在这中间的十多年中，个案学校的教师一直面临着教学内容和教学资源上的纠结与拷问。

国家课程教材的缺位，一来使得培智学校作为国家教育组织的专业形象迟迟难以树立；二来为培智教学实践带来困难，使得培智学校的教学活动缺少直接参考依据，教学内容的选取、教学方法的选择、教学进度的安排甚至教学质量的评价，全都处于学校自主探索和把控的阶段。"学校没有现成教材，C 校长就自编教材；学生没有课本，她就手抄课本送给学生；没有操场，她就带着学生钻胡同、穿小巷健身。"（S - S - 学校报道 - XSTJ）虽然这在某种程度上给了教师非常大的选择权，但过度的自主带来的更多是教师们关于教学的迷茫和无措，正如后来学校的报道中所言："学校创办期间，既没有坚实的物质基础也没有可借鉴的办学经验，更没有接受过特教专业培训的师资队伍。困难重重。"（S - S - 学校报道 - SWXZ）

二 半路出家：培智教育如何开展？

培智学校在从原本依附普通小学的辅读班转变成独立学校后，要自行开展教育教学活动。但是作为首批新建校，培智学校在教学专业上并没有其他学校可供借鉴参考，课程教学也只能依靠在原有普通教育的基础上自主探索。同时，学校的领导和教师都是从普通学校调入，几乎没有接受过

---

① 傅王倩，莫琳琳，肖非. 从"知识学习"走向"完满生活"——我国培智学校课程改革价值取向的变迁［J］. 中国特殊教育，2016（6）：32 - 37；朴永馨，主编. 特殊教育辞典［M］. 北京：华夏出版社，2006：69.

任何培智教育教学的专业培训。课程、教材、教师等资源的匮乏，让培智教育教学活动难以展开。

（一）外部压力：政策如何落实？

虽然没有课程制度指导，但是教学活动还是要一日一日地开展。与此同时，作为首批成立的培智学校，X 培智学校还承担着改革试点的角色，面临着率先开展教育课程实验探索，积极落实国家教学政策要求，参与教材教参编写等现实压力。比如 1987 年的《教学计划》就对培智学校的培养目标进行要求，指出"要培养学生爱祖国、爱人民、爱劳动、爱科学和爱社会主义的国民公德，懂得遵纪守法，讲究文明礼貌；使学生具有阅读、表达和计算的初步能力；发展学生的身心机能，矫正动作缺陷，增强身体素质；培养学生爱美的情趣和良好的生活习惯，具有生活自理能力，并学会一些简单的劳动技能"。①

但具体到实现培养目标的途径和方法，该文件又未给出详细指导，只是要求"弱智学校（班）的课程设置、教学要求、教学组织形式、教学方法等都应根据这一需要，进行相应的改革和创新，不宜照搬普通小学的模式。文化知识的教学要求，要适应弱智儿童的智力水平，不要和普通小学攀比"。② 剩下的，都靠培智学校在实践中自行探索。探索如何通过教学活动实现政策要求的培养目标，是 X 培智学校开展教学实验的最直接动力。

（二）内部困惑：教学如何组织？

最开始，在没有其他学习榜样的情况下，培智学校的教学组织形式和教育内容基本是参考普通教育来进行，不过是将班额人数减少，教学难度降低。但是随着教学实践的开展，教师们逐渐意识到，培智课堂并不是普通教育的等比复制，普通学校的班级集体授课制在培智教育中似乎行不通，收效甚微。培智学校学生的能力发展水平不一，个体间差异大，"一个学生一个样"（I－A－NX－1221）。培智教育从课堂教学的组织实施，到教学内容的确定、教学策略的选择、教学评价的标准等各个环节，都因

---

① 全日制弱智学校（班）教学计划（征求意见稿）［J］. 人民教育，1988（6）：8－9.
② 全日制弱智学校（班）教学计划（征求意见稿）［J］. 人民教育，1988（6）：8－9.

为教育对象的变化而与普通教育有所不同，需要学校在具体实践中根据自身情况做出决策。

培智教育的特殊性，时常让教师们不知所措，感叹教学开展之艰难。即便是从普通学校调任到 X 培智学校、拥有丰富教学经验的教师，在刚开始面对各有不同的特殊儿童时，也显得束手无策，充满挫败感，这给教学实践的开展带来巨大困难，也是培智学校探索改革的现实动力。比如有教师回忆第一次走进培智学校课堂时的情景："在普通学校，每个班 40 多个孩子她都能管得井井有条，这里不就是 8 个孩子吗，左手 4 个右手 4 个就'捣'过来了，还能有什么问题！谁知课上了没一会儿，她就'捣'不住了。先是一个孩子突然大叫着起身就跑，她赶紧去拉，结果别的孩子又上来拉她。一时间，教室里你拉我拽，喊声一片，哭声一片，乱成了一团。一个星期下来，她这个在普通小学很优秀的数学教师，在这里连'1'都没教完。"还有教师在普通教育体系"工作了 20 多年，区先进、市先进都当过。来到这里以后，发现原来的老经验一点都用不上了，感到特别困难"（S–S–学校报道–XFDQN）。

三 "次等教师"：专业身份遭受质疑

除了国家课程制度保障和学校实践规范两大因素的缺乏以外，教师的职业身份遭受质疑是 X 培智学校感到合法性不足的另一大重要原因。社会长久以来形成的对残疾群体的偏见和歧视，加上培智教育事业刚刚起步缺少正面宣传，使得 X 培智学校的教师普遍感到一种成为"次等教师"的专业身份压力，这种压力也会促使教师寻求更加专业化的职业发展。

（一）社会污名："只有傻老师才教傻学生"

虽然我国社会文化历来有对残疾群体的关怀和同情，但不可否认，关怀与歧视相伴，同情与怜悯共存，这些态度从对残疾儿童的称呼中可见一二。当培智学校成为为残疾儿童提供教育的正式教育组织，培智教师成为教授残疾儿童知识技能的专业人士时，社会对残疾儿童的污名化印象便自然而然地扩散到了学校和教师身上。

而在培智学校工作的教师也时常因为社会歧视而深感受伤。X 培智学校的很多教师都经历过带学生出去遭人围观的事，有时连正常的教学需求都无法得到理解，甚至遭到排斥。"比如给学生上生活适应课，需要教学生去超市买东西，带学生去超市，这是很难被接纳的，老师自己去拍素材做课件，有时候好说歹说还是会被生硬地赶出来。"（S－S－学校报道－XFDQN）

（二）同行质疑："你们学校还要教学吗？"

除了社会上关于残疾群体的落后观念，培智学校的教师还面临来自普通中小学教育同行的质疑和歧视。在笔者访谈 X 培智学校的教研主任时，主任表示虽然过去几十年特殊教育经历了一个较大的变化，但是实际上这种来自同行的质疑和歧视并没有随着时间迁移而发生很大改善："我做特殊教育也将近 20 年了，咱们现在社会对特殊教育的认识还很肤浅，或者说基本上还很片面，我的同学都是学师范出身，他们可能在普通小学或普通中学做老师的居多，见了面就问我：'你们学校学什么，你干吗呢？'我说我在学校抓教学，他们就说：'你们还教学，你们学什么，你们用学吗？'你想他们还都是老师呢，就别说社会上一些其他的人了，对于咱们这样的（学校的）孩子，他们认识并不清晰，所以说你去给他们讲个别化、讲个别化教育计划，他是不能理解的，更没法交流了。"（I－A－NX－1221）这种来自教育系统内部专业人士的不理解，让很多培智学校的教师在对外交流时选择刻意隐藏自己的教师身份。"有时候咱们区或者市开会，大家会互相问对方是哪个单位的，我们学校的老师一般都会直接说教的学科，比如我教语文，她教数学，不太愿意直接说学校，一说完了对方不了解我还得介绍一大堆，而且总感觉别人看你的眼神就不一样了。"（I－T－UYI－1214）

同时，来自同行的质疑往往会引发教师的自我怀疑，具体表现在教师经常会面对"专业性"的自我怀疑和质询："作为教师的专业性体现在何处？"与普通学校教师明确的专业范畴（如具体教学科目）、清晰的专业边界（如工作和岗位要求）以及强有力的专业成长共同体（如教学研讨、评比竞赛活动、专业培训等）等相比，培智学校教师在专业性自我确认的各个方面都稍显不足。比如个案学校教师在受访过程中经常表示教学难以带来成就感和效能感，无法像普通课堂一样，收到来自学生的即刻反馈，教学在很多时候变成了"字面意思的老师一言堂"，再者教学内容与日常经验的深度交织，也使得教师难以产生专业感，"很多时候别人看我们的教学内容，认为我们像保姆一样，我们自己也有这种感觉，每天在学校不停地教学生生活技能，穿衣叠被上厕所，好像随便什么人都能教，我也不知道专业性体现在什么地方"（I – T – UYI – 1217）。

（三）身份危机："我不是被普校淘汰的"

如果说教师们对抗社会偏见和同行质疑的方式是将其归纳成一种无知和错误观念，那么"进入培智学校是因为被普通学校淘汰"这一潜在流行于教师群体内部的隐性歧视观念，则让很多培智教育教师无法自洽进而产生身份危机。这一点也与当时我国并没有专业化的特殊教育师资培养有关。我国特殊教育教师培养起步较晚，直到 1980 年原国家教委下发《关于办好中等师范教育的意见》，才第一次在国家政策体系关涉特殊教育师资培养的问题。文件要求"各省、市、自治州、直辖市都应根据本地区具体情况，在一些有条件的中师学校或者特殊学校增设特殊教育师资班，培养特殊教育师资"。而且当时的师资培养主要集中在盲、聋两个方向，对培智教育的师资培养并未涉及。[①] 这种状况一直持续，直到 1989 年国务院颁布了《关于发展特殊教育的若干意见》后，培智教育教师才正式被纳入教师培养中。

由于我国正式的培智教育起步较晚，特殊教育专业的人才培养也不似普通教育有丰富细致的经验。在 X 培智学校成立之时，我国师范教育体系中的特殊教育专业师资人才培养机制尚未建立，培智学校的教师只能从普通学校中调任。在实际调任人员的选择上，除了考虑教师本人的意愿和需求外，通常不会选取在原单位教学能力拔尖的教师，一般是"教学成绩靠后的"，这种"向下淘汰"做法，实际上传达出一种"普通学校干不好才去培智学校"的信号。而这种认知不仅存在于当时的培智学校教师中，更存在于当下。在对个案学校教师采访时，当被问到成为特殊教育教师的契机或者来到培智学校工作的原因时，有几位教师都不约而同若有似无地提

---

① 苏林，张贵新．中国师范教育十五年 ［M］．长春：东北师范大学出版社，1996：84．

到"因为自己身体不好，以为培智学校工作相对轻松"，有教师因为"培智学校离家近，可以就近照顾家里老人孩子"，还有教师会刻意强调以前在普通学校的成就和荣誉，以证明"我并不是在普校干不下去才来的"。

第二节 专业优先：IEP 引领教学走科研兴校之路

正如上节所述，作为一所新建培智学校，X 培智学校在课程制度上缺乏国家权威强制的保障，在教学实践中没有可以依赖的指导大纲，全靠学校自主探索，同时学校还要面对来自社会大众和教育同行的种种偏见，甚至引发教师内部的身份认同危机。这些因素都从不同角度给 X 培智学校带来了专业合法性的压力，也激励学校另辟蹊径，走出自己的专业发展道路。在这一过程中，IEP 进入了 X 培智学校的视野，并成为其发展的主要指导思想。

一 他山之石：IEP 是专业化象征符号

在个案学校致力于提升专业发展水平时，IEP 通过国际教育交流合作和特殊教育师资培训进入个案学校的视野。经过深入了解，个案学校发现 IEP 不仅是国际特殊教育发展先进模式，IEP 的理念与我国的"因材施教"思想不谋而合，而且，IEP 是对当时国家培智教育政策的良好回应方式，IEP 是践行差异教学、分组教学的自然走向。可以说 IEP 是最合适的专业化象征符号，它吸引着个案学校借鉴引进。

（一）IEP 是国际特殊教育先进模式

特殊教育起步之时，正值我国改革开放时期，社会发展各个领域的对外交流日渐频繁。与此同时，1989 年颁布的《关于发展特殊教育的若干意见》再次强调特殊教育师资培养的重要性和必要性，并提出了培养师资的步骤、途径和方式，直接增加了教师参加岗前培训和职后培训的学习机会。所以，通过专家培训、教学研讨等方式，西方特殊教育发展的先进理念和实践经验，如"一体化""回归主流"等思想传入国内，极大地促进了特殊教育的思想解放。

对于培智学校而言，最能引起共鸣的则是个别化教育计划。作为特殊教育的核心概念和基础实践，IEP 通常被介绍为特殊教育的"质量保障""发展基石""指南性文件"，几乎所有关于特殊教育的培训宣传都无法绕开这个词。"我 1989 年来的时候，学校就已经开始在推行 IEP 了，最早我知道它叫个别化教育计划，是因为当时参加一些全市的培训啊，听一些课啊，总提到这个 IEP。"（I – T – MAI – 1215）这无疑是专业化的象征和代表，在急需教学指导的情况下，IEP 像是久旱后的甘霖一样，引发了 X 培智学校极大的探索热情。"当时学校不是也有教学骨干嘛，领导就觉得既然这个理念这么好，那就教学骨干再带几个年轻教师，咱们一起做啊。"（I – T – MAI – 1215）在专家的指导带领下，X 培智学校立即展开了对 IEP 的系统研究和实践尝试："我校于 1989 年在中央教育科学研究所专家指导下进行了个别化教学的初步研究，其中针对 IEP 的制定、分组教学的实施等问题进行了实践研究，收到了一定的效果。"（S – S – 学校报道 – IEP-BG）

（二）IEP 与因材施教理念不谋而合

在特殊教育实践中，学生的个体差异较大，个性能力发展水平参差不齐，无法像普通学校教育一样使用统一标准的课程体系进行教学。因材施教最早体现出尊重学生差异、以学生为中心的教育理念，是尊重教育事实、符合教育发展规律的教育理念，也是教育思想史上的瑰宝，在我国漫长的教育实践中取得了良好效果。因此，因材施教这一古老却不过时的传统教育理念得到特殊教育工作者的格外青睐，毋庸置疑，它是教育发展的理想形态，也是特殊教育应当遵循的首要规律。可以说，因材施教是教育行业闪闪发亮的标识，具备天然的专业合法性。"你说普通学校的教学那是因材施教吗？它根本做不到啊，一个班几十个学生都用同样的教材，学同样的内容，进度都一样，老师也不可能单独给每个孩子讲吧。其实我们培智学校才是真正实施因材施教的地方，咱们（的）孩子一人一个样，就要求你老师必须一人一套办法。"（I – A – NX – 1221）

而 IEP，虽然是从当代西方社会传入国内的教育模式，却正好与因材施教理念不谋而合，是因材施教理念在特殊教育中的具体化。"最开始咱们培训 IEP 的时候，那个时候咱们没听过这个词，专家们就说 IEP 是什么呀，就是咱们的因材施教，是一个意思。"（I‒T‒MAI‒1215）IEP 也强调以学生个体为中心，依照学生个人身心发展特点，围绕学生个人教育需求而制定教育教学计划。并且经过国外特殊教育实践经验和法律条例的确认，IEP 的具体可行性和专业合法性都有所提升。

（三）IEP 是对国家政策要求的回应

X 培智学校建校前后，我国特殊教育发展迎来新的历史机遇，国家出台了一系列相关政策法规，从课程体系、招生要求、师资培养等不同角度规范、促进特殊教育的发展。比如 1987 年的《教学计划》，对培智教育的培养目标和任务、学制及入学年龄、招生对象、教学组织形式、时间安排以及课程设置等做出明确规定。① 同时文件对培智学校的班级人数、教学组织形式也给予指导性意见，"由于弱智儿童个别差异较大，弱智学校（班）的班级人数不宜过多，每班学生以不超过 12 人为宜。在班级内要实行个别教学或分组教学，从教学内容到教学进度都要充分照顾各个学生的不同情况，不要齐步走"②。

作为最早成立的培智学校之一，X 培智学校几乎成为教育改革试验先锋角色，因此当国家政策要求培智学校应当考虑个别教学和分组教学时，X 培智学校率先对政策做出回应，加快了尝试分组教学、个别教学的步伐，也开启了个别化教育计划的探索之路。这一点在笔者对 X 培智学校前任校长的访谈中也得到了证实。"X 培智学校从 1984 年建校，没几年就开始推 IEP，为什么要开始推 IEP 呢？最直接的原因是国家政策要求，因为个别化教育计划是（一九）八几年的时候，国家教委的文件（指上文中的《教学计划》）里面就强调了，就是说国家有要求的。"（I‒A‒TZ‒1227）

---

① 朴永馨，主编. 特殊教育辞典［M］. 北京：华夏出版社，2006：69.
② 国家教委关于印发《全日制弱智学校（班）教学计划》（征求意见稿）的通知［J］. 课程·教材·教法，1988（5）：1‒4；赵小红，华国栋. 个别化教学与差异教学在特殊教育中的运用［J］. 中国特殊教育，2006（8）：40‒45.

（四）IEP 是分组教学实践的自然走向

1986 年 X 培智学校开始尝试课程改革，对普通学校课程进行难度降低和内容简化，同时对教学方法进行改良，探索直观教学法、小步子多循环教学等。1987 年的《教学计划》鼓励培智学校探索分组教学、个别教学等多样化的教学组织形式。在实践与政策的双重要求下，1988 年 X 培智学校在原有"小步子教学法"的基础上，开始尝试分组教学，对学生进行差异分组。"我 1989 年来学校，当时已经开始分组教学了，所以我上课手里可能拿着三本语文书，因为学生程度不同，比如说有学四年级的，有学二年级的，还有一个孩子可能要学一年级的，我教完这组之后给留练习作业再教另外一组，有点像复式教学，孩子们都已经习惯这种分组教学的形式方法了。"（I – T – MAI – 1215）

分组教学的形式"打破了单一授课制，把每班学生按学习能力分成两三个小组，分别进行指导"，这一过程也迫使教师充分考虑学生的个体差异性，以学生为中心设计教学，学校还以此为契机申请了以"因材施教"为主题的科研课题，对个别化教学、差异教学进行讨论研究，取得丰硕成果。加之 IEP 观念思想的传播培训，时任校长开启了以 IEP 为抓手提升教学质量的探索，要求教师为学生撰写个别化教育计划，尝试用文本固定 IEP 的实施程序。"X 培智学校建校没几年就开始推行 IEP，我是 1992 年毕业到学校工作，那会儿 IEP 都已经开展四五年了。……印象中我 7 月入职，当时的校长跟我谈话，说我们特殊学校和普通学校不一样，暑假里一要做家访访谈，二要准备下一学期的教学规划，然后就给了我一套表，那个表就是 IEP 的雏形了。"（I – A – TZ – 1227）

正如前文所述，在 X 培智学校面临教育性的质疑，为学校的专业合法性担忧时，IEP 作为专业合法性象征符号出现了。它不仅代表着国际特殊教育发展的前沿和先进经验，更与我国传统教育思想中因材施教的理念不谋而合，是历史与当代的完美结合。同时 IEP 既是当时国家培智教学政策的要求，也是 X 培智学校在具体教学活动中不可回避的实践走向，是政策和实践的双重趋势。也正因为如此，X 培智学校主动借鉴并紧紧抓住 IEP 理念，确立了以 IEP 为主导思想的学校发展路线，创建了以 IEP 为中心的教育课程和学校工作体系，成功带动学校飞速发展。

二　主动借鉴：以 IEP 为中心带动学校发展

鉴于 IEP 的诸多优势，个案学校主动借鉴 IEP 理念，果断采用 IEP 思想来引领学校的整体发展，确立了以 IEP 为主导思想的学校发展路线，将个别化教育称为"培智教育的灵魂"，创建了以 IEP 为中心的教育课程和学校工作体系。

（一）"个别化教育是培智教育的灵魂"

在对 IEP 的主动借鉴过程中，X 培智学校树立了个别化教育的发展理念，并将其贯彻到学校各个方面的发展中。在学校公开发表的教研论文中，对个别化教育有这样的表述："个别化教育是培智学校的灵魂。学校坚持吸纳国内外个别化教育的先进思想和教育理念，尊重残障学生在身心发育、认知特点、个性情感、回归社会等方面的生存需要，以尊重、平等为前提，创建适合于幼儿、少年、青年以至于成人的全程化和一体化校本课程体系。"（S－S－学校报道－IEPKC）

上述课程体系不仅指学校的教学体系，还包括学校的班级管理、德育工作，甚至是高年级学生的转衔教育和工作指导方面。比如在班级管理中，采取"个性化思想为班主任工作领航"的方式，积极吸纳个别化的教育思想，认为"个别化思想对管理好班集体、当好培智学校的班主任具有十分具体的指导作用，提高了班集体建设水平"（S－S－学校报道－GXH-SX）。因此，教师在对学生进行学业教育、提出共同性教育目标的同时，关注个人发展差异，制定有的放矢、因人施教的教育内容，"我针对每个孩子不同的特点，利用个别化教育思想制定班主任计划，其中不仅有学习内容的选择，更有对孩子生活习惯和生活能力的培养。在这个过程中充分照顾差异和尊重个性，改善教育环境，通过个别化训练等方法走进孩子们的内心世界"（S－S－学校报道－GXHSX）。

在学校德育工作中，针对智力落后学生在人际交往中缺乏良好的礼仪形象和礼貌习惯这一整体特征，结合学生个人的发展水平和需求，制定个别化礼仪计划，以提升学生的交往技能和社会适应能力。"我校在 IEP 理念的指导下，为每个学生制定了个别化的礼仪教育计划。根据学生的现状，认真分析每一位学生的行为习惯等，结合其日常表现充分预设学生各月的礼仪教育目标，通过创设多样化的训练形式，多渠道引导，全方位渗透，积极对学生进行文明礼仪教育，并取得了一些实效。"（S－S－学校报道－SSIEP）

除此之外，高年级学生面临离开学校、转衔就业等问题，学校根据学生的工作能力和就业意向，为学生量身定制转衔计划，寻找与其发展相匹配的实践岗位。"我按照个别化教育的思想，根据学生的能力，经过评估，定出每一个学生校内外的实践岗位，以真实的职业岗位作为教学场景，鼓励学生参与训练。用这种最直接的办法，支持学生学习。"（S－S－学校报道－GBGHJY）可以看出，个别化教育思想全方位的渗透进学校发展的每一个角落、每个环节，是教学、管理、育人等各项工作的指导理念。

（二）"创建个别化教育新课程"

具体到课程的制定和管理方面，X 培智学校将个别化教育称为"学校课程的总构想"，学校从课程资源、管理方式、支持系统等不同角度，服务个别化教育："学校注重个别化教育计划的设计，开发体现个别化教育的课程资源，配以相应的课程管理和支持系统，针对个别差异，提供享有发展、获得公平均衡的教育权益的课程。"（S－S－学校报道－IEPKC）

在教学内容设计上，根据学生的不同能力发展水平和教育需求，设计教学活动方案：

> 智力落后学生个体之间存在较大的身心发展差异，身心发展水平也不一致、不平衡。因此在教学中，教师需要有意识地根据学生个人的能力水平、兴趣爱好、教育需要和身体健康状况等，设计出相应的教学方案及实施计划，依照学生的需求对教学的资源、策略、方法、评价过程进行适当的调整，以满足学生的需求，尽可能促进学生取得进步。（S－S－学校报道－SWXZ）

在教学管理上，采取个别化教育的指导原则，灵活分班分组：

> 学校以班级教学、组别教学、个别教学为灵活多样的教学形式，根据个体需要，按能力、年龄、残障类别、情感需要、康复补偿需要等类别分组分班，培养学生的认知、交往和适应各种环境的能力，最大化地促进学习目标的达成，方便教师在班级教学中既可以整体教学，又可以交叉轮换教学，保证一对一、一对几、几对几十的教学顺畅进行。（S－S－学校报道－IEPKC）

三　成绩斐然：成为全国特教先进学校

通过努力发展自身的专业性，个案学校在教学、育人和研究方面取得了巨大的成效，成为首都对外交流的文明窗口，与多个国家的特殊教育团队开展了交流合作，成为全国特殊教育先进学校，获得诸多荣誉称号。

（一）"教研全面开花"

"科研兴校"是 X 培智学校发展的指导思想之一。"学校从学生学习需要和教师的专业发展需要出发，制定了'自主科研、课题覆盖、课堂扎根、专业结果'的研究思路。以教师为研究主体，教科研骨干教师为核心力量，科、教研主任共同管理，校长总负责，专家指导帮助的方式运行。"（S－S－学校报道－IEPKC）在 IEP 思想的引领下，X 培智学校进入飞速发展阶段，取得了丰硕的教学科研成果，完成了以 IEP、因材施教、校本课程等为研究主题的科研课题项目（见表 2－1）。"在'十五'期间我校确定了以个别化教育为指导的课程体系，以'个别化教育计划'的研究为核心，以课程管理、课程资源建设、支持系统的开发为主要策略，建构个别化教育计划的实施模式。"（S－S－学校报道－HLKFXBKC）

具体到探索个别化教育的过程，学校紧握科研申报机会，拉近与特殊教育研究者的距离，在专家的指导下，以课题研究的形式带动教师的教学思考，提升其专业化水平，促进教学质量和 IEP 实施的有效性。学校从1989 年起就开始了 IEP 的相关研究，1990 年申报了"因材施教"的科研课题探讨个别化教育思想理念，"十五"期间学校申请了"个别化教育计划在培智学校的实践研究"课题，如期结题后，学校在"十一五"期间又立项"个别化教育在培智学校实践研究"，持续深入地对 IEP 进行探索。（S－S－学校报道－JYWTSJYL）

表 2－1　个案学校部分立项课题

时间	课题名称	级别
"九五"期间	孤独症儿童家庭教育初探	国家子课题
	培智学校职业教育课程设置	市级子课题
	智力落后学生支持性职业教育模式研究	国家子课题
	发展形象思维提高智力落后儿童的智力	市级子课题
	中度综合教学实验研究	市级子课题
"十五"期间	发展形象思维，开发智力落后儿童的智力	市级子课题
	中度智力落后儿童课程改革的研究	市级子课题
	个别化教学在培智学校的实践研究	市级独立申请
	智障学生语文校本课程的实践研究	市级子课题
	亮基础活模块多层次多能力——智障学生职业教育模式研究	市级子课题
	借鉴语言阶梯，建设校本课程——参与弱智儿童语文校本课程编写与教学实验	国家级课题实验校
"十一五"期间	个别化教育在培智学校的实践研究	市级独立申请
	智障学生职业教育深化研究	市级子课题
	培智学校课堂文化校本研究与策划	国家子课题
	培智学校运用思维迁移理论化解教学难点的实践研究	市级子课题
	北京市培智学校课程设置实验方案的研究	市级子课题
	针对学生的不同学习需要实施差异教学的策略研究	国家子课题
	智力障碍学生心理健康教育的研究	国家子课题
	北京市特教学校信息技术与学科教学鉴合的研究	市级子课题
	支持性教育教学策略的实践研究	市级子课题
	重度智力障碍学生课程教材的开发	市级子课题
	智障学生语文套件的开发（二期实验）	国家级课题实验校

续表

时间	课题名称	级别
"十二五"期间	培智学校重度残障学生作业治疗课程的校本研究	市级独立申请
	培智学校包班制班级中生活化综合课程的开发研究	
	培智学校美育课程中促进智障学生情感体验的研究	
	培智学校生活数学课程校本化的实践研究	
	特教中心对普校有特殊需要学生康复训练的研究	
	大龄智障学生个别化职业生涯计划制定与实施的实践研究	

与此同时，学校出版了一系列相关的教学论文集，并在各类教学科研评比中取得优异成绩。

在"个别化教育计划在培智学校的实践研究"课题中，参加课题的教师在几年研究中，共撰写论文 70 余篇、个案研究报告 40 余篇、案例 280 余篇，50 多人次在市区级论文评奖中获奖，其中十几篇科研论文发表在《中国特殊教育》《现代特殊教育》《北京特教》等杂志上。课题研究的全面实施，更新了教师们的观念，有效地推动了学校整体教学水平的提高。(S－S－学校报道－IEPBG)

2012 年北京市组织特殊教育教师基本功大赛，明确要求将 IEP 作为特殊教育教师基本能力指标之一进行考核评估。X 培智学校将 IEP 的发展模式进行整理总结，并在此基础上进行教学汇报展示，得到专家评委的一致好评，X 培智学校也获得团体一等奖和多个单项教师一等奖。"像前几年北京市的教学基本功大赛，有语文的、数学的，我们特教就是做 IEP，我们学校参赛的，基本人人都获奖，而且都是前几名，绝不掉链子。"（I－T－MAI－1215）

（二）"首都文明窗口"

实践证明，X 培智学校选择通过 IEP 引领专业发展之路是可行的。不仅大大提升了学校的教学质量和科研水平，也使学校的教师找到可持续发展的专业成长之路。

X 培智学校在北京市乃至全国，甚至海外的特殊教育界都算得上小有名气，学校领导班子的成员全部都是自己培养的，学校也成长起了一批批优秀教师，本科生、研究生纷纷前来求职，专业的康复教师已有三名。仅"十五"期间就有 23 名教师加入学校教师队伍。（S－S－学校报道－XFDQN）

学校的教育专业性得到教育系统内外的多方认可，这使学校成为特殊教育学校名副其实的领头兵，获得了一系列荣誉和奖励（见图 2－1）。学校迈入了全国特教先进校的行列，与国内 20 多个省区市及数十个国家的交流日趋频繁，成为首都对外交流的一个文明窗口。

X 培智学校孕育了一个讲文明多爱心的集体，正是这个集体，曾 25 次获市、区先进集体荣誉称号，90 余人次分获全国先进教师、市紫禁杯优秀班主任、区行业状元、师德标兵、模范校长等各种荣誉称号。（S－S－学校报道－XSTJ）

图 2－1　X 培智学校部分荣誉称号

本章小结

新制度主义理论认为，任何组织都不能脱离环境而生存。组织面对的不仅是追求效率的技术环境，还需要应对制度环境，即组织所在社会的法律制度、文化期待、社会规范、观念制度的社会事实，它们被社会成员

"广为接受",进而对人们的行为产生规范和约束。① 制度环境要求组织在其生存的环境中建立并维护合法性。"合法性"中的"法"不仅包括法律、标准和规律,还包括共同信念、行动逻辑等认知方面的因素。② 合法性对于组织而言至关重要,它关系到组织的生存能力,合法性可以被当作一种资源来帮助组织提高社会地位,具备合法性的组织可以得到社会承认,进而与其他组织进行资源交往。相反,如果一个组织违反社会对其的合法性期待,就会被视为"不理性的"、不符合规范的,这会威胁到组织的存在及发展。

X 培智学校是我国第一批公办培智学校之一。作为时代历史的新产物,X 培智学校在建立时,除了作为国家正式教育体制构成单位被承认以外,其他各方面不论从教育场所、教育资源、教育对象还是教育者,都不符合社会对一所"教书育人"的学校教育场所的期待。比如学校校舍隐蔽狭小,办公环境惊人的简陋,学校的教育对象是原本被认为不具有"可教育性"的智力落后儿童,学校教师是"被普通教育淘汰下来的",学校没有正规的课程大纲,没有教材及其他教学材料和资源等。可以看出,虽然是正式学校组织,但是 X 培智学校遭受来自多方面的教育性质疑,面临着巨大的专业合法性压力。因此它迫切需要通过合格甚至是高水平的教育教学质量,来证明自身作为教育专业组织存在的价值。

而这个时候 IEP 作为特殊教育专业性的象征符号出现在 X 培智学校的视野里,首先从国际上看,IEP 是国际特殊教育发展的主流模式和先进经验,值得我们学习借鉴;其次从国内来看,IEP 的理念与我国儒家传统教育思想"因材施教"不谋而合,受到本土教育思想的认可;再次从教育政策上看,IEP 是国家关于培智教学中分组教学、个别化教学要求的具体体现和良好回应方式;最后从教学实践上看,IEP 是践行差异教学、分组教学的自然走向。

新制度主义认为合法性机制通过三种方式影响组织的行为:强迫性机

---

① 周雪光. 组织社会学十讲 [M]. 北京:社会科学文献出版社,2003:67-78.
② 何霞. 中国公益组织合法性危机演变与行动策略研究——基于新制度理论和扎根理论的分析 [J]. 广州大学学报(社会科学版),2016,15(8):48-56.

制，即遵守法律政策；模仿机制，即学习同类成功组织的经验做法；社会规范机制，即按照社会共享价值行动。在 X 培智学校的 IEP 实施过程中，可以明显看出合法性机制对学校组织的影响。由于专业合法性的压力，学校采取了以 IEP 为主的多种方式来增加自身合法性。比如，学校积极遵守并响应国家制定的有关特殊教育教学政策和规章制度，带头实施分组教学、个别化教学等教育改革实验。同时，学校主动借鉴 IEP 理念，果断采用 IEP 思想来引领学校的整体发展，确立了以 IEP 为主导思想的学校发展路线，将个别化教育称为"培智教育的灵魂"，创建了以 IEP 为中心的教育课程和学校工作体系。X 培智学校通过努力发展自身的专业性，在教学、育人和研究方面取得了巨大的成效，成为首都对外交流的文明窗口，在一定程度上用实际行动转变了周围部分人群对残疾人和培智学校固有的消极印象，这些社会印象的转变也成为一种观念力量，巩固了培智学校的合法性。

第三章

培智学校 IEP 的实施过程：校内强制执行

IEP 是作为重要的特殊教育专业合法性标志被 X 培智学校主动借鉴而来的。在借鉴过程中，针对这一源自西方教育系统的"舶来品"，培智学校在理解 IEP 原有制度背景和实施程序的基础上，结合我国培智教育发展实际情况，采取了一系列本土化调整措施，成功将 IEP 塑造成一种校内强制实施的制度，用来规范、管理并提升学校的教学育人工作。新制度主义研究者认为制度包含三方面要素——规制性要素、规范性要素和文化－认知性要素，它们是支撑制度的三根"柱子"。[①] 任何制度都会在不同面向上或多或少地包含上述三个成分。以新制度主义的视角来看，学校不自觉地从规制性、规范性以及文化－认知性的角度，对 IEP 在培智学校的发展进行融合改造，使 IEP 制度化。首先，在规制上，将 IEP 融入学校各项工作制度中，赋予 IEP 强制性力量，并通过不同的奖惩方式加以巩固落实；其次，通过持续的研讨交流学习，将 IEP 嵌入教学实践的各个环节中，在全校范围内形成了相对固定的 IEP 实施程序，并以此作为教师默认执行的专业规范；最后，通过学校的各项管理支持和教师交流分享，达成将 IEP 作为培智教育教学纲领的统一认识和理解。在上述措施的引导下，IEP 成为 X 培智学校用以规范教学工作、提升教学水平的强制性制度。

---

① W. 理查德·斯科特. 制度与组织——思想观念与物质利益：第 3 版 ［M］. 姚伟，王黎芳，译. 北京：中国人民大学出版社，2010：60－62.

第一节　强制实施：融 IEP 入学校工作制度

在推进 IEP 实施的过程中，个案学校将 IEP 作为单独的、重要的学校制度在全校范围内强制执行，有固定的格式并由校长亲自监督实施。此外，IEP 还被融入学校已有的各项具有强制效力的制度中，比如学校的教案提交制度、教学研讨制度、人人做课制度、课题申报制度、推门听课制度、德育辅助制度等，以确保落实。

一　全校执行："IEP 是不得不完成的任务"

从 20 世纪 90 年代初起，经过一段时间的学习培训和探索尝试，X 培智学校在全校范围内推广 IEP，并从制度上给予支持和保障，逐渐建立起以 IEP 带动教学质量提升的发展模式，学校的教学科研及日常活动都会为 IEP 留出发展空间。随着信息技术的更新换代，IEP 也从最原始的逐一手写，慢慢改为采用电子化的表格，IEP 的发展进入相对规范化的阶段。IEP 在学校各项制度保障和校长的亲自监督下，已然成为教师们自觉遵守的学校教学传统。

（一）IEP 实施范围："全员制定"

1. 短暂的班级试点

在探索 IEP 的过程中，X 培智学校采取了较为谨慎的做法，先是通过专家培训了解 IEP 的理念和具体做法，"搞科研需要先进的理论指导，为此校长不辞辛苦地请专家、办讲座、聘顾问，并得到了原国家教委、中央教科所、北京市社会学学会等单位的领导、专家、教授、学者的大力支持和帮助"（S－S－学校报道－YZQTQ）。然后确定几个学生，由骨干教师带领尝试撰写 IEP，以班级为单位进行试点，在推行一段时间后，才开始全面展开，尝试全校范围内实施。经历过当时试点实践的教师表示，班级试点的阶段较为短暂，很快就在全校范围内铺开。

在我的印象当中，在（一九）九〇年或者是九一年，就是说先从一个孩子开始去落实，去写 IEP，因为是我自己去亲身经历过。当时咱们学校那个老校长就是没有全面铺开，也是找的我们几位老师以几个班级先做试点，就是一个班一个班就这样开，然后大概实行了一个学期还是一年左右，就全校全面铺开了。(I－T－MAI－1215)

2. 教师全员制定 IEP

班级试点过后，学校开始全面实施 IEP，要求"全员制定"。值得注意的是，这一阶段学校要求的"全员制定 IEP"，是指教师全员。具体做法是，教师依据自己所教授科目的知识结构，对学生的认知能力、学习风格、特殊需求做出具体分析和考量，在此基础上，为班级中每位学生制定本学科领域的长短期学习目标。

> 那会儿咱们做 IEP 的时候，它是单领域的，就是每个老师做自己的领域，比如我教数学，就是从数学的角度，从这个认知层面的角度，分析学生在数学方面，在这个认知层面现有的水平，其实就是说考虑到他的最近发展区，（他）可以接触到哪些知识，可以学什么。当然也会考虑到他对语言的理解，因为毕竟上课咱们还是语言教授，所以可能会考虑，比如说用什么方法支持，用什么语言来说，给他涂或者给他手把手教，会有这样的方法的一些制定。(I－T－MM－0103)

与原本 IEP 围绕学生需求制定教学计划不同，此时的 IEP 更像是教师个人从自己所教科目出发而制定的备课计划，与普通教育教师备课的区别仅在于，教师需要对每位学生的发展水平进行评估，分析其特殊的教学需求，进而考虑选取不同的教学策略。而且 IEP 侧重实现单领域的教学目标，教师之间尚未形成围绕某一位学生的教育需求而组建团队来共同讨论制定 IEP 的做法。教师们分别依据自己所教授的科目，为每一位学生制定一套与教学计划相配套的单领域学科 IEP。

> 我记得刚入职时参加新教师培训，培训的第一个主题就是 IEP 教

育计划怎么定。一个孩子一套，当时老师们都是手写教案，手写 IEP，还自己在纸上打格，你可能都想象不出来。当时就是在这个横格纸上面，一个孩子一张纸，（先写）这个孩子的姓名、基本情况、各方面的能力水平，然后给孩子做评估，前面是他的评估结果，后面是新学期给他定的每个月的主题计划，然后配单元计划，一个孩子是一套，班里面十个孩子就是十套。（I－A－MIQ－0104）

从 IEP 的制定方式来看，此时 X 培智学校的教师并未真正理解原版 IEP 以学生为中心制定教育计划的初衷和做法，只是将原本普通学校的教学程序带入培智学校课堂，并生硬地将 IEP 嵌套其中，以克服培智课堂学生水平差异显著带来的集体教学困境。

3. 以学生为中心的 IEP

教师全员制定 IEP 本质上仍然是一种以教师为中心、以课程内容落实为导向的集体教学模式。这种模式遵循着既定的教学内容，容易受到课程变革的影响。比如 X 培智学校的课程在发展过程中由分科课程向主题教学迈进，后又实行综合课程改革，而后两种教学方式都在不断模糊不同教学科目之间的边界。去科目化的教学要求让教师的备课内容更加趋同，以教师为中心制定的单领域 IEP 便容易陷入重复的境地。

IEP 在开始都是分学科或者分主题进行的，就是每个科任老师都弄一套，非常厚的一套，后来就觉得这个太花费时间，而且很多东西是需要有共性的理解，而不是仅从学科本身去看的。（I－A－TZ－1227）

与此同时，培智教育领域对 IEP 有了进一步深入的认识和了解，逐渐意识到 IEP 以学生为中心的制定宗旨。在此基础上，X 培智学校的 IEP 制定从教师中心转向了学生中心。

最开始 IEP 是教师单领域（制定的），比如你教生活数学那你就制定生活数学这个领域的 IEP 目标，我教美术，我就制定美术的 IEP

目标。后来咱们实行主题教学，要主题统整，上课的时候需要老师把不同科目的内容综合起来，那制定目标的时候大家就得商量着来，对吧？比如你想通过这个主题定什么目标，我要定什么目标，所以就没法再分开写，因为它分不开。（I－T－ZYC－1228）

学生中心的 IEP 制定，促进了教师之间的合作交流和研讨，加深了教师对学生的整体认识，提升了教师把握学生发展能力的准确度，也从侧面促进了教师们对 IEP "学生个人中心"的理解与认知。

当时关于 IEP 的推进，我们有前期的经验积累，还有专家的引领，然后就从骨干教师开始动员，一步一步引着老师们做 IEP。比如说一个班七八个孩子，我们先开会，不停地开会，就是几个老师坐在一起，分析一个孩子，怎么分析呢？从学科分析，每个老师从各自的学科分析这个孩子，然后让包班的老师分工撰写 IEP，一个老师写几个，但是分析的时候都是教师们一起集思广益。刚开始写得好与不好，没有一个标准，我们就把老师们写的 IEP，选一个最好的交上来，然后大家交流，通过不断地交流，逐渐摸索出 IEP 的正确规范，然后大家相互学习，有了共识以后，我们再搞 IEP 的评比，请专家来评价指导，推进 IEP 的发展。（I－T－MAI－1215）

正如有教师表示，以学生为中心撰写 IEP 以后才真正理解 IEP 的内涵。"后来才明白，个别化教育计划，那肯定是个别的呀，那必须要求以学生为中心才对。"从班级试点到教师全员制定 IEP，再到以学生为中心的 IEP，虽然在 IEP 的认识上经历了些许曲折，但这并不妨碍 IEP 成为 X 培智学校所有成员都无条件执行的教育教学制度。正如学校的副校长所言："我从参加工作开始，我就知道这个活是必须干的。"（I－A－MIQ－0104）

（二）IEP 技术要求："统一格式"

制度化的过程总是伴随着规章和程式的固定。在 X 培智学校的 IEP 发展过程中，IEP 文本的规范一直为学校管理者所重视。前任校长在访谈中也明确表示出对 IEP 文本格式进行固定的必要性，它既是规范本身，同时也起指导作用。

> 说白了就是用表格来带动一个规范的程序，让老师填了这个表就知道做哪一步了，我们当时还分了好多套表，比如低学段的是一套表，中学段是一套表，高学段是另一套表，然后发给老师。因为那个时候进来的老师基本都是普通师范毕业的，没有学过什么叫个别化教育计划，或者一些特殊教育基本的概念，所以表格规范其实是给老师提供一个框架和依据，指导他怎么去做。（I - A - TZ - 1227）

1. 艰苦的手写阶段

IEP 是围绕学生个人需求而制定的教学计划，因此内容通常包括学生基本信息、现有各项能力评估、特殊教育需求、教育发展长短期目标等，是十分具体和烦琐的工作。即便在 IEP 的发源地美国，也有对 IEP 文本工作的各种抱怨和批评，甚至认为 IEP 是"waste of paper"。[1] 在 X 培智学校刚开始推行 IEP 时，教师们通过专业培训了解到 IEP 的大致构成部分，在模仿借鉴的基础上，开始了漫长又艰苦的手写 IEP 阶段。

很多较早进入学校工作的教师均对手写 IEP 表示出抵触排斥的态度，但即便如此，IEP 仍然是一项需要逐字逐句推敲，按照要求完成的任务。

> 我当时特抵触这个 IEP，我说怎么这么烦，因为教学中有些东西还是存在变数的，不会说我这一写就落地了，比如有的目标不太合适，我可能要微调的，那会 IEP 都是手写的，要一调，那一整张纸就得调，就等于那张纸都白写了。刚开始真的是挺不接受这事儿的。而且校长还要特别认真地看，就真是对着你们班几个人的 IEP 逐个看，

---

[1] Cooper P. Are individual education plans a waste of paper? [J]. British Journal of Special Education, 1996, 23 (3): 115 - 119.

"哎，你这俩目标怎么完全一样啊?"就是这样的，后来我说哪那么多不一样啊。(I－T－HHI－1222)

2. 电子化表格规范

手写 IEP 给教师增加了非常大的文本撰写负担。随着科技手段的发展，学校在 2005 年前后开始实行 IEP 电子化表格，并聘请专家对教师们就如何撰写 IEP 进行持续培训，以减轻教师撰写压力，缓解他们对 IEP 的抵触，从而提升教师对 IEP 的接纳程度。

> 2005 年前后，开始慢慢实行电子化的表格了，也是一项一项学，老师们一起研究琢磨出来的。那会儿教研主任会带着咱们老师学习，也请专家到学校来逐项地给咱们老师去讲，每一项要怎么去写，每一项里边的重点要怎么才能写清楚，去呼应这个项目的主题。包括到现在对于 IEP 表格的使用、培训和学习，咱们也都是不放松的。当时写的时候确实也挺发愁的，因为那会我还是一线老师，感觉讲的时候我听明白了，但是真正在实践操作的时候，我就又会不知道怎么去写了。(I－A－NX－1221)

与此同时，学校也尝试对文本撰写的格式进行更加严格规范的要求，在教师研讨和教育实践的基础上，修订出相对统一的 IEP 表格，以此规范 IEP 的发展，减轻教师的文本撰写工作量，便于 IEP 在校内的推广和落实。

> 学校在具体推行 IEP 的时候，最开始想到的就是去规范 IEP 的表格，用表格的方式去固定 IEP 的流程，方便老师们依照表格所框定的程序去执行。比如学生发展现状到底都要去做哪些分析，教师家访需不需要访谈表，主题单元怎么和 IEP 目标结合起来，等等。(I－A－TZ－1227)

（三）IEP 日常监管："校长把关"

制度的落实通常离不开领导者的重视和推动。在 X 培智学校 IEP 制度确立的过程中，前几任校长起到了至关重要的作用，在他们坚持不懈的推进和监督下，IEP 逐渐发展成学校教师自觉遵守的教学传统。

1. 几任校长的坚持推进

除了政策、实践方面的要求和专业力量的支持，X 培智学校 IEP 的发展还离不开建校之初几任校长对科研的坚持以及为此营造的刻苦钻研的学习氛围。在访谈中，多位在学校工作时间较长的教师也都表达过上述观点，认为校长的领导和学校传统是推进 IEP 发展的重要因素，具体表现在以下方面。

首先，几任校长都表现出对 IEP 的强烈重视，他们有着浓厚的教育情怀和前沿的教学观念，认可 IEP 的理念，将 IEP 作为学校的首要工作来抓。有教师表示"那时候的几任校长在普教就是很好的教育者，然后进入特教，他们比较有教育情怀，而且认为特殊教育和普教不一样，有自身的特点，所以从那个时候起他们就开始抓 IEP"（I – A – TZ – 1227）。还有教师将 IEP 的开展和分组教学进行比较，认为校长在学校改革中非常有见地，男士尝试："当时咱们学校的领导在教学观念方面很前沿，别的学校没有做的我们就开始做，你像咱们就是全市第一个搞分组教学的。当时我刚上班吧，对这个还不是很了解，人家让我分组我就分组了，后来慢慢地才知道，说别的学校不是很愿意做这个，因为这事是很累的，但是咱们学校就率先开始做。做 IEP 也是。"（I – T – MAI – 1215）

其次，除了重视以外，校长还以身作则肩负起 IEP 质量监督的工作。刚开始推行时，教师们对 IEP 的陌生感和 IEP 本身的烦琐性注定了它的制定实施不是一件简单的事情，光有鼓励和倡导是远远不够的。校长们也充分意识到了这一点，于是在实践中手把手教导，监督教师们的 IEP 撰写。很多教师都对此印象深刻，"那时候可能就是摸着石头过河吧，一开始真就是不会写。领导带着我们写，就说'下班留下咱们写一条是一条，今天先写这一个孩子的'。说实话，那会儿我觉得写得挺费劲。那时候领导周六日休息，就让我们上家里去，看着我们写。我写一个目标，他教一个，真是手把手教了。比如目标是'熟练掌握',他会问'你觉得熟练什么?怎么样才算熟练掌握?'真是逐字逐句地去推敲这个计划怎么写,然后每个孩子就这么写下来"(I-T-MAI-1215)。

还有教师表示 IEP 的反复修改和琢磨是一种常态化的工作。"我们那会刚开始推行 IEP 的时候,大家都不太会写,校长看这个地方不行,不行就改去,就是一份 IEP 我们都改三稿五稿,而且手写,那时候没有电脑,手写,写完了不成,不合格,你还得琢磨哪儿不合格。"(I-T-ZYC-1228)

2. 自觉遵守的学校传统

如同所有新事物的发展一样,IEP 在刚开始推行的过程中面临着许多困难,比如教师对 IEP 不理解、缺少专业指导、工作量大而人手少等。但由于几任校长对 IEP 的坚持和学校扎实教学的氛围,IEP 得以一直发展下来,并在教学中凸显出日益重要的作用,最终 IEP 成为 X 培智学校延续至今的传统。

> 我刚工作那几年 IEP 全部都是手写,拓本纸也不能拓,因为那时候我们老校长要求我们这么做,就是对制定 IEP 非常重视,从一开始就是,咱学校还是挺有这个传统的,一直对 IEP 都挺重视的。我印象特别深,像我一来就是一个孩子的 IEP 得有十几页,全部都手写。(I-T-YMM-1218)

这一点在对不同的教师访谈中均得到验证。

> 咱们学校一直对 IEP 非常重视,我 2001 年刚来学校的时候,带的是一个高年级班,班里十五六个孩子。当时学校的要求是全员制定 IEP,就是我一个老师得写十几份 IEP,而且都是手写,工作量确实非常大。但我看到其他老师一下子定十几个孩子的 IEP,也是认认真真在做,还要体现出每个孩子的个别化,所以这种传统一直延续下来。(I-A-NX-1221)

二 融入制度："IEP 是教学文本也是管理工具"

除了将 IEP 本身作为一种教学制度在全校范围内强制执行，X 培智学校还将学校原本既有的教学、德育、管理等各项制度进行调整，以便与 IEP 的实施相结合。通过全方位的制度调整，IEP 成功融入学校工作制度，指导并规范着学校的日常教学和管理活动，成为"学校发展的指导思想"（S–S–学校报道–IEPKC）。

（一）"教案提交制度"：IEP 的教学检查

教案管理系统是指导监督教师日常教学规范的重要方式。X 培智学校在发展过程中非常重视教学资料的整理提交，形成了相对制度化的教案管理系统。在个案学校，教师们需要提交的教案主要包括但不限于表 3–1 所示。

除去学生的 IEP 文本，教师在每个月初需要提交当月的单元主题教学计划、教学活动设计、展能活动计划等，月末提交各项教学、教研活动总结反思等。这些材料由教师个人上传到校内局域网，供全校同事交流监督。材料提交并不是教案提交制度的终点，IEP 文本提交的目的在于反馈完善。个案学校每个月会召开一次教研组长的例会，例会的主要内容是反映当月教师教学资料的质量情况，由各组教研组长先汇报，再由学校教研主任进行总结并反馈资料抽查的建议，最后再反馈给教师本人（见表 3–2）。

表 3–1　教学材料提交一览

序号	教学材料	与 IEP 关联
1	学生 IEP 计划表	学生 IEP 完整套表
2	教学单元统整表	不同学生 IEP 目标统整表
3	单元—主题教学目标计划表	教学目标源于 IEP 目标
4	教学活动设计表	基于 IEP 目标的教学设计
5	教研活动反思表	对 IEP 目标达成与否的反思
6	展能活动计划	结合 IEP 目标设计活动内容
7	评估计划活动表	评价 IEP 目标是否达成

续表

序号	教学材料	与 IEP 关联
8	班主任活动手册	结合 IEP 目标进行班级管理及德育
9	……	……

表 3 - 2　教研组长检查教学资料意见反馈

教师姓名	检查项目				
	IEP	教学活动设计	展能活动设计	听课记录	其他
备注					

请将评价结果用符号标注在相应检查项目中：√好 Δ 较好 O 一般 Φ 较差

　　各个教研组长和学校教研主任会对教师提交的教学材料，尤其是 IEP 文本进行互相检查和指导，从数量、质量、学科领域均衡性等方面探讨 IEP 目标制定的适恰性，并在教研活动中给教师们反馈。在笔者访谈教研主任时，教研主任提供了 2017 年 10 月的检查教学资料意见反馈表（见图 3 - 1），并做了相关说明。

　　　　当时主要检查了两大项，一个是 IEP，另一个是教育活动设计。在 IEP 里我会重点关注 IEP 目标分解细化得合不合适，实际操作性如何，目标数量恰不恰当，还有均衡性问题，就是 IEP 目标是否顾及国家课标要求的六个主要学科。比如说这个老师写的目标是"普通话朗读简单句""大声读指定句子"，那我的疑问就是：你所谓的简单句，什么是简单句式？字数上的还是结构上的？大声读指定句子，大声的标准是什么？所谓的指定句子，这个句子是长句是短句还是其他什么？再比如这个老师，他的教育重点是 8 条，长期目标是 11 条，到短期目标又变 8 条了，这样明显不符合规律。所以抽查时遇到类似于这样的问题，我会在看出来之后罗列记录，汇总成一个表格，再和老师们反馈。（I - A - NX - 1221）

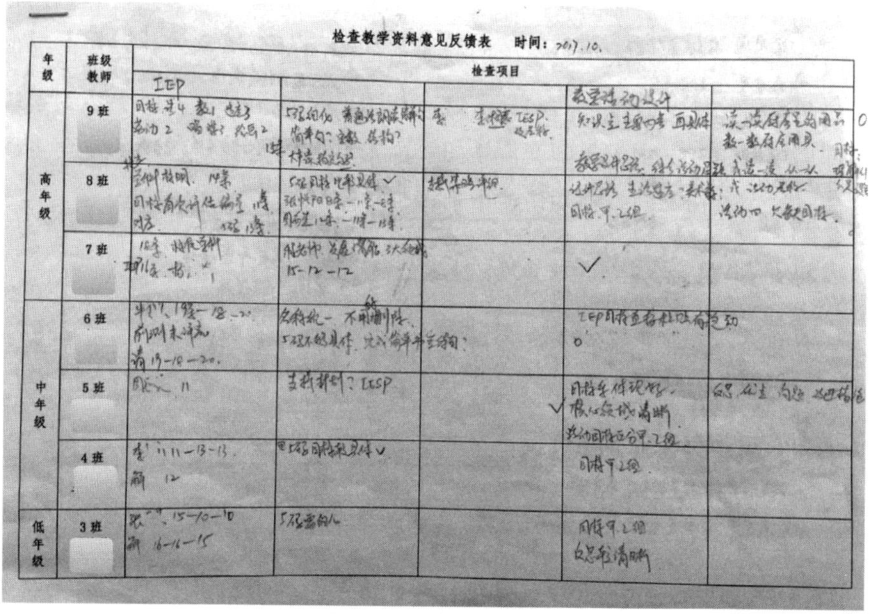

图 3 - 1　2017 年 10 月检查教学资料意见反馈表

通过教案提交制度，个案学校将 IEP 与教师的备课过程紧密地结合在一起，让教师们在备课的每一个步骤和环节中都时刻谨记学生的 IEP，并将 IEP 的目标落实作为教学活动的主要目的。同时，个案学校借由教学材料检查反馈，将 IEP 撰写的合理性和有效性进行进一步提升，极大地促进了 IEP 在各个教学具体环节中的嵌入。

（二）"教学研讨制度"：IEP 的质量把控

教学研讨活动是 X 培智学校推进 IEP 实施、保障 IEP 质量的重要方式。教研活动是 X 培智学校延续多年的传统，也形成了相对稳定的校本教研组织体系和相应的教研制度。

> 我们很早就形成了一个学校研讨机制，就是每天学生下课回家以后，老师们一定会有一个半小时的时间留在学校，以团队的方式来打磨 IEP 和教学。（I - A - TZ - 1227）

学校有专门的教研主任，每个学段都有相应的教研组长，每学期制定各教研组以及学校层面的教研计划，并在期末进行教研成果交流和总结反思。每周至少举行一次年级组内的教研活动，围绕教学科研活动中的问题进行交流讨论。所有教研活动都需要有相关的文本记录并及时上传到学校内部局域网，方便全校教师交流学习。而 IEP 始终是教研活动的重要主题之一，这一点在不同教师的访谈中都得到了印证。

> 学校一整年的教研活动都是围绕 IEP（进行的），从怎么做 IEP 到目标如何细化分解，怎么分析学生、怎么设计教学活动，老师们集思广益，大家互相出主意，你这个目标应该怎么定，合不合适啊，活动怎么设计啊，感觉每天脑子里都有一根弦，就是在琢磨 IEP。(I－T－MAI－1215)

> 我们会对 IEP 进行教研组讨论，专题式的讨论，咱们学校将近有一个学年或者几个学期，教研的重点就是个别化教育计划的制定与实施。咱们一直都是在用 IEP 来做教研的抓手，把它当成一个教研的专题，老师们就是到学校来，你写的是 IEP，讨论的是 IEP，研究的是 IEP，实践的还是 IEP，就是专项地进行落实。(I－A－NX－1221)

在教研活动中，不仅涉及对本校教师 IEP 制定和实施质量的交流评价，还有对于"高质量 IEP 应当是什么样的"的讨论和学习。笔者在个案学校的两个学期，正值《培智课程标准》全面实施阶段，作为试点示范学校和教材开发组的成员，个案学校积极研究课程标准的分解落实与配套材料研发问题，即便在这个以课标为主的时期，IEP 仍然是学校教研活动中不可缺少的一部分。从学校的教研计划中就可以看出，学校不仅将 IEP 作为重点，还具体列出推进途径和方式，便于落实与监督。

> 本学期继续以个别化教育思想、支持性教育等理念为指导，围绕"个别化教育目标的有效制定与实施"的研究重点，巩固运用课程本位评估结果，精准制定个别化教育计划，总结成功经验，深化综合课程的研究成果。具体推进途径如下。

第一，查缺补漏，整理课程本位评估结果。其一，9 月 2 日~9 月 9 日，各班级交接、整理上学期末课程本位评估结果，对未施测学生及新生进行补测。其二，9 月 9 日上交班级整理后的课程本位评估结果。

第二，运用课程本位评估结果开好个案会。其一，9 月 12 日~9 月 23 日以班级为单位召开一名学生（与以往个案不重复）的个案沟通会，与家长、任课教师分析学生特点与需求，明确学生本学期的学习重点。具体要求：在个案会前年级组需召开预备会，反馈上学期实践的优势与不足，对本学期开好个案会的实践重点达成共识。确定个案会时间、地点，拟定个案会提纲，明确个案会目的、任务，与家长做好会前沟通准备工作。其二，9 月 23 日上交班级个案会资料。

第三，梳理结果，精准制定 IEP、IESP。其一，每位教师制定 4 名学生的 IEP。其二，10 月 8 日上交 IEP、IESP。[①]

（三）"人人做课制度"：IEP 的示范评比

"人人做课"是个案学校提升教学质量、促进教师专业水平的重要方式。"人人做课"是指教师对某一节课进行深度研磨，经过选题、备课、研讨，最终在全校展示的公开示范课。"人人做课"通过对一次完整的课堂教学进行准备、实施和反思，帮助教师，尤其是青年教师迅速掌握教学程序，选用恰当的教学组织形式和策略，在教学中领会 IEP 的目标制定、落实与评估。"人人做课"与学校的教研活动紧密结合，通过教师之间不断地讨论、交流，推进 IEP 的制定和落实，学校也会单独为"人人做课"制定工作计划并持续推进（见表 3－3）。

在"人人做课"的基础上，学校定期举办专门的"智爱杯"青年教师基本功大赛，并将比赛时间安排到学校工作规划中（见表 3－4）。大赛考核主要包括 5 个部分：日常工作和师德师风（30%）、特教理论考核（10%）、IEP 制定及说明（20%）、上课表现（20%）、教学活动设计及说

---

① 节选自 X 培智学校 2016~2017 学年第一学期教学工作计划。

课（20%）。评比采用积分制，邀请校外专家参与，通过专家评、领导干部评、教研组长评等形式推出一、二等奖，期末进行奖励。

表 3 - 3　中学段"人人做课"工作计划及推进措施

时间	研究重点	具体形式
3 月	确定个人研究点，撰写子课题计划	1. 依托组内教研重点，结合本班学生实际情况确定个人子课题 2. 结合 MH 老师申报的区级课题制定个人子课题计划
4~6 月	1. 收集教学片段或教学案例，并随时进行资料整理 2. 围绕个人研究点，开展班级内的实践研磨活动 3. 依托教研组活动进行支持策略的选择与使用专题研讨	1. 依托"人人做课"活动，将 IEP 和 IESP 目标落实在课堂教学实践中 2. 结合"智爱杯"赛课活动开展同课异构，深入研磨教学基本功
7 月	1. 统整本学期的课例、案例以及教学片段等教学资料，撰写案例分析或论文 2. 总结 IEP 和 IESP 中长短期目标的落实情况	1. 注重平时教学案例的积累与分享并及时整理，指导日常的教育教学工作 2. 通过设计多种形式的评估活动检验 IEP 长短期目标在综合课和社会实践中的有效落实情况

资料来源：2016~2017 学年第二学期中学段行政教研计划。

表 3 - 4　第三届"智爱杯"课堂评优竞赛活动时间安排

阶段	时间	具体形式
组内推优	9 月	组内教师研讨教学研究重点，上报做课内容、时间
	10 月	组内共研磨，教师齐参与。人人做课，通过现场听课和观课等形式进行组内评优，通过组内自评、互评等形式各组推出 2 节课参加学校评优活动
校级评优	11 月	开展第三届"智爱杯"校内评优。参与评优课教师与组内教师在教研组长带领下共磨一节好课，11 月中旬做校内评优课，通过专家评、领导干部评、教研组长评等形式推出一、二等奖
校内总结	12 月	进行"智爱杯"课堂评优活动总结与研讨，在组长带领下分享经验，总结组内做课呈现特点、存在问题和改进方向

资料来源：根据 X 培智学校 2016~2017 学年第一学期教学工作计划整理。

除校内评比之外，X 培智学校还积极搭建平台，鼓励教师参加校外各种教学竞赛评比，通过与其他学校同行交流，提升教学技能，推进 IEP 发展。比如 2012 年北京市举办特殊教育学校教师基本功大赛，其中明确要求将 IEP 作为特殊教育教师基本能力指标之一进行考核评估，X 培智学校积极参与，取得非常好的成绩。

> 咱们学校特别支持老师工作，给你搭建了平台，有什么活动都鼓励你参加。比如要参加一个比赛，除了校内老师们的磨课，学校还会把专家、教研员请进来，帮助你分析，给你提一些建议。所以咱们学校每次参加教学大赛的成绩都特别好。（I－T－MAI－1215）

（四）"课题申报制度"：IEP 的系统钻研

"科研兴校"是 X 培智学校发展的指导思想之一，也是 X 培智学校的发展特色。X 培智学校一直都通过各种方式积极申请参与区、市乃至更高层级的教研课题，通过课题带动教师教学、科研能力的提升，促进其专业化发展。据统计，个案学校在"九五"期间立题 5 项，"十五"期间立题 6 项，"十一五"期间立题 11 项。教师们也表示课题研究制度是学校工作的重要组成部分，几乎所有教师都会主持或参与到课题研究中，这是一项"不成文的规定"。

> 咱们学校一直有做很多科研课题，有不同的老师负责，我们参与其中，既是研究者也是实施者。在这个过程当中，就会有学习交流和研讨，肯定也需要有成果，所以就会拿研究结果、工作实践去做总结，形成论文。（I－T－MAI－1215）

IEP 课题研究是重中之重。学校从 1989 年起就开始了 IEP 的相关研究，1990 年申报了"因材施教"的科研课题探讨个别化教育思想理念，"十五"期间学校申请了"个别化教育计划在培智学校的实践研究"课题，如期结题后，学校在"十一五"期间又立项"个别化教育在培智学校实践研究",持续深入地对 IEP 进行探索,取得了一系列成果。

> 我们学校出过很多论文集啊、手册啊,有的有书号,有的就是打印结集成册,给老师们交流,光 IEP 就出过好几本。(I－T－MAI－1215)

(五)"听'推门课'制度":IEP 的监管落实

如果说教学材料检查是对 IEP 文本质量的检查,那么听"推门课"就是对 IEP 是否落实在课堂教学实践中的检查。听"推门课"是指校长、教研主任等教学管理者在没有事先通知的情况下推开班级教室的门直接听课评课的做法。这是个案学校例行的校内教学质量检查制度,会列入学校每学期的工作计划。

> 严格执行听课、校内督导制度。本学期将继续执行听课、巡课制度,深入课堂听课,听评课结合。组长每月听课最低6节,教师每月听课最低2节。每月底按时上交听课本。在听课、巡课、校内调研过程中,注重是否准时上下课、教学准备充分、教学资料完备、与计划相符等内容,听课后有反馈。[1]

在 X 培智学校的教学实践中,管理者要求教师把当月的教学资料上墙展示,同时听"推门课"的教师也会带着教师们提交在系统里的教学资料去听,通过 IEP 文本资料和课堂教学现场的对比,评估 IEP 目标的制定是否恰当、是否在教学中逐一落实。

> 我们的传统就是每学期要有一次考核课,相关的教学材料包括 IEP,单元计划、月计划、周计划那一套表,要公开给所有听课老师打分的。平常每个月都要有推门听课,就是不打招呼完全随机的。学

---

[1] 节选自 X 培智学校 2016~2017 学年第二学期教学工作计划。

校里面教学主任、校长，反正所有行政干部都有这个权力，他们每个月都有听多少节"推门课"的任务，那时候校长基本上就是天天在各个楼道转，转到哪个班就进去听，听完马上就拿着学生的 IEP 和教学备课本，去和听的课做比对。（I－A－NX－1221）

严格的质量监管机制给教师们造成一种随时随地面临检查的状态，产生较大的教学压力，但学校的领导认为这种方式是重要且必要的，因为"培智教育没有考试，它没有统一的尺子去衡量，特别容易落入随意性，这种'推门课'有助于规范老师们的教学（活动）"（I－A－TZ－1227）。将 IEP 的日常执行归入学校教学质量检查制度中，有效地加强了教师对 IEP 的重视程度，提升了 IEP 的执行质量。

> 我们谈 IEP 质量监控和评价，肯定少不了课堂教学质量。课堂教学有教学部门的日常监控，就是"推门课"。虽然大家对"推门课"有不同的看法，但是我们一直坚持着，可能咱们学校的老师也习惯了，因为从传统上来讲一直就是这样做的。除了这个日常质量监控，我们还有期末教学质量评价，在制定 IEP 的时候是多方人员参加的，那么在期末评价的时候也要多方人员评价，所以我们也会把家长请进来。（I－A－LLM－1227）

（六）"德育辅助制度"：IEP 的目标渗透

德育活动贯穿于学校生活日常，德育制度是学校制度的重要组成部分。在个案学校的 IEP 实施过程中，德育活动也是不能错失的重要组成部分。学校每月都有相应的德育活动主题，各个班主任根据班级学生的实际情况，结合主题开展班会、队会活动，并按月提交德育计划，最终按学期汇总形成《班主任手册》（见表 3－5）。德育活动的开展方式多种多样，除班级每周固定举行的班会、队会，还有全校范围的特色活动，如戏剧节、融合活动、主题展演、国旗下讲话等。

表 3 – 5   德育班会主题安排

月份	学校德育主题	班级德育主题
9	我爱我家	自己的事情自己做
		居家安全
10	我爱祖国	我爱祖国
		交通安全记心间
11	我爱北京（上）	北京小吃我了解
		消防安全教育
12	我爱北京（下）	北京胡同我了解
		冬季户外活动安全教育

资料来源：2017～2018 学年第一学期 2 班《班主任手册》德育班会主题。

上述德育活动的设计和开展都会有一个隐形的原则要求，即考虑学生的 IEP 目标。比如 2 年级的石同学被班主任作为本学期的典型个案学生加以特别关注和支持，其 IEP 目标如表 3 – 6 所示，其中部分目标，在《班主任手册》的学生心理辅导计划中有所涉及（见表 3 – 7），这充分说明班主任在开展德育活动时会最大可能地兼顾实施学生的 IEP 目标。

表 3 – 6   石同学 IEP 长期目标汇总

编号	长期目标内容
1.1.1.1	能在别人对自己讲话时注意倾听
1.1.1.2	能听懂常用的词语，并做出适当回应
1.1.1.3	能听懂简单的句子，并做出适当回应
2.1.2.1	在现实情境中，理解 10 以内数的含义，能数、认、读、写，强调手口一致地点数 10 以内的物体
3.1.1.1	认识常见的食物
3.1.1.2	认识常见的餐具，并会整理
3.1.1.13	知道自己的姓名、性别、年龄等基本信息
3.1.3.11	遵守纪律，养成基本的学习习惯
4.1.3.1	打扫教室
5.1.1.2	能对音乐做出反应

续表

编号	长期目标内容
6.1.1.1	尝试用点、线、图形和色彩进行绘画活动，初步学会涂色
7.1.1.1	学习运动保健课堂常规并能参与各项体育活动

资料来源：2 班石同学 2017～2018 学年第一学期个别化教育计划。

表 3 - 7　学生心理辅导计划

针对的主要问题	不会聆听指令、不能按照要求做事情
目标	能够听指令按照要求参与班级活动
措施	1. 本学期利用每天进校、上操、拿饭、如厕、上课、放学这 6 项活动反复进行听指令排队的强化训练，并及时进行评价 2. 日常教师的示范与学生的模仿训练并行 3. 在放松中进行训练：安排运动、听音乐、听故事、桌面游戏，在放松过程中训练听指令做事情
实施效果	●9 月——听指令会点名答到； ●10 月——听指令排队； ●11 月——听指令问好（进校黄线处问好、上课起立问好）； ●12 月——听指令整理玩具（把……放在……）

资料来源：2017～2018 学年 2 班《班主任手册》中个案学生的心理辅导计划。

个案学校认为"学生的个性培养也是跟个别化计划相对接的"（I－A－NX－1221），因此在学生发展中，某些教学无法达成的个人发展需求目标，需要经由德育活动来辅助完成。学校规定班主任教师为学生制定个别化行为养成计划，"它是配着个别化教育计划来的，但更多的是从好行为好习惯这个角度来说的"（I－A－NX－1221）。具体做法是要求班主任把班级学生的行为养成计划制作成一张大表，张贴在班级墙上。表格包括班级内每位学生的行为计划，比如在学期初制定一个良好行为习惯目标，将其分解到 4 个月当中，每个月是一个小目标，往下细化，教师用代币制或者其他奖励机制去呼应行为计划表。"而且有评比，每周都有小评比，每个月也有一个大评比，通过这样的一种形式，从德育这个角度来帮助学生养成良好行为习惯，侧面落实 IEP。"（I－A－NX－1221）

这种德育活动渗透 IEP 目标的方式也得到很多教师的认可，他们认为培智学校的教育应当是这种寓教于日常的方式。

我觉得这个 IEP 目标还是时刻都得练，不是说只在一节课中。比如课上我要求学生说完整的话，下课或者其他活动中我就不要求了吗？那肯定也是要要求的。比如说我们班的杨同学经常就会说"再见"，我就会问他"跟谁"，然后他说"爷爷再见"，我要求他把话说完整。其实有的人就会觉得说再见也行啊，但是我的 IEP 语言目标是要求他"完整地说"，而且从礼仪上来说，他也要有这个跟谁说话的意识。所以像这种情况，我可能就不会在目标实现上写得特别详细，但我通过班主任的德育活动来渗透，就是希望不要浪费他们在学校的每一分钟。（I - T - HHI - 1222）

第二节　规范程序：嵌 IEP 进培智教学实践

明确的行为制度是 IEP 在培智学校本土化的基础和前提，除此之外，X 培智学校在 IEP 制度本土化的过程中，结合我国培智学校教学实践，对 IEP 的原有实施程序进行了调整优化，形成了特有的 IEP 发展模式。这一模式将 IEP 与培智教学紧密联系，使得 IEP 成为学校教学的既定成分。教师是课程教学的具体实施者，IEP 也自然构成了个案学校教师专业行为规范的重要组成部分。这极大地促进了教师对 IEP 的理解和落实。

一　紧跟课改：以培智课程体系规范 IEP 框架

作为基层教育组织单位，X 培智学校从组建起就没有停下过课程改革探索的脚步。从 1986 年开始对普通学校教材删繁就简以便适应教学，到 1994 年《教育训练纲要》实施中度智力落后学生教学改革，到 2002 年六大领域（沟通、认知、适应、劳动、运动、娱乐）下的主题教学实验，再到 2009 年开启包班制综合课程改革开发，直至 2016 年《培智课程标准》颁布后落实课程标准，X 培智学校始终处于我国培智教育课程教学改革的前沿，以落实国家课程方案、提升教学质量为己任。在这个过程中，IEP 作为教学内容改革和实验的重要抓手，配合并支撑着个案学校的课程教学发展。

（一）IEP 调整宗旨："紧跟课改步伐"

IEP 作为 X 培智学校教学质量的抓手，其发展一直紧随着学校的课程教学改革步伐，具体表现在以下方面。

1988 年，个案学校在《教学计划》的要求下开始实施分组教学，由此开启 IEP 探索之路。1994 年《教育训练纲要》颁布后，培智学校开始实施中度智力落后学生教学改革，针对智力残疾学生的特点规定了培智教育的三大教学领域：生活适应、活动训练和实用语算。同时改革"扩大了地方和学校课程安排的自主权……部分学校开始探索校本课程的开发和实施"。① 在这样的背景下，X 培智学校开始展开六大领域的主题教学实验，同时开启全员制定 IEP 的实践，并在教学改革过程中编制了一套校本课程纲要。这套纲要标准也成为教师们在制定 IEP 时的主要参考依据。

> 原来咱们有一套叫校本的课程纲要及课程标准，包括九年义务教育阶段和职业教育阶段，是咱们学校（一九）九几年做主题单元综合六大领域教学实验时出的。当时和香港合作办课题，把香港的领域教学引进到学校里面来，在这个基础之上形成了咱们学校的六大领域的课程标准。这个课程标准是老师们制定 IEP 的重要参考，很多目标都来源于此。（I – A – MIQ – 0104）

2007 年教育部颁布《培智课程方案》，对培智教育的培养目标、课程设置原则、课程设置等内容进行进一步细化和规范。2009 年 X 培智学校开始实行包班制综合课程开发，尝试由两位教师包班负责全班学生的综合课程教学。综合课程改革提升了教师之间教学交流的融合度和紧密性，打破了原本教师各自为学生制定单领域 IEP 的做法，学校开始尝试 IEP 的"团队打磨"方式，即多位教师讨论制定学生的 IEP 目标，形成以学生为中心的一套完整 IEP 文本。

---

① 黄志军，曾凡林，刘春玲. 新中国成立 70 年来我国特殊教育课程改革的回顾与前瞻［J］. 中国特殊教育，2019（12）：3 – 11.

> 综合课要求老师包班上课，和音体美专业课不一样，那写 IEP 肯定就要商量着来，不能你写你的学科，我写我的学科，那课就没法上了。（I－T－ZYC－1228）

2016 年，教育部出台《培智课程标准》，对生活适应、生活数学、生活语文等 10 个科目分别制定了课程标准。X 培智学校及时组织骨干教师参与研讨，对新课程标准进行解读、细化。细化后的课程标准也替代了原有三大领域课标，成为教师制定 IEP 目标时的参考来源。

> 咱们现在用的 IEP 的目标是新课程标准，它是分科的，跟我们原来用的北京市的那个标准不一样，那个是按领域的。新课标出来以后，校长放假把我们叫到一块，先做课标解读，做完课标解读，我们就把这些重新都编码了。最后我们形成了一套现在自己用的课标编码系统，老师们就觉得轻松多了，不用每个老师自己去琢磨、去想内容。（I－T－YMM－1218）

由上述变迁可以看出，IEP 的每次重要调整和优化都是在课程改革的指导框架下进行的。从以教师为中心的全员制定单领域 IEP，到以学生为中心制定 IEP，最开始的变动契机都是由课程改革带来的，而 IEP 的内容依据和目标来源也都会依照历次课程改革进行适当的调整。

（二）IEP 目标来源："以课标为指导"

除了紧跟课程教学改革以外，X 培智学校的 IEP 发展始终遵循着课程标准的指导框架。从学校自编的课程纲要和课程标准，到北京市推行的《培智课程标准（实验稿）》（简称"三大领域课程标准"——智能发展领域、社会适应领域、生活实践领域），再到 2016 年教育部出台的《培智课程标准》，IEP 的评估、目标选取、效果评价，都以上述标准为核心准绳。

学校最早在《教育训练纲要》等文件的指导下，采用自编的课程纲要和课程标准进行教学，教师们也据此校本课程标准为学生制定 IEP 目标。

最开始我们是根据学校的校本课程纲要和课程标准，再结合老师们定的教学主题内容，来确定 IEP 目标。（I－T－EQK－1212）

2007 年教育部颁布《培智课程方案》后，北京市据此制定并推行《培智课程标准（实验稿）》，学校的 IEP 评估和 IEP 目标制定则直接来源于上述课程标准。

后来北京市开始实行三大领域课标，就那个 600 多条（项目的）评估手册，那个目标是有细化编码的，我们制定 IEP 目标的时候就从那个里面摘，再根据学生的能力差异做一些调整。因为它有个配套的课程本位的评估手册，我们也从那个里面借鉴一些东西，老师们操作起来也相对比较顺手。（I－T－EQK－1212）

2016 年教育部出台《培智课程标准》，学校则是在第一时间做出回应调整，由于新课标的语言表述相对概括，并不像过去三大领域课程标准那样细化，个案学校便组织骨干教学力量对新课程标准逐一解读，在解读过程中将目标进一步按照知识顺序或者能力要求进行细化分解，并将其编码，形成一套更为细致具体的新课程标准编码。这样教师在制定 IEP 长期目标时，就可以在编码后的课标中直接摘取。

像我解读生活语文，它分低、中、高三个年级段，每个年级段又分 5 个领域，比如倾听与说话、识字与写作、识字与阅读，有阅读、有写作、有综合实践活动，它不都是一二三四五六七八九十嘛，我们还是按照老师比较习惯的方式进行了编码。生活语文在这个 7＋3 领域里边是第一个，那就是 1，然后再一个 1 是低学段，那就是 1.1，那中学段就是 1.2 了，然后再加上它每个学科里边的领域，就比如说倾听与说话，或者识字与写作。然后再加一个就是它本身目标后边的 1、2、3、4、5，就比如倾听与说话，就是 1.1.1.1，那这不就成 4 码了吗，老师写 IEP 的时候就可以直接在 4 码目标里选长期目标。（I－T－YMM－1218）

（三）IEP 具体实践："嵌入教学过程"

2009 年，个案学校全面实施综合课程改革，为了配合课程的开展，学校采取包班制试点，即两位教师负责全班所有学生的教学工作。经过几年的综合课程改革，IEP 逐步与教学相结合，从评估制定到落实评价，形成了一套互为补充的流程体系，并固定下来成为个案学校所特有的教学模式。在这个模式里，学生的 IEP 评估是课程本位评估，评估标准依托于课堂教学所用的课程内容，学生的 IEP 目标来源于培智教育国家课程标准，班级集体教学目标来源于对班级内学生 IEP 目标的趋同重组，教学效果的评价也以学生的 IEP 目标达成情况为依据。可以看出教学和 IEP 是环环相扣、相互交织的。

我们从 IEP 的制定到班级教学计划，到主题单元计划，到周备课、课时备课，把学校统一的备课表格里边的第一项内容都变成了 IEP 目标，要求老师把它和教学目标去匹配。其实就是增加了一栏表格，好像看不出什么来，但是在这里边我们就要求老师备课的时候心里要时刻装着学生的 IEP 目标。我们要求老师们这个学期的 IEP 目标统整表和匹配表要在班里上墙的，这样不管是听"推门课"，还是听研究课，听课老师都会到展板上去翻翻班级的 IEP 目标统整表和匹配表，其实就是看这学期班级教学计划所有的这一套是不是都跟 IEP 紧密结合。就是说老师的 IEP 目标不是张嘴就来的，比如这节课老师要讲怎么样擦桌子，那学生 IEP 要有擦拭的目标，可能还有手眼协调的目标，对吧？就是说你不能张嘴就来，是要和教学结合在一起的，不能说教学和 IEP 两张皮，也不能你想怎么定就怎么定，对吧？（I－A－MIQ－0104）

二 固定流程：用教学实践过程优化 IEP 模式

流程存在的意义在于指引行动者按照一定框架范围和程序步骤展开行动，它是对行动者行为的规范。当流程被固定下来以后，会成为行动者自发遵守的行为准则，影响着行动者的认知和理解。在个案学校中，IEP 经过较长时间的探索和借鉴，形成了学校所独有的 IEP 程序模式。这一 IEP 模式区别于国外原有的 IEP，是基于我国培智教育的相关政策，在国家规定的培智课程体系范围内，参考了国外 IEP 的学生中心理念和能力评估思想，立足于我国培智学校班级授课制的现状，结合集体教学流程而形成的教学指导体系。

（一）IEP 评估："要基于课程本位评估开展"

评估是 IEP 目标制定的基础，其目的在于全面了解学生的身心发展情况，并在此基础上了解学生的学习风格和个别化的教育需求，以便有针对性地制定长短期教学目标。在个案学校，评估的方式主要包括两种：首先是家访，其次是课程本位评估。

1. "没有寒暑假的工作"：假期家访

家访是 X 培智学校的传统做法，很多教师入职以后的第一件事情就是家访。

印象中我 7 月入职，当时的校长跟我谈话，说我们特殊学校和普通学校不一样，暑假里做家访访谈。（I－A－TZ－1227）

我 2004 年参加工作，我记得 7 月来学校办完入职就开始暑期家访。（I－A－MIQ－0104）

家访主要是对学生进行基本了解，通常是由班主任或者副班主任在开学前的暑假中进行。班主任会提前和学生家长预约，到学生家中对孩子展开观察，并对孩子的家长进行访谈。

一般在暑假的时候，跟家长、跟孩子都面对面，然后会按照咱们 IEP 上的一些要求，把基本的信息跟家长去沟通，比如学生的偏好、有没有过往病史、以前的学习经历，然后在这个过程中也会跟孩子聊聊天说说话，要问他点问题，对孩子进行一些直接观察，看看他在家庭中的实际表现，因为有的孩子在学校和在家里的表现是不太一致的，家长的反馈和教师的直接观察也可能会有一定出入，所以我们会进行家访，这样老师心里对孩子会有个初步的判断。（I - T - EQK - 1212）

可以看出，观察和访谈主要围绕孩子的过往发展水平、疾病史、行为习惯、亲子互动、教养方式、家庭氛围等展开。同时，教师需要填写《家访情况登记表》，记录访谈的目的、过程、家长反馈情况以及家访心得等内容，目的主要是了解学生在自然状态下的真实行为表现和发展水平。同时，通过观察家庭亲子互动，侧面了解家长对孩子的教育理念和期待。再者，这种方式可以拉近教师与家长的距离，促进家长后期对学校工作的配合。

但由于这种方式耗时较长，所以通常是在教师新接手一个班级或者班级中有新学生加入时采用。对于比较了解的学生，教师则采用电话或者微信等方式与家长沟通。

其实咱们（学校）的孩子在短时间内通常没有太大的变化，平时咱们也会和家长定期沟通，尤其是很多孩子一直就在咱们学校上学，所以老师们对孩子的家庭情况也都比较了解，不一定非得每学期挨个做家访，再一个有些家长比较注重隐私，不太愿意老师们去到家里。（I - T - ADG - 1218）

2. "教什么评什么"：课程本位评估

课程本位评估是特殊儿童教育评估的常用方式，课程本位评估往往以课程为参考，将课程目标进行解构细化，可以促进教师更深入地理解课程意图，将其与 IEP 相联系，有效地制定教学计划。课程本位评估重视评估的情景性，强调在自然条件下对学生的认知、情感、动作和交往等各领域表现情况进行动态考察，关注学生的差异，可以有效增强教学决策的准确性。[1]

---

[1] 谢正立，邓猛. 新课标背景下培智学校课程本位评估的几点思考 [J]. 现代特殊教育，2017（18）：40 - 45.

在个案学校中，课程本位评估是根据学校现行的课程而定的。在《培智课程标准》尚未颁布时，X 培智学校一直采用北京市推行的《培智课程标准（实验稿）》。该课程标准从人的发展性、社会性和实践性三个基本属性出发，将智力落后儿童教育总目标分为智能发展、社会适应和生活实践三大领域，依次再细分为 18 个次领域（见图 3 - 2）。每个次领域再进行分解，形成 102 个具体项目，每个项目再按照能力层级细分成 673 个教学目标，形成培智学校义务教育课程教学目标系统。

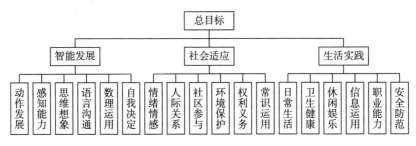

图 3 - 2　智力落后儿童教育总目标、领域与次领域结构

依据《培智课程标准（实验稿）》，北京市特殊教育中心研发了《北京市培智学校课程本位评估手册》，"为一线特殊教育工作者提供了相关课程评估的模式及标准，用以评量智力障碍学生的学习起点和各领域发展状况，旨在为其设计可行性、操作性、科学性较强的个别化教育计划"。评估手册采取《培智课程标准（实验稿）》的基本框架，将评估内容分成智能发展、社会适应和生活实践三大领域，18 个次领域。每个次领域再结合学生发展实际和培智教学特点进行分解，形成 88 个具体项目，每个项目再按照能力层级细分成 514 个教学评估目标。这样从领域到教学目标逐级细分，共形成 4 级编码（见表 3 - 8）。

评估一般在新学期的前两周集中进行。教师以《北京市培智学校课程本位评估手册》为标准，以 514 个 4 码教学目标为具体评估项目，设计一些集体或者个别的教学活动，通过观察、访谈、学生实操等方式，来评估学生在活动中的表现。评估结果划分为 5 个等级，即 0、1、2、3、4。0 指能力的最低水平，不能完成该项任务；1 代表在他人辅助下完成一部分；2 是指在他人协助下全部完成；3 代表在提示下完成；4 是能力的最高水平，指学生可以独立完成。对于刚入校的新生，评估会相对详细具体，通常会完成评估手册中的全部条目。对于已经入校就读的学生，评估时主要由教师结合本学期将要学习的课程主题，从评估手册中选取相应的教学条目，考虑本班学生的大致发展水平，设计出综合性的教学活动，通过活动对学生的表现进行具体分析。

表 3 - 8 评估目标编码（举例）

层次	结构	内容	编码	举例
一	领域	智能发展、社会适应、生活实践	1 码	1. 智能发展
二	次领域	三个领域分解成 18 个次领域	2 码	1.1 动作发展
三	项目	18 个次领域分解成 88 个项目	3 码	1.1.1 姿势控制
四	教学目标	88 个项目下设 514 个长期目标	4 码	1.1.1.1 能维持头颈部的姿势平衡

《培智课程标准》颁布以后，学校组织教师参加校内外的课程标准解读工作，将课程标准进一步分解细化，在此基础上对学生进行评估。依据新课程标准而制定的评估材料也正在研发。通过家庭访谈和课程本位评估后，每学期初各班自主召开学生个案沟通会，联合教学主管、教研组长、相关教师、家长对学生现有能力水平的分析，确定学生最迫切的教育教学及康复训练需要，达成教育教学共识。

（二）IEP 制定："要以培智统一课标为依据"

1. 从国家课标中层层筛选出长期目标

IEP 是特殊儿童课程教学的指南文件，其中 IEP 目标是指南文件的核心。在 X 培智学校的 IEP 制定过程中，为了保证 IEP 与教学的紧密结合，并有利于后期在教学中落实目标，IEP 的长期目标直接来源于《培智课程标准（实验稿）》。《培智课程标准》颁布后，长期目标则直接来源于新课标。那么如何在几百条教学目标中为学生选择合适的 IEP 目标呢？在 IEP 长期目标的制定实践中，教师们基本采用以下步骤（见图 3 - 3）。

第一步，选择个体最近发展区内的长期目标。在前测课程本位评估中，按照不能操作到独立操作分成 0、1、2、3、4 五级对学生的表现进行评量。教师会优先选择学生等级在"2"或"3"的项目，"2"或"3"级表示学生在该领域已经具备了一定能力或在一定支持和提示下能够完成相关项目，这些项目往往处在他们的最近发展区内，有较大的发展和训练可能，因此教师会筛选出这些目标并进行整合汇总。

第二步，选择适宜本学期开展教学的长期目标。教师根据最近发展区筛选出学生的目标后，还需要结合班级学生的接受能力判断这些目标能否在一学期内完成，如果目标过多，则需要进行第二次筛选。此时，筛选标准会考虑学期的学习生态环境，选择适宜本学期开展教学的长期目标。生态环境主要包括季节气温、教学条件和家庭应用条件等，例如涉及清洗类的教学内容通常不会在冬季优先学习。

第三步，征询家长意见综合分析形成长期目标。上述两步进行之后，教师会将目标所涉及的内容整合，通常形成 IEP 目标的草稿，并在开学初的 IEP 个案会上征询家长意见。最后，在综合分析的基础上，整合出一名学生的个人长期目标。考虑到教学可行性等因素，每份 IEP 的目标通常控制在 10~15 条，视学生能力情况而定。

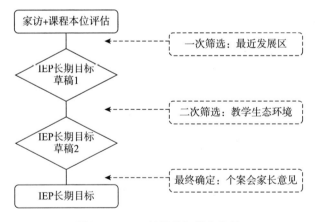

图 3 - 3　IEP 长期目标制定流程

2. 与教学单元紧密结合制定短期目标

为了保证 IEP 的目标与教学活动的密切性，X 培智学校在制定 IEP 短期目标时会结合班级课程教学活动，在班级教学内容大致确定的基础上综合考虑学生的 IEP 短期目标。具体步骤如下。

第一步，整合学生长期目标，确定班级教学内容。在制定完班级每一位学生 IEP 长期目标的基础上，教师会根据趋同原则，对班级所有学生的长期目标进行整合，将半数或者半数以上学生都需要达成的目标筛选出来。再利用教研时间，讨论分析目标中集体聚焦的内容，并根据学期教学的生态环境，初步拟定班级教学方向和内容。此时，学期内容会比较丰富和杂乱，所以教师会再次将内容梳理、排序，以情境、时间、程序等线索串起，形成一个个单元，使得教学内容之间互相联系，利于学生理解掌握。如图 3-4 所示，针对九年级学生面临毕业升学或者离开学校回归家庭的情况，结合学生的 IEP 长期目标加上实际生活的考虑，学期课程内容主要围绕毕业生活和转衔教育展开，具体目标包括证件办理、银行存取款、清洗、毕业等单元主题。

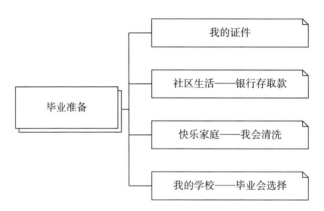

图 3-4　九年级下学期教学单元设计

第二步，细化教学内容，形成班级教学计划。如图 3-5 所示，班级教学单元确定后，教师进一步分解细化单元至主题、课题，预设主要教学内容和课时安排，初步形成班级教学计划。在实际教学中，根据教学与评估情况进行调整。

第三步，结合教学计划和内容，确定 IEP 短期目标。个人短期目标指明了学生需要学习的具体内容，因此教师在制定学生 IEP 短期目标时会围绕班级教学内容，根据学生个人能力进行分解。以下面这条长期目标为例，"能围绕某一话题与人对话"可以有很多种分解方式，在实际分解时，教师会首先考虑这条长期目标处于哪个单元下，然后根据本单元要达成的核心适应技能进行分解。如此条目标在不同单元所要求的核心内容是不同的，所以分解出的短期目标也有所不同，具体见表 3-9。这样的分解便于短期目标在班级教学中落实。每名学生能力不同，因而同一个长期目标下短期目标的分解并不相同，呈现差异性。

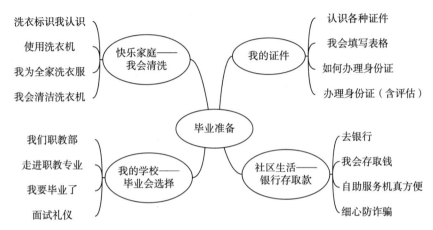

图 3-5　九年级下学期班级教学计划

表 3-9　IEP 短期目标建议

长期目标	1.4.7.8	能围绕某一话题与人对话
短期目标建议	3 月：我的证件	1. 学习认识各种证件，在认识自己的身份证、户口本信息时，能用简单语句介绍自己的家庭成员、工作或电话或家庭地址 2. 在与他人讨论时能提出自己的意见，对他人的谈话用否定、肯定、表扬加以评价 3. 能用简单语句了解申办身份证的事宜，并可以与对方做一问一答的对话
	4 月：银行存取钱	1. 课堂学习注意老师、同学的示范，观察周围事物，记忆特征 2. 能用简单语句了解办理银行卡或交水电费的事宜，并可以与对方做一问一答的对话
	6 月：毕业会选择	1. 能用简单语言表达自己的特长或想学的专业，进行面试 2. 能用简单语句介绍自己的家庭成员、工作或电话或家庭地址

资料来源：杨同学 2016~2017 学年第二学期个别化教育计划。

通过上述三个步骤，学生的 IEP 短期目标基本得以确定。由于短期目标是根据教学内容而制定的，所以通常每个月跟随具体教学计划的制定而确定、落实，如图 3-6 所示。

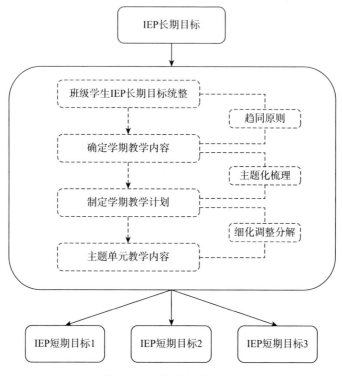

图 3-6　短期目标制定流程

3. 多方参考结合教学重点形成 IEP 文本

X 培智学校的 IEP 发展几经变化，表格也经过多次变革，其文本主要由班主任完成。使用的 IEP 表格主要遵循北京市特殊教育中心统一制作的"个别化教育计划表"，主要由两部分构成，第一部分是学生个案综合分析（见附录九：基本情况分析表），主要是对学生的基本情况和先后发展水平进行记录分析；第二部分是学生的长短期目标。

学生个案综合分析表格共有 12 个大项目，主要涵盖学生的基本家庭资料、身心健康情况、学习情况分析（见附录十：学习情况分析表）、教育重点及教学建议、家长期望及小组签名等内容。其中，教育重点基本来源于《培智课程标准（实验稿）》以及后来的《培智课程标准》，且经历了从领域目标向分科目标的转变，而 IEP 的长期目标基本等同于教育重点。

长期目标与《个案综合分析表》中第九项"教育重点"内容相同，同时注明评估时间和评估标准。IEP 长期目标一般包括两次评估，首次评估在开学前两周集中进行；期末评估在学期课程结束后进行。短期目标则更为具体，通常是结合学期的课程主题活动，将长期目标进行分解，在分解过程中会考虑能力层级或目标实现时间长短等因素。从收集的 IEP 来看，长短期的目标都相对概括化（见表 3 – 10）。

表 3 – 10　长期目标及其分解示例

类型	目标内容
长期目标	1.1.3.10 会诵读诗歌（儿歌、古诗）5～10 首
短期目标及对应单元	认识自己——灵活的四肢：会诵读童谣《四肢上下分得清》
	美丽的大自然——动物园真热闹：能诵读描写动物特征的童谣
	我们的学校——身体不舒服怎么办：能诵读描写疾病特征的童谣
	食品与营养——多吃蔬菜，保健康：能诵读有关蔬菜特征的儿歌
	快乐家庭——清洁用品，分得清：能诵读有关清洁卫生用品使用的儿歌
	节日——元宵节真热闹：能诵读描写元宵节的儿歌

资料来源：叶同学 2017～2018 学年第一学期个别化教育计划。

（三）IEP 实施："要贯穿学校所有教育活动"

作为教学指南和依据，如何通过课堂教学来落实 IEP 的目标，是 IEP 实施的关键。为了确保 IEP 目标能够与教学相结合，并对课堂教学起到指引作用，X 培智学校采取了一系列措施，如教学目标匹配、教学组织形式多变和教学策略的差异化等，全方位配合 IEP 在课堂中的落实，力求不使 IEP 沦为空头文件。

1. 层级化备课体系匹配 IEP 目标

若要将 IEP 目标通过教学落实，首先要使 IEP 目标与课堂教学活动产生联系。在几十年的探索实践中，X 培智学校采取的方式是在制定 IEP 目标时考虑教学活动，在备课时分解 IEP 目标成为教学目标，在教学时直接以 IEP 目标为评价依据。将 IEP 纳入备课、教学、评价等所有环节，有层次、系统地嵌入日常教学活动中。具体做法如下。

首先，以班级学生 IEP 目标为依据制定学期教学主题与内容。这一点在上一节 IEP 制定过程中已有所述，教师在对学生进行课程本位评估后制定学生的 IEP 长期发展目标，然后按照趋同性原则统整班级所有学生的 IEP 目标，再由教师依照时间、情境、程序等逻辑线索组成不同的教学主题单元。每个主题单元涵盖不同的核心知识技能，教师会依照学生的能力水平，将学生的 IEP 目标按单元教学内容进行分解，形成 IEP 短期目标。这些 IEP 的短期目标构成了主题单元的教学目标。以个案学校九年级为例，班级里共有 6 名学生，教师将 6 名学生的 IEP 长期目标汇总整理，结合教学单元规划形成"主题单元统整"表（见表 3 - 11），有些目标是班级所有学生共有，有些是能力水平相似的学生共有，有些是个别学生独有。在此基础上教师会根据单元教学内容和学生能力，将长期目标分解成短期目标，即单元教学目标，并以"单元—主题教学目标匹配"（见附表十一）表格形式呈现出来，指导周计划和每日活动设计。

表 3 - 11　主题单元统整

长期教学目标		学生目标						单元
编号	内容	王	博	文	孙	段	刘	
1.3.2.5	能根据材质进行物品配对分类			△	△	△	△	
1.3.3.3	能依据事件发生的顺序进行排序				△	△	△	
1.3.3.5	能依序完成活动或工作				O	O	O	O	
1.4.7.8	能围绕某一话题与人对话	O	O	O				
1.4.11.9	能阅读图文结合的文章		▲	▲				我的证件
1.4.12.3	能写简单汉字（能临摹描、抄写简单汉字）		▲					
1.4.12.10	能填写简单表格（抄写表格信息）	O	O	O				
2.1.3.4	能做适当的情绪转移				O		O	
2.3.4.5	能利用政府资源获得自己需要的支持	△	△	△		△		

注：O 为多个单元重复出现的集体目标；△ 为集体或小组目标，▲ 为个人目标。
资料来源：2016~2017 学年第二学期九年级"主题单元统整"表。

　　其次，通过层级化备课体系和制度化教案管理分解落实 IEP 目标。在 X 培智学校的教学管理中，对备课活动和教案提交有明确的任务及时间要求，早已形成稳定的常规制度。通常教师们要在学期初提交班级每位学生的 IEP 计划，每月初提交当月的教学计划，具体到每日活动设计，月末再提交带有反思的、经过教学实践调整的主题单元计划，学期末提交学期反思、总结和课程评估结果。所有教案文本需上传到学校的内部局域网，供全校同事相互交流及监督。在实际备课过程中，教师需要按照"主题单计划（月）—课题计划（周）—活动方案（日）"的层级体系制定班级教学计划。通常 IEP 的短期目标会对应出现在每月主题单元计划中，直接作为单元计划要实现的教学目标。每周课题计划以及每日教学活动方案，也需要紧紧围绕单元计划目标，即 IEP 短期目标来进行设计，同时这些目标还是课后总结反思及评价的依据。

以 2016~2017 学年九年级第二学期教学计划为例，第一单元主题为"我的证件"，下设的四个课题分别是认识各种证件、我会填写表格、如何办理身份证、申办身份证（含主题评估）。单元计划中包括对本单元的教学内容分析、班级学生学情分析，以及每个课题中学生应达到的 IEP 目标分析。每个课题的授课时间为一周，每周有四个教学活动，对应从周一至周四的课程（见表 3-12）。

表 3-12　单元主题及周教学活动计划

单元主题	课题	每日活动
3 月 我的证件	第一周： 认识各种证件	3.6 各种各样的证件
		3.7 认识户口本
		3.8 身份证信息多
		3.9 证件知识问答
	第二周： 我会填写表格	3.13 各种各样的表格
		3.14 学习填写基本信息
		3.15 户口本、身份证表格内容信息多
		3.16 我会填写表格
	第三周： 如何办理身份证	3.20 年满 16 岁要申领身份证
		3.21 怎样办理身份证
		3.22 办理身份证的准备工作有哪些
		3.23 申领身份证的注意事项
	第四周： 申办身份证 （含主题评估）	3.27 年满 16 岁要申领身份证
		3.28 我会填表签字
		3.29 办理身份证的准备工作
		3.30 我会申领身份证

资料来源：2016~2017 学年第二学期九年级 3 月综合课程 1~4 周活动设计。

2. 差异化教学策略实现 IEP 目标

当 IEP 目标被转化成不同层次的教学目标后，会面临一个新的问题，即如何在集体授课的课堂环境中，实现每个学生的 IEP。针对这一点，个案学校在教学中主要采取差异化教学策略。差异化教学策略是指根据学生的能力水平采取不同的教学方法，为学生提供不同的教学材料，以实现学生的教学发展目标。

差异化教学策略的思想贯彻于个案学校教学的方方面面。从教学准备来说，教师在备课时会考虑班级学生的能力差异，将教学目标进行难度分解。由于培智学校学生之间的差异较大，教师通常会将能力相对较好的学生定为甲组或 1 组，能力次之的学生定为乙组或 2 组，若组内有能力特别突出的学生，还会再次进行组内分层，以求最大限度按学生需求实施教学。以九年级 3 月单元计划为例，教师在备课时便考虑到学生的能力差异，进行学情分析，如表 3 - 13 所示。

表 3 - 13　单元计划教学活动设计之学情分析

组别及成员	学情分析
1 组 1 层： 王、文（弹性）	知道自己的基本信息，可以看懂户口本、身份证等基本信息；王基本可以独立填写表格，对于不理解的可以主动提问或是按要求上网查找相关资料解决问题
1 组 2 层： 博、文（弹性）	文识字量大，但独立理解能力弱，可以读户口本、身份证等基本信息，在提示下可以填写相应信息表格，需要教师语言提示，回答个人信息资料；博需要抄写个人信息资料
2 组： 孙、刘、段	认知及适应能力稍弱，需要耐心反复指导。另外孙认识自己的照片能力极弱，在学习中有一定障碍，需要教师一对一支持学习，学习认识自己的证件并学习保护证件

资料来源：2016～2017 学年第二学期九年级 3 月单元计划。

在周备课和每日活动设计中，教师也会将差异化目标贯彻下来，比如在 3 月第一周教学设计中对教学目标的表述如表 3 - 14 所示。

表 3 – 14　周备课教学活动设计之教学目标

组别及成员	教学目标
甲组： 文、博	◇　掌握个人信息包括 7～9 方面内容 ◇　能在户口本、身份证、学籍卡上找到相关的个人信息内容 ◇　能了解自己的身份证号码组成含义，方便自己记忆背诵 ◇　知道户口本、身份证、学籍卡不能外借他人，防止个人信息泄露造成财产等不必要损失
个别生：王	◇　了解政治面貌、籍贯的含义
乙组： 孙、刘、段	◇　能认识户口本、身份证、学籍卡、社保卡、新版残疾证（根据学生差异选择） ◇　掌握个人信息包括 5 方面内容 ◇　能在户口本、身份证、学籍卡上找到自己的照片、出生年月、性别等相关内容 ◇　一对一回答老师关于个人信息的提问（你是谁，几岁，爸爸妈妈姓名？另要求刘说出家庭住址）才能完成学习任务

资料来源：2016～2017 学年第二学期九年级 3 月第一周教学活动设计。

在实际教学中，个案学校在 2009 年实施综合课程改革以后，一直采用两名教师包班的方式。上课时，两名教师均在课堂，一人为主讲教师，另一人辅助（协同教师）。协同教师通常会给一组学生或者个别学生提供额外的教学支持或环境支持。这些在周备课教学活动设计方案中也有所体现，具体见表 3 – 15。

表 3 – 15　周备课教学活动设计之教学过程

类型	内容
教学过程	认识各种证件的特征
参观活动	请学生出示自己带来的各种证件（或复印件），交流自己的感受，对证件有初步的认识 个别生：王。你刚才观察的证件是什么样子的？（颜色、形状、材料、包装等） 甲组：文、博。读封皮，它是什么证件？
小结	证件是各种各样的，它在颜色、形状、材料和包装上有所不同，但是它们与人类的关系十分密切 乙组：J 老师负责。点名答到、指认同学、听指令传递物品、认识自己的照片

资料来源：2016～2017 学年第二学期九年级 3 月第一周教学活动设计。

此外，在课后教学效果评估和作业布置上，也会体现差异化教学策略的思想，结合学生的 IEP 短期目标和教学活动设计对学生进行教学目标达成与否的评价。

3. 多样化组织形式服务 IEP 目标

在个案学校中，课堂组织形式灵活丰富，随着教学内容的变化而不断调整。在形式上有集体授课、分组教学、个别指导等，在组织上有课堂上的知识学习、情境模拟，还有外出实践操作等，都体现出课程教学的差异化和个别化，最终指向学生 IEP 目标的实现。

以分组教学为例，分组教学是个案学校教师常用的组织方式，分组标准会因课程内容的不同而变换，有时根据认知水平来分组，有时以动手操作能力为标准进行分组。分组也不一定都体现在教案中，它可能是存在于教师教学思路中的隐性分组意识，总而言之是相对灵活的。笔者在听课后的访谈中，对此有较为直观的感受，当天上课的教师对分组是这样考虑的：

> 今天的擦丝儿活动，其实主要是给叶同学和石同学的，会要求他们一手能扶住西葫芦，一手能擦，要掌握这个上下、上下的动作；因为金同学的现实情况摆在这儿，他的手不灵便，所以他只要知道怎么去动和擦就可以了，至于是不是上下、左右或者有没有规律，或者该怎么扶，我并没有给他太多的要求；再有周同学他本身注意力不集中、手不使劲儿，再加上一些其他的客观原因，饮食类的活动他就不能参与，要依照他的 IEP 目标单独抽时间给他完成，所以这个组别就自然分开了。(I－T－EQK－1212)

除了课堂上的灵活分组，个案学校还会考虑到课程内容的实用性和生活化，对于学生 IEP 目标的制定上也会考虑其是不是符合实际生活需要，并据此采取实际生活情境教学的方式，增加学生对教学内容的理解。

> （对于）我们班有的孩子，你在课堂上教他一年两年，他也不会数 1、2、3，他就是不会。那我们就想办法把数学和生活适应的内容

结合到一起，在生活适应课里渗透数学的内容。比如我用一学期去教学生认识一块钱，我们会先在班里进行分组的或者一对一的情境模拟，然后直接带学生外出买东西，比如夏天买雪糕、早上买早点、去超市买袜子等。买东西的时候事先和老板说好，我们只能使用一块钱这样的单位，用这种方式去帮助学生理解，效果要比仅仅在课堂上通过数数来认识 1、2、3 好得多，而且我觉得这样才是他们真正需要的。

在实际情境教学中，教师也会根据学生的不同能力水平进行分组，设计不同教学活动。

去超市结账的时候，那时候用现金多，有的学生能力水平高一点可以数钱，但是不能数钱的孩子，他也要结账怎么办？我可以告诉他怎么用购物卡，但是你要带孩子多去几趟就会发现问题，购物卡的话你要告诉他"要看余额"，"你要看你的小票大概是多少"。所以我们会设计不同的活动，先把相应的知识技能在课堂上讲授，再进行相似情境的模拟，然后带学生进入真实的生活情境中去操练，对孩子的表现逐一进行评估。（I - A - MYK - 0117）

4. 展能课补差/拔高泛化所学技能

除去通过课程教学的实施达成学生的 IEP 目标，个案学校还有其他固定活动，如展能课、德育活动、国旗下讲话等，以促进学生能力的提升与发展，也从侧面对学生的学习所得进行巩固和补充，帮助学生在其他情境中泛化知识技能，推动学生 IEP 目标的达成。

展能课是个案学校课程的重要组成部分，通常在周一至周四下午实施。展能课是打乱学生原有行政班级，综合考虑学生的 IEP 发展目标、兴趣爱好、能力水平、家长意愿以及师资力量等因素，为学生提供"拔高"或"补差"的教学活动。

咱们学校展能课的层次也是，一个是对于能力较好的孩子，有一种让他提高的；第二种就是兴趣培养，就跟普通小学的这种社团活动似的，提高兴趣的；还有一种是潜能的补偿，给弱一些的孩子来补救的，比如像低年级孩子的一些语言的康复训练、动作的治疗，等等，从这个角度通过课程满足孩子的个别化需求。咱们在进行展能课的时候，是打乱班级的，是双向选择，按照学生家长的意愿，他想去哪个组，然后学校整体调配一下每组的学生、师资配比，尽量去满足每一个孩子的发展。（I－A－NX－1221）

经过长期实践经验的积累，个案学校已经形成了种类较为丰富的展能课，主要分为三大模块：潜能发展，如悦读小组、信息技术小组；兴趣培养，如运动类的乒乓球、律动类的表演、美工类的手工制作、家居类的家庭烹饪；补偿训练，如认知训练、语言训练、动作治疗等。

展能分组的话，主要是考虑孩子的能力水平。学校会发一个分组表格，让各班老师填写学生想上哪个组，有的班也会咨询一下家长。像我们班，我们也都问了问家长想让孩子往哪个方面发展，想参加哪个展能组进行训练。有的家长直接就说了，比如我们班庞同学的奶奶就会说：我们家孩子沟通方面比较弱，您让他多说说。（I－T－XKK－1225）

展能活动课与教学课程一样，需要每个月提交活动方案设计和活动过程以及评估结果记录表（见附录十二：展能训练计划表）。表格中除基本信息之外，还需要回答问题如"谁？""训练什么？""训练到什么程度？""达到什么效果？"活动计划以周为单位实施，展能活动组内也按照能力差异进行分组，教师在教学活动开始前会对学生进行相应的评估，据此制定详细的活动计划和方案，在活动实施后对活动效果进行评估，并提交活动反思。

展能活动的设计也会关注学生的 IEP 目标，可能不会像综合课程备课那样严格要求，去整合汇总班里的 IEP 目标再设计教学方案再分解目标，但整体思路是差不多的，还是依照学生的能力水平来。制定内容的时候也会去大致扫一眼每个学生的 IEP 目标，再设计活动，不然活动对学生来说就没有意义了。我们的学生不像普通学生通过课堂学习知识就行，你得抓住他们在学校的每时每刻，去实现他的 IEP 目标，他学得慢而且他学完以后还要应用到别的场景。（I – T – ADG – 1218）

通过对 IEP 和展能活动方案设计之间的对比，可以看出个案学校在展能活动设计时会有意识地关注学生的 IEP。举例而言，5 班周同学 2017～2018 学年第一学期的 IEP 长期目标如表 3 – 16 所示。

表 3 – 16   IEP 长期目标汇总示例

编号	长期目标内容
1.1.1.6	能用简短的语言表达个人基本需求
1.2.1.2	能听懂他人的问询，并做出适当回应
1.3.1.3	能听懂任务分工、操作步骤和要求
2.1.2.1	在现实情境中，理解 10 以内数的含义，能手口一致地进行点数
3.1.2.7	愿意分担力所能及的家务劳动
3.3.1.4	了解就医流程和简单的急救常识，能配合医生处理伤口
4.2.2.10	择菜、洗菜
5.1.1.3	能初步感受声音的强弱、快慢
5.2.3.2	能主动参与音乐游戏，听从指令要求控制自己的动作
6.1.1.2	通过简单的撕、折、揉、搓、压、粘、贴等方法，进行简单的造型活动
6.1.1.3	认识常见物品、蔬菜的颜色

资料来源：周同学 2017～2018 学年第一学期个别化教育计划。

5 班两位教师结合周同学的发展情况并征求家长意见后，将周同学安排在 5 班班主任所在的多彩纸艺组，并依照能力水平评估将其分在二组。周同学的 IEP 目标在展能活动计划中有较为综合的体现，有些目标是融入活动中的，如"1.2.1.2 能听懂他人的问询，并做出适当回应；1.3.1.3 能听懂任务分工、操作步骤和要求"；有些目标直接作为活动设计目标，如"6.1.1.2 通过简单的撕、折、揉、搓、压、粘、贴等方法，进行简单的造型活动；6.1.1.3 认识常见物品、蔬菜的颜色"。

5. 个训和组训提供针对性康复补偿

个训和组训也是个案学校实施 IEP 的重要方式之一，是指学校将某方面能力水平差异较大的个别学生单独抽离出来，展开相应领域的训练。

> 我们直到上学期也还在坚持要求老师们做个训。就是会制定一个小的计划，主要是从个别化教育支持计划中来的，有长短期的目标，落实到每个月，不给老师弄得特别复杂，这个表一个月大概一张，每周是一个格，然后每周里边有一个短期目标，前面是目标，中间是简要的训练过程，后面就是这节课训练的成果，然后四个格在一张纸上，底下有一个月的反思。(I－A－NX－1221)

学校曾经开展过动作治疗、认知训练、聋儿语训等，但由于生源变化和师资力量缺乏等，个训由原本的专任教师负责转为班主任在教学中渗透。

> 因为现在咱们学校的师资比较紧张，不能派出一批老师去给这些孩子做个别训练。所以我们现在转化成由两个班主任老师担起个训的任务，就是在上综合课的同时，要考虑给班级的孩子，尤其是个别化支持计划的孩子，怎么能加入相应的个训，来实现他的个别化教育计划当中的个性化目标。我们原来要求老师交个训记录，现在学校不做硬性规定，但基本原则是必须训练语言、训练认知。这是依据孩子（的情况）而来，孩子需要训练什么，老师就给他训练什么，每周不少于一次，一个月就不少于四次，就这样通过个训的时间来保证孩子个别化目标的落实。(I－A－NX－1221)

目前学校仍然保留的是康复组训，有一名康复方向的专职教师，通过在职培训的方式接受过相对专业的特殊儿童康复培训。康复教师通过个案管理的方式，在全校范围内综合考虑学生能力水平、发展需求、家长意愿以及现实可行性等因素，筛选出 4 名学生进行肢体康复训练。

我带家长操作。一来是因为人手不够，我自己一个人确实没有办法同时兼顾 4 个孩子，光看他们做动作我都看不过来，所以现在我都架一台摄像机在角落里，方便我课后回看。再一个是因为学生康复需要一个长期的训练，不是说我一节课或者一天上一次（课）就如何了。所以我会让家长参与进来，然后让家长来做，而且在给学生评估完了以后，我把我的训练方案、指导思想跟家长说，比如学生需要做什么动作，每个动作的量大概是多少，学生的问题在哪，再要求家长来给学生做。这样的话家长在学校的时候在我这能做一次，回家以后晚上还能带孩子做一次。（I - T - NI - 1222）

康复组训和学校的综合课程一样，自成一套评估和实施系统。其采用专业的康复训练系统对学生的动作能力进行评估，并制定相应的训练计划，在实施后对效果进行测试和反馈。康复组训的开展会参照班主任为该学生制定的 IEP，同时学校也单独要求康复教师制定专业单领域的 IEP，保障康复训练的质量。康复训练在每天上午开展，持续一个小时，训练时要求学生家长参与并给予辅助。

学校 IEP 的目标来源不是分成好几个领域么，我会专门给训练的学生单独制定康复领域的 IEP。然后我会把这个 IEP 给学生的班主任看，再给他一些建议，比如说学生需要往左边偏头，那他的课堂座位需要怎么调整，来适应他偏头的活动，我就会给班主任相应的建议。再比如这孩子需要做屈曲体位的活动，我就会建议班主任在上课时给他摆个位椅，方便他坐和蹲。还有比如这个孩子在展能课上，适合什么活动，能不能和其他孩子一样跳或者蹦，我都会把这些建议提出来再跟班主任和其他领域老师沟通。再有，学生所在班级的班主任为他们制定的 IEP 我也会看，有的时候会参考，比如说这个单元他们讲什么活动，在我的康复课上，我可能会把它的内容作为一个背景，或者作为一个情境故事来引入，就是这样融合一下。比如有段时间我给孩子定的 IEP 目标，是小肌肉的精准性的手眼协调，然后他们班里那段时间讲的课程主题是超市，那我就以超市购物这事情为背景设计一些训练活动，比如说我给学生一些轮廓，饮料瓶、购物车、货架等让学生做精细贴纸，就是沿轮廓贴纸，以此来落实 IEP。（I－T－NI－1222）

（四）IEP 评价："基于目标多样式灵活评估"

有目标就会有评价，目标落实情况是衡量 IEP 发展的重要因素。培智学校教育很难像普通学校一样通过量化的纸笔测验来检查教学目标的落实情况，因此在个案学校中，IEP 目标的评价主要从两个角度展开，一是教师不同时间段的及时教学自我反思；二是通过期末的教学评估活动，同事之间相互评价，以检验 IEP 目标落实情况和教学效果。

1. 以教学反思为主开展短期目标评价

在 X 培智学校中，IEP 的长期目标是根据教学内容的特性和要求分解成不同的短期目标，短期目标又根据教学主题安排，分散融合在每周甚至每日的教学活动设计中，因此，IEP 短期目标评价与教学目标直接挂钩。在教学实践中，X 培智学校要求教师们每个月上交备课计划与教学反思，备课计划中有针对每天教学活动的效果评估和每周教学反思（见附录十三：教学效果评估实例），这实质上是对 IEP 短期目标实现情况的评价记录。此外，教师每月末需要提交单元教学反思，总结当月教学效果，其中也涉及对班级学生目标实现程度的反思和总结，为下个月单元计划中教学目标（IEP 短期目标）的调整提供依据。

　　本主题教学内容主要是针对本班级学生都是新生的情况，对班级、学校生活和学习不熟悉的特点，通过实物、图片、实际操作，辅助学生了解学校生活，认识班级物品，逐渐适应班级生活。学生通过看照片，学习一天的学校生活，熟悉一天的日常活动，能用完整句"谁在哪儿做什么"说出学校的活动。通过看实物和照片，认识班级内的物品，并能正确找到自己的物品。通过听、说儿歌，学习常规和良好的行为习惯。学生喜欢听儿歌，看颜色鲜艳的图片、动画，将儿歌和图片运用到教学活动中，学生能够集中注意力，积极参与课堂活动，教学效果较好。

第一，运用听、说儿歌的方式学习，学生兴趣大。本班学生年龄较小，又是新生，注意力不集中，没有常规和良好的行为习惯。学生喜欢听儿歌，并能够说唱儿歌。以常规与行为习惯为内容编成儿歌，字数少，朗读简单，让学生在学习儿歌的同时学会常规，学习良好的行为习惯。学生都能够积极参与，主动说儿歌，并逐渐应用在日常生活中。

第二，多用图片、实物，直观形象，学生容易理解。本班学生喜欢颜色丰富的图片或者动画，符合儿童年龄特点。使用实物教学，直观具体，使学生能够清楚地理解学习内容，更多地参与课堂活动，因此符合低年级儿童的特点。

第三，没有良好的行为习惯和常规。本班学生常规较差，没有良好的行为习惯，没有良好的聆听能力，需要多练习，强化好的行为习惯，建立常规。学生对同一件事物的注意力集中时间较短，可以采用多种方式进行教学。如用实物、图片、动画、儿歌等多种方式进行教学，丰富教学活动，吸引学生的注意力。①

2. 以单元活动为主进行长期目标评价

除去日常教学过程中的阶段性评估，即 IEP 短期目标评估，X 培智学校会在每学期最后一周开展期末评估活动（见附录十四：2016～2017 学年第二学期一年级期末评估计划）。教师通常会根据本学期所讲授的单元主题，对内容进行综合设计，每个单元对应一个评估活动，然后比照学生的 IEP 目标对学生的表现进行评估。评估结果既是本学期的教学效果，也是判断 IEP 长期目标落实情况的参考。

除了上述两种侧重课程教学内容的评估之外，还有针对学生的个别需求而开展的展能活动评估、康复训练评估等。此外，教师们还会利用课余时间、班会、国旗下讲话等活动来实现学生的 IEP 目标，这些目标主要是侧重生活适应、行为习惯领域。即抓住学生在学校的一切时间，通过日常生活来促进学生的发展，在这个过程中教师也会有意识地通过个人观察或

---

① 节选自 2016～2017 学年第二学期一年级 4 月主题单元教学反思。

访谈对学生的行为表现进行评价，作为 IEP 目标评价的参考，且这种评价往往发生在真实情境中，较为灵活，方便实施。

> 有很多目标的评价是没有办法量化的，而且它就发生在生活日常中，有时候转瞬即逝，没有办法提前做准备。比如我们班的张同学，她下课时候特别闹腾，我就让她负责扔垃圾，刚开始她连垃圾桶的盖子都不会开，不会用脚踩下面的踏板，我先给她示范了两次，后来我就站在教室门口默默观察，她刚开始不会，就一直乱踩，有一天她就把垃圾盖踩开了，这种就是生活中突然发生的，谁也不能预料它什么时候会发生，所以只能靠老师在生活中多留意。(I - T - UYI - 1227)

第三节 统一认识：视 IEP 为培智教育灵魂

一项制度在组织中的确立，除了强制实施的规章政策和通过程序树立的行为规范之外，更重要的是在组织成员中形成的共同认知和理解，成员间共享的关于制度的文化信念是制度得以持久发展的根源。在 X 培智学校 IEP 制度化的过程中，学校通过专业培训、全校教研、实践交流等多种方式，将 IEP 的理念持续传递给全体教师，形成了 IEP 是培智学校教育所独有的、不可或缺的重要象征性符号的共同理解。

一 打造专业标识：IEP 是特殊教育独有

在访谈过程中，当被问到 IEP 对教学或学生发展所起到的作用，以及教师本人对 IEP 的理解时，有很多教师认为，IEP 是特殊教育的根本，IEP 目标是培智教育的"心之所向"。它之所以区别于普通教学大纲或教案，是因为其目标的前瞻性和导向性，是结合了实际社会生活情况，从学生个体的未来生活期待出发，回溯并指导当下的教育教学走向，而非简单依照课程大纲，完成知识技能教学任务。因此作为特殊教育工作者，IEP 是特殊教育的基础。"作为特教老师，IEP 是基础性的东西，只有做好了这个才知道要教孩子什么。"(I - A - MIQ - 0104)

（一）IEP 的独特："为之计长远"

前瞻性和导向性是很多教师支持 IEP 的主要原因。他们认为传统的教学方案及备课活动，通常是在按部就班地实施课程大纲，教师们在备课时只会考虑眼前一周至多一个月的教学内容设计，并不会深入思考学生的长久发展目标。而这正是特殊学生与普通学生的不同之处，也是特殊教育的特别之处，因为特殊学生的教学效果很难在短期内有明显变化，若没有长期发展目标的指引和规范，教师极容易产生挫败感进而迷失方向。IEP 的出现正好弥补了这一不足，它的团队制定方式迫使教师必须站在学生的角度，为学生制定长久发展目标，并依照这些目标选取课程内容，设计教学活动。

> 我觉得 IEP 挺好的一点是，它会迫使你从站得比较高的地方去看孩子整个的发展，你至少不能看一学期的，你要看他未来三年五年十年，甚至更久的未来的发展是什么样的。它会迫使你从孩子整个发展的角度去看你的教学和课程。（I－A－MYK－0117）

这部分教师认为，正因为 IEP 长期目标具有前瞻性和导向性，所以学校的课程体系应当首先服务于 IEP 长期目标，在教学过程中要关注短期目标的实现，但更要关注教学活动是否助益于长期目标，在评价时要将长期目标的达成情况作为衡量教育教学质量的主要指标。

> IEP 是目标导向性的，虽然现在学校里面会更关注短期目标的实现，比如所有的教学、评价指标都会侧重短期目标，但是我觉得长期目标才是我们更要关注的，因为它具有指引性，所有的教学和课程都是要指向这个长期目标的，这个长期目标是要考虑把学生培养成什么样的人。比如说我每年给你制定长期目标，一年两年三年，等三年以后回顾你的所有 IEP，它一定是连贯的，而且要有一个最终的目标导向性存在。至于中间短期目标有反复，或者有没有达成的，我觉得也是可以接受的，但是最终一定是要着眼于长期目标的，没有长期目标

引领，你怎么知道要教给学生什么呢？（I-T-KBR-0104）

（二）IEP 的优势："个人为中心"

强烈的学生中心诉求，也是教师们普遍认为 IEP 所具有的优势。他们认为特殊教育儿童的个体发展差异很大，教育需求也千差万别，不管分科课程、综合课程或是主题教学，其实质都是从课程及教材角度出发，而非以学生为中心，加之学生的迁移、泛化能力较弱，难以将所学知识整合应用。而 IEP 围绕学生整合教学资源的做法得到教师们的肯定。

> 咱们（学校）和普通学校不一样，咱的孩子差异大，各个不同，所以你的 IEP 目标就得针对他个人的需求来制定。你看普教教学是没有说针对一个孩子去分析教学的，但咱们是一个一个地去制定 IEP，因为每个孩子他是不同的，而且我觉得它是规划指导孩子在学校学习、教育的方方面面，是他受教育的方方面面的东西。（I-T-MAI-1215）

除了以学生为中心，IEP 的优势还体现在能够很好地将教师资源整合在一起，形成一种合力，支持学生发展。但同时，教师们也承认在培智学校现有的教育资源条件下，IEP 实施起来较为困难。

> IEP 是一个整合的东西，因为大家各自为政、每个老师教一个东西是很散的，但是 IEP 把这些东西整合到一起，这样的话会去掉一些重复的、断裂的知识。迫使老师思考应该怎么样去做，才能让这个孩子学到的东西不是特别的分裂。我觉得这个是很好的，它在一开始的时候就是把这个孩子当成一个人来看，然后会给他设计整套、整合的方案。最后落实的时候是不同的人去落实，但 IEP 还是一个整体，大家是合作的关系。但是现在的培智学校很难做到这一点，各方面资源都有限。（I-T-MAI-1215）

（三）IEP 的目标："适应社会生活"

关注 IEP 对学生教育目标指引功能的教师普遍认为，IEP 是学生未来生活的指引，这种指引最终通向的是"适应社会生活"。由于学生的障碍和需求千差万别，培智教育并没有像普通教育那样清晰的培养目标，如"取得好成绩或者考上好大学"（I – A – NX – 1221）。因此，IEP 在某种程度上承载了指引学生教育发展方向的作用，它基于学生的特点和需求，制定出具有针对性的长期发展目标，为学生日后的社会生活做准备。所以教师们在备课和制定 IEP 目标时，都会去关注学生解决生活实际问题的能力以及生活自理能力的提升等。比如有教师认为"教学要培养学生的自理能力，比如衣食住行什么的，以后就算不能进入社会找工作自己养活自己，也得能够回归家庭，尽量不给家人添麻烦吧，比如回家可以自己煮个饭、洗个衣服什么的，自己照顾好自己不让父母担心"（I – T – YMM – 1218）。

而且，在当前普通学校日益"学术化"和"分数导向"的背景下，培智学校的学生无法参与其中，处于社会边缘状态。而 IEP 正是帮助学生适应社会、回归社会生活的重要途径，这也是培智教育区别于普通教育之所在。

> 咱们培智学校的孩子不像普通学校的孩子，一直跟着年级走，毕业就找工作然后成家生活了。咱们孩子的发展各式各样，有的毕业可以勉强找个工作，有的可能就直接回归家庭了，没有什么教育能保证他以后独立自主的生活，咱们老师只有根据他目前的能力状态，尽可能多地教他一些生活知识和技能，那这个就正好靠 IEP 去做了，你得知道他哪些能力强哪些能力弱，才能有针对性地去培养他的生活能力呀。（I – T – YMM – 1218）

基于对 IEP 引导学生长期发展这一功能的认同，在 IEP 的个案会中，学校管理者和教师也会将适应社会生活的目标理念传递给家长。

> 在我们培智学校里面，我们还是希望去培养他生活自理，以后能

够适应社会，成为一个对社会有用的人。我们开 IEP 新生个案会，就肯定会跟家长先说，你愿意让你的孩子将来成为一个什么样的人。首先现在他小，在家里他得是一个受家庭成员欢迎的人，在学校他得是受到老师和同学喜欢的人，到社会上他才能成为一个被人接纳的人，所以从这几个阶段咱们就得考虑，其实这也是一个大的长期目标。（之后）你再去考虑每一个小阶段，一到三年级、四到六年级、七到九年级，你要怎么去合理规划你的孩子。（I - A - NX - 1221）

二　构建专业图式：IEP 是教学活动基础

除了为培智教育指明方向之外，另外一些教师在谈到 IEP 时，认为 IEP 是培智教育的"行之所倚"，是课堂教学的基础和统领。不同于普通学校有统一完整的课程体系、教学大纲、教材等教学参考资料，培智学校的课程相对零散，是对生活经验和教学经验的累积总结，培智学校的学生个体差异较大，无法像普通学生一样，基于学生年龄判断其发展水平，因而需要借助 IEP 的制定过程来分析了解学生的特点和教育需求，以此为依据确定课程教学内容。因此在教学过程中，IEP 实际上扮演了教学大纲的角色，规范指导着教师确定教学内容和进度，如果没有 IEP，教学很容易走向失序。

（一）IEP 是分析学生能力的抓手

在 IEP 的所有功能中，最为教师们认可的要数分析学生现有能力这一点，这一点也是教师们所公认的特殊教育之所以区别于普通教育的一点。在普通教育中，在班级授课的制度规范下，同一个班级学生的能力水平相近，教师只需要根据班级大多数学生的平均能力水平来设计教学内容即可。但是在培智学校，班级内的学生差异太大，如果没有 IEP 作为学情分析的抓手，教师连教学内容都难以确定，教学效果更无从谈起。比如谈起 IEP 评估过程，有的教师认为评估非常重要，"它可以帮助你更清楚地了解孩子，因为每一个孩子的差异性是客观存在的，如果说你只是主观地认为'我觉得他会什么'，有点太武断了，而且没有系统性"（I - T - EQK - 1213）。

还有教师认为 IEP 相当于教学的基石，因为它可以引导教师对学生进行细致的分析，帮助教师识别学生的优弱势能力，进而判断教学的方向。

> 写 IEP 分析孩子现状的时候，每分析一遍，你就会对这孩子多理解一遍，比如说我之前做语训，分析完之后，你就知道，有的孩子上课时你应该坐在他左边，因为（他的）左耳听力好一些，可以多和他进行听的训练；有的孩子要唇读，我就要坐她对面；有的智力落后的孩子视力不好，你就得坐在他一米以内的距离，这样你拿东西他才能看见。这些都是在观察和分析中才能理解的，要是不写 IEP，可能就不会去这么仔细认真地琢磨了。(I - T - HHI - 1222)

除此之外，有的教师遵循最近发展区的原则，将 IEP 的评估结果作为教学的起点。

> 因为我们选 IEP 目标的时候，肯定也是从最近发展区选，（对于）他一点基础都没有，那我们在考虑的时候（这些目标）就不会占主体，我可能选的大部分都是他评估等级在 2 - 3 级这样的，就是说学生有一定的基础，他可以在这个基础上发展的，我们可能会优先选择这样的目标。(I - T - EQK - 1218)

（二）IEP 是教学内容组织的线索

与普通学校教学一样，学情分析是开展教育教学的前提。通过撰写 IEP，教师对学生能力水平有相对准确和个性化的把握，可以更好地确定学生的最近发展区，从而确定教学内容和教学目标的选取，同时结合学生的身心发展特点选择恰当的教学策略，可以说 IEP 是组织教学内容的重要线索。

> IEP 其实是一个教学主线，我知道我要围绕着主线去做，我可以去丰富它，如果说没有 IEP 的话，真的很容易走偏，课堂上思维一跳跃，就偏离了主线，那孩子最后学到什么就是隐形的了。(I - T - EQK -

1213）

培智教育的生活化课程导向，虽然旨在帮助学生更好地适应生活，具备较高的实用性，但同时不可否认的是，生活化的课程缺乏系统性和结构性，教师在实施生活化教学时，容易落入简单化的生活知识碎片教学和机械化的能力技巧训练。由于 IEP 是在对学生评估的基础上制定的教育发展目标，因此它具备一种整体性的视角，可以从更长远和全面的角度指导教师的教学工作，避免培智教学走向琐碎、割裂和重复。

> 我觉得 IEP 应该是指导老师整个工作的，因为它是一个上层的东西，它指导教师思考你的整个课程和教学，怎么去评估，怎么去组织，怎么去选内容，然后怎么去落实，最后怎么样去螺旋上升，应该是这样的。（I－A－MYK－0117）

在实际教学过程中，IEP 可以在关注学生能力的基础上，打造成一个连贯向前或者上升的教学途径，IEP 的长短期目标像是一个个台阶一样，可以指引教师依照对学生的学情分析，在当前所学内容之上将教学活动向前推进。

> IEP 相当于一个基石，像学生的垫脚石一样。因为你首先要把学生的基础摸清楚，比如学生能力水平就这么高，那他后面能学习的东西只能是那么多，而且还不是面面俱到，有的方面可以多学一点，有的方面可以少学一点，比如那些无语言的孩子，就没必要在语言方面跟他较劲。所以 IEP 实际上是分析了学生的现有能力，IEP 目标就是在他的能力基础上做一个延伸和拓展，只有这样你才能确定学生要学什么、不学什么。（I－T－MM－0103）

（三）IEP 是学习进度把控的依据

除了学情分析和内容策略组织之外，IEP 对课堂教学的指导作用还体现在其对学习进度的把控上。培智学校不像普通学校拥有完整的分科课程，各个学科本身具有螺旋上升的知识递进体系，教师可以根据权威部门出版的教材、教学大纲、教学参考等资料按部就班地完成教学进度，并检验学生的学习效果。相反，培智学校的课程相对零散，很多是对生活经验和教学经验的累积总结，教学内容是依照班级内学生的实际发展水平确定的，因此难以找到标准的、可靠的、统一的教学进度和评价依据。

> 咱们跟普教是不一样的。普教有纲要，然后人家有教材，人家老师就知道今天要上什么，明天要上到哪儿，因为他也要写单元计划，他要按照规定的流程进度来教学，但咱们没有。国家这才刚刚出了大纲，咱们才刚刚开始做一年级教材。（I-T-MAI-1215）

加之在培智学校中，学生的学习能力相对较弱，教学效果难以在短时间内体现出来且容易出现反复。IEP 长短期目标的设置，可以帮助教师在一个相对长的时间内看待学生的进步和成长，有利于教师依照学生发展做出合适的教学调整。

> 我觉得有 IEP 呢，最起码能够规范老师的思维，一个学期下来，整体的课程内容进度到哪儿，孩子的表现是什么样，开学初是什么样，学期过程中是什么样，最后期末评估结果是什么样子，我心里会更清楚，更有把握。（I-T-EQK-1213）

与此同时，IEP 可以帮助教师在不同时期课程改革的不同要求中确立一个相对稳定的评价程序，不论课程教学内容如何变化，教师一旦确定 IEP 目标后，只要在教学活动中关注学生的 IEP 目标达成与否即可。

> 我们原来走主题教学，后来是综合课程，然后教学又要依照不同的孩子能力水平来定，一个老师要记住班里八九个孩子的学习真的有点难，那我备课的时候就得时刻关注 IEP 目标，这样也算是对自己的提醒，知道哪个孩子学到哪儿了，下节课该干什么。没有 IEP 就容易混，毕竟落在笔头上那还是不一样的。（I-T-ZYC-1228）

本章小结

制度对组织和个体的行为有指导、规范、约束和调节作用。新制度主义认为制度不仅是一种正式的规则，还包括价值、思想观念和习惯等非正式规则。具体来看，新制度主义认为制度包括三大要素：规制性要素，即法律等强制规则；规范性要素，即道德或行为规范；文化－认知性要素，即社会共享价值或信念。不同的制度形态以不同的方式对组织或个体的行为产生影响。当一项举措以制度形式存在时，它对组织和个体的影响是多方面的。

从 X 培智学校 IEP 的实施历程来看，学校为了使 IEP 顺利实施，采取了将 IEP 在校内制度化的做法。通过将 IEP 确认为学校的主导发展思想，指引学校专业发展，学校在短时间内获得了来自教育行政部门、教育同行、社会大众的高度认可，其合法性得以确立，同时学校也获得了一些可持续发展的资源。这反过来促使学校将 IEP 以制度的方式固定下来，以此巩固学校的合法性并持续获取发展资源。在 IEP 校内制度化的过程中，X 培智学校采取了多种措施，从新制度主义理论的制度三要素角度出发，可以将其做如下归纳。

首先，在规制性要素上，个案学校在全校范围内确立 IEP 制度并强制实施。个案学校的 IEP 被作为单独的、重要的学校制度在全校范围内强制执行，有固定的格式并由校长亲自监督。此外，IEP 还被融入学校已有的各项具有强制效力的制度中，比如学校的教案提交制度、教学研讨制度、"人人做课"制度、推门听课制度、德育辅助制度等，IEP 与上述制度捆绑共生，让教师不得不遵守。同时还有针对 IEP 而展开的各项检查评比机制，将 IEP 与教师的实际利益相结合，迫使教师遵守 IEP。通过强制执行的方式，IEP 成为个案学校重要的正式制度之一。

其次，在规范性要素上，个案学校将 IEP 与教师的职业道德规范相结合，将 IEP 作为教学规范工具嵌入以国家课程体系为框架的培智教学过程中，用程序性的步骤将 IEP 固化为培智学校教育教学规范和教学实践的组成部分。比如 IEP 以国家培智课程体系为框架规范，其每一次的调整变动依据、目标以及具体实践都来源于课程改革。在具体实施过程中，IEP 的评估、制定、落实、评价等都与课堂教学的备课、上课、反思等步骤紧密嵌套在一起。这使得 IEP 成为培智学校教师专业化发展的象征，作为特殊教育行业工作者，他们要实施教学就必须遵守包括 IEP 在内的职业规范和工作守则。

最后，在文化–认知性要素上，个案学校建立了"IEP 是培智学校的灵魂"这样的统一认识。通过专家讲座、交流研讨、教学实践等多种途径，持续不断地将 IEP 构建为培智学校"理所当然""不言自明"的共同理解。其认为 IEP 是特殊教育区别于一般教育的独有的专业标识，因为它以学生为中心，考虑学生的全面发展，旨在帮助学生更好地适应社会生活。同时 IEP 也是培智学校开展教学活动的基础，因为它是分析学生能力的工具，是组织教学内容的线索，也是把控学习进度的依据。这样的共同理解，使得新进入 X 培智学校工作的教师，自然而然地认可并遵守 IEP 制度。

正是 X 培智学校的 IEP 在上述三个制度要素中的坚实基础，使得 IEP 作为 X 培智学校正式制度之一，得以持续巩固和发展。而 IEP 的发展也促成学校作为专业教育组织合法性的进一步提升。

| 第四章 |

培智学校 IEP 的实施效果：有组织的混乱

如第三章所述，X 培智学校通过制度上的强制、程序上的规范和认知上的统一等方式，将 IEP 作为制度落实在校内，成为学校内的教学规范工具，嵌入整个教学过程并指导教学工作。但制度的确定和落实之间并不总是能达成一致，往往存在妥协、商讨的空间。笔者在对个案学校的调研中发现，虽然学校形成了明晰的 IEP 制度和规范，绝大部分教师也形成了对 IEP 理念的正向理解和支持态度，但是在实际执行 IEP 的过程中，仍然不可避免地面临着种种困境，比如在精准测量要求和模糊实践结果中挣扎着实施 IEP 评估，在理想教育计划和现实资源匮乏的交锋中制定 IEP 目标，在个人发展中心和集体教学组织的冲突中实施 IEP，这些贯穿在 IEP 整个流程中的困难，使得教师对 IEP 的认知由熟悉走向陌生，对 IEP 的理解出现分歧，导致 IEP 的实践与制度相分离，呈现出一种有组织的混乱状态。

第一节　IEP 评估：精准与模糊的挣扎

评估是制定 IEP 的前提，也是 IEP 质量的基础保证。正如前文所述，在个案学校 IEP 制定程序中，第一步就是评估，评估环节主要分成家访和开学前两周的"前测"，家访主要由教师在暑假完成，用于了解学生的家庭情况。"前测"评估主要是指课程本位评估，是班级授课教师依据课程内容，通过观察、访谈、游戏、活动、操作等方式，来评估学生认知、语言、动作、社交等领域的能力发展水平。评估工具最开始是学校教师根据学校自编的教材选定的标准，后来采用北京市课程本位评估手册。但是受限于资源，IEP 的评估存在多种不确定性，教师们在精准要求的理想和模糊实践的结果中反复挣扎。

一　精准的期待："标准化评估基本是空白"

特殊儿童往往在语言、认知、沟通、动作、情绪、社交等方面存在不同程度的障碍，影响其日常学习生活。因此在对特殊儿童进行评估时，应当充分考虑儿童在上述发展领域的能力水平，并以此为评估重点内容。然而在实践中，这些领域的评估都相对专业，有标准化的评估工具和施测流程，对评估人员的要求也较高，在师资力量有限的个案学校，上述评估很难真正被实施。这一点在访谈时得到很多教师的印证，她们认为评估是制定 IEP 过程中令人十分头疼的问题，主要表现为标准化评估的缺失。

（一）评估现状："重要但没法填"

笔者在对 X 培智学校的访谈中发现，基本没有教师否认评估对于 IEP 的重要性。大家都认为对学生进行全面、客观、准确的评估是 IEP 的基础。"评估就是为了定准 IEP 目标，如果说 IEP 目标都不能定准的话，你后边那些就都是花架子，一点意义都没有，所以评估肯定是起始。"（I－A－MIQ－0104）而且这一点也在制度中以正式文本的形式得到确认。举例而言，个案学校目前使用北京市统一格式的"个别化教育计划表"，表格第一部分是"儿童个案分析表"，其中除儿童本人及家庭的人口学基本信息之外，最重要的内容便是对儿童身心发展状态的描述和分析，包括个性心理特征、特殊行为表现以及韦氏智力测验、适应性能力测验等各项标准化测验的结果摘要等。

但通过对多份 IEP 文本的翻阅，笔者发现在实际制定时，涉及标准化测验的栏目绝大多数都是空白状态，有少部分填写的，其主要数据来源为家长提供。以韦氏智力量表为例，教师们表示"韦氏这个分数一般都是家长提供，家长带孩子去医院评估，我们老师也做不了。适应性能力测验一般都是空着，有个别家长带孩子去医院或者外面做评估，也有可能会把这个信息给老师，那我们就填上，大多数都没有"（I－T－ADG－1218）。除此以外，教师们也缺少正式的量表来测评，"主要是靠老师们日常观察，看他的说话呀、与老师还有同学的交往，低年级的学生重点关注自理能力发展之类的"（I－T－ADG－1218）。

当被问到既然没有办法实施评估，为什么在表格中要设计相关栏目时，学校的几任校长均表示，标准化评估在 IEP 中非常重要，虽然还无法完全实施，但这是今后努力的方向，在表格中规定标准化测验实际上有规范和引领作用。

> 评估是 IEP 的基础，如果没有一个客观的评估（结果）做支撑的话，老师的 IEP 要写什么都可以，就没有根据。评估是目前全国 IEP 整个发展中都比较欠缺的一个地方，但我们还是参考了国外还有我国台湾地区的 IEP 表格，把评估的部分保留了下来，希望给老师们传达一个意识，就是评估是很重要的，而且有些评估虽然我们做不了，但是家长可能会带孩子去别的地方做，这样也可以填到表格里给老师们做教学参考。（I－A－TZ－1227）

（二）评估工具："没有工具评估"

评估工具是实施评估的重要保障，在学校实行的课程本位评估之外，很多教师也意识到语言、情绪、适应、行为、动作、社交等领域标准化评估的重要作用，想要在评估实践中应用，但是在操作中却面临着各种各样的困难，首先便是评估工具的获取和使用问题。

> 其实你要说到评估工具，咱们国家特教这一块到现在都没有出一些系统性的工具，这个对于老师的评估是很困难的。你去定学生 IEP，就需要评估、评量工具，这个是很重要的，但是现在没有统一的评量工具，很多的东西在很大程度上都是比较主观的。（I－T－YMM－1218）

一方面，标准化评估通常有一整套固定的测量工具，包括正式量表、施测说明、常模分数、结果解释等，一般需要购买使用，且有些价格不菲。另一方面，很多心理测评工具是对照普通儿童开发的，常模数据对特殊儿童的参照对比性不强，在特殊儿童评估中无法直接使用，而针对特殊儿童开发的信效度较好的评估工具通常源自国外，使用时涉及语言文化的本土化问题。

评估工具的短缺，给教师们的评估工作带来了直接障碍。很多教师"只能通过自己的观察、访谈和记录去尽可能多地了解学生，然后总结出来"（I–A–NX–1221）。有时候教师也会自己设计一些评估活动，比如利用图片或者绘本故事等方式，大致掌握学生的语言、动作、沟通能力等。但这种没有标准的评估，其质量通常会因教师的工作经验而产生较大的差距。

> 可能老师的生活经验比较多，他就更贴合学生的实际，观察到的学生的情绪行为问题可能就更准确。那新来的老师，他可能就需要摸索，对吧？那如果你有一个标准的评量工具，对于老师们来讲，评估时就更有底气。（I–T–YMM–1218）

（三）评估条件："没有时间评估"

除了评估工具的短缺，谁来评估也是标准化评估无法实施的重要因素之一。对于特殊儿童的评估，通常需要一对一完成，而且由于收集资料多样性的要求，评估是一项耗时较久的工作。个案学校实行两位教师包班制，上课时通常是一位教师主讲，另一位教师辅助，两位教师基本全天时间都在班内，这让教师们很难抽出额外的时间进行包括评估在内的其他教育活动。"你想去做评估，根本就没有时间，一天到晚忙忙叨叨，每天教学和备课时间还不够呢。"（I–A–MYK–0117）虽然个案学校每学期初有两周时间专门用来进行前测评估，但也很难做到一对一有针对性的评估。

> 其实咱们学校算是很重视评估的了，尽量给老师提供资源，也买了一些评估仪器之类的。学校还让组长去做调研问老师们，为什么咱

们仪器买来了但没人用呢？说实话我真的很想用，可是我什么时候用呢？我一节课的空档都没有呀。学期初的前两周，是要留着来做课程本位评估的，这是学校要求的，你不能不做吧，而且这个评估还是和后面上课相关的，你不测没法上课啊。那我就没有时间去做这些标准化的评估了。（I－T－MAI－1215）

同时，大多数的评估工具在使用前都需要对主试人员进行相关培训，了解测试程序，有些专业性较强的评估工具，比如韦氏智力量表、适应性能力测量等，要求主试人员经过培训并且取得相应资格证后才能施测，而教师受限于日常教学科研，很难有时间单独去学习、使用。

评估太重要了，我每次只要有机会出去交流或者学习，就会问人家是怎么做评估的，但后来发现，学校没有专门的人去做评估这一块。而且我觉得评估是个非常专业的东西，它其实需要专人去做的，最起码要去研究一下那些东西怎么用吧，像韦氏这些东西都挺专业的，只靠老师们自己去评估怎么可能，所以也是没有这块的资源和能力去做。（I－A－MYK－0117）

针对这种情况，有些教师提出应该由专业的评估团队承担 IEP 评估任务，不仅可以减轻教师的工作负担，还可以更好地将评估结果运用到教学中去，最大限度服务于学生的发展。

评估应该是由一个团队专门去做，评估完了以后给出相应的策略，或者给出一个方向，比如说这个孩子的长项是什么？他的弱项是什么？建议你在哪些方面着重训练等。然后任课老师可以依照这个方向去制定 IEP 或者教学，这样减少了老师前期的工作量，也让老师更有目标、更有重点、更科学地去教学。现在要老师既做评估又去制定再去实施，工作量确实很大，开学这两三个星期，甚至假期就要开始准备这些东西。（I－T－UYI－1227）

（四）评估人员："没有人教我评估"

在访谈中发现，教师们缺少评估的学习途径，不知道向谁学。个案学校的教师专业背景基本分为两大类，一类是特殊教育（学）专业，另一类是语文、数学等学科教育专业。在职前教育学习中，很少涉及心理学、语言学、动作治疗等专业评估知识技能的学习，教育系统组织的教学研讨或者职后培训也大都不涉及此领域的内容，这使得教师们在评估学习上经常显得"有心无力"。

> 以前我在普校的时候，教研和培训的机会很多，而且是全区全市的，各个学校的老师都来。教研内容也分得很细，比如语文教研组、数学教研组，就真的是揪着一个知识点往细了讲，往深了讲，讲完回去老师们就知道怎么教了。现在在培智学校吧，也不是说没有教研和培训，但是这种大范围的就不多，而且理论性的培训挺多的，很少有关于评估这一块的，也没有说具体指导老师怎么去评估，用什么方法、什么工具去评，评完了该怎么做，其实我觉得这些内容非常重要。（I－T－UYI－1227）

个案学校也有专门负责肢体康复评估的教师，这也是学校里目前唯一一位负责康复领域训练的教师，出于学校专业发展需要，在不承担班级教学任务的前提下，他曾独自参加康复培训。通过对该教师的访谈可以看出，目前对于教师评估方面的专业培训，总的来说机会少、成本高，难以普及大多数教师。

> 目前学校专职的康复老师应该就我一个，老师们人手不够。说实话我也挺头疼的，我完全就是自己在摸索，自己在学。这两年主要在外面参加一些专门的机构举办的培训，他们做得很详细，比如评估吧，不同类型残障孩子的评估表是不一样的。因为脑瘫也要分很多种类型，共济失调、痉挛，等等，光这一个类别的评估表就六套，还有其他的。说实话，这个课程我学了两年了，有些地方可能理解得也不是很透彻，在慢慢做。（I－T－NI－1222）

二　模糊的现实："课程本位评估准确吗？"

标准化评估缺失给 IEP 制定带来一定程度的困难，但是 IEP 的制定又离不开评估，因此个案学校在长期摸索中选择了课程本位评估方式。班级授课教师依据课程内容，通过观察、访谈、游戏、活动、操作等方式，来评估学生认知、语言、动作、社交等领域的能力发展水平。评估工具最开始是学校教师根据学校自编的教材选定的标准，后来采用《北京市培智学校课程本位评估手册》，再后来依照《培智课程标准》中的条目设计评估方案。"现在学校更多的是依据咱们的课标，带着老师们做课程本位评估，起码要让老师有一个抓手能做下去。"（I - A - MIQ - 0104）

这样的评估方式给教师们框定了制定 IEP 的方向和范围，但同时很多教师也对课程本位评估是否能够准确测量出学生的需求和能力表示怀疑。

> 虽然我们的老师经常说，我们希望能够更真实更客观地了解学生的能力水平和他的发展优势，但是在课程本位评估的过程当中，确实也是有弊端的。比如老师的主观设计、评估时模拟的环境和学生能力的展示方式，这些因素都影响着评估的准确性，所以在评估这方面一直存在挑战，不知道怎么样才能够真正找到孩子的能力起点，定准我们的 IEP 目标。（I - A - MIQ - 0104）

（一）主观的标准解读："该评到哪个程度？"

个案学校课程本位评估的工具是《北京市培智学校课程本位评估手册》。该手册采取《培智课程标准（实验稿）》的基本框架，将评估内容分成智能发展、社会适应和生活实践三大领域，18 个次领域。每个次领域再结合学生发展实际和培智教学特点进行分解，形成 88 个具体项目，每个项目再按照能力层级细分成 514 个教学评估目标。这样从领域到教学目标逐级细分，评估手册共形成 4 级编码。

从评估手册设计的理念和条目来看，基本囊括了义务教育阶段培智学校教育的主要内容，涵盖面十分广泛。但也正是这种全面给教师的实际评估工作带来了困难，一方面，它要求评估教师对评估所涉及的所有课程内容都有一定程度的了解掌握。

> 课程本位评估于我而言存在一个什么问题呢，就是它涵盖的面太广泛了，五六百条，所有东西都包括在里面，这就相当于要求老师对所有的课程都了解。所以你想我们怎么能做到呢，就算我们是学师范教育出身，那也不可能每门课都试试对吧？（I-T-ZYC-1228）

另一方面，这样一份课程本位评估整体做下来需要花费大量的时间且对教师的教学没有针对性指导，所以后来学校根据教师的经验判断，采取有针对性的、重点评估某些领域的方式进行评估。

> 我们之前做过一次完整的课程本位评估，当时是使用了一个软件程序来测试，就按照那五六百个条目对学生进行评估，对每个学生整体考量之后，还会给出一个分析报告，哪方面或领域发展水平怎么样之类的，咱们学校老师这个电脑水平也不是特别高，然后就每个班老师拿一个笔记本，上面罗列了各个领域各个目标，对学生做综合整体评估，它涉及的领域目标实在是太多了，而且每个学生的所有条目都要评估一遍，评估一个学生，半天能完成就算好的了，太费时间了，所以后来就没有采用这种方式了。（I-T-AY-0102）

除此以外，课程本位评估工具本身存在的问题也给教师们的评估带来不确定性。虽然课程本位评估手册的内容十分丰富，也充分考虑了学生在实际生活中的需求，尽量在难度上有所区分，但仍不可避免地存在一些问题。举例而言，首先，尽管手册内容的横向涵盖面很广泛，但是纵向的、学科知识体系的内部逻辑性体现得不太明显；其次，评估主要还是偏向于知识技能学习，虽然包括了社会适应和生活实践方面的内容，但仍然无法满足特殊儿童的教育需求，尤其是对于有康复需求的学生，教师无法依据手册进行评估；最后，虽然评估试图做到可操作、可测量，如采用5级评分，但是评分等级划分较为模糊，判断标准不够客观量化，比如

"在教师支持下"等表述，在实际操作中仍然需要教师进行主观解读，且容易出现不一致的情况。上述因素都会导致教师对评估结果的客观性和准确性发出疑问。

（二）自主的评估形式："通过活动评估准确吗？"

鉴于一对一完整实施课程本位评估的时间和人力成本较高，在实际评估过程中，对于刚入校的新生，评估会相对详细具体，通常会完成评估手册中的全部条目。对于已经入校就读的学生，评估时主要由教师结合本学期将要学习的课程主题，同时考虑家长意见以及实际生活需要，从评估手册中选取相应的教学条目，考虑本班学生的大致发展水平，设计出综合性的教学活动，通过活动对学生的表现进行具体分析。

> 前测评估我们基本上就是考虑几大块。第一个呢，就是考虑教学内容，比如说下学期大概我要讲些什么内容，现在咱们有课标了，它要求六年级的孩子掌握哪些内容，那我们就会从手册里边选择一些相关内容来评估。举个例子，我们班的孩子，大概能学到什么程度，老师主观估量一下，然后我们就根据这个范围选出一些目标去评估。第二个呢，会问家长，比如家长说希望孩子学一点什么，然后把家长意见跟教材之类的素材，再加上之前孩子学过但掌握得不太好的内容，把这些内容结合，我们挑一些条目来进行评估。最后再有一个呢，就是从生活适应里边挑几大主题，比如清洗、饮食、交往，还有购物、游园、交通，其实就是衣食住行，生活的几个大方面，从中选择一些问题，抽出来测试。（I-T-EQK-1212）

但是这样筛选精简后的评估，是否能够真的评估出学生的需求呢？不少教师在访谈中表示出相同的困惑。首先是教师根据教学主题从评估手册里抽取相关条目进行评估，相当于教师在评估之前已经预先确定了评估内容和范围，那这个范围的判断是否恰好与学生的教育需求相吻合，是否为学生的IEP制定服务呢？这一点很难从评估中得知。

　　咱们现在的评估相当于是课程本位的评估，所以它所有的东西都是依照课程来挑选的，那老师根据什么来挑选要评估的条目呢？还不是教师自己主观对学生的了解嘛，比如说这个学生可能在识字方面能力不行，那好，我下学期教学就少涉及一些阅读的东西，那评估的时候我选择和阅读识字相关的条目就少了。那这样的评估还准吗？对吧。这样的评估方式，我就很难在前测评估中发现学生到底在哪方面擅长，哪方面他喜欢或者他哪方面学得还比较好，我很难有效地去给你评估出来东西。(I-T-AY-0102)

　　再者，教师们对评估活动设计质量也存在不确定感，无法得知评估活动的信效度，以及是否能准确反映学生的真实发展水平。

　　评估其实要求老师不仅要了解课程，还要了解孩子的状况，比如说他评估的时候是这个样子，那他平时是不是也这样？还是说就只有今天是这个表现，对吧？孩子的情绪问题，兴趣问题，他是不是身体有特殊情况，这些都会影响他评估的状态和结果，所以我评估时得出的结果就是他真实的结果吗？我还真不敢肯定。(I-T-ZYC-1228)

　　通常评估活动是和课程主题相关联的。活动设计由一位教师或者两位教师商量后决定，而且是针对全班的，主要是教学方面，而评估又是通过活动来实现，变动的因素很大，会影响评估效果。

　　其实在评估的时候，最主要还是依据老师的主观经验。前测的两个星期基本上都跟学生在一起，我们都不出班，家访的时候也都问了家长，老觉得评估时看起来应该没问题，但实际上真的不成。经常会有一些高估或者低估的情况，比如评估的时候你觉得他都会了，但是上课的时候发现他其实还不会。(I-T-XKK-1225)

　　实际上，综合 X 培智学校的 IEP 评估程序和教师们的实际评估经验，不难看出，在学生实际发展现状和对学生能力水平的评估结果之间存在较大误差，具体如图 4 - 1 所示。

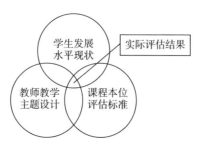

图 4 - 1　IEP 评估影响因素及效果

第二节　IEP 制定：理想与现实的交锋

　　作为特殊儿童的教育指南，IEP 制定面临着"指引学生未来发展"和"成为课堂教学基石"的双重角色任务。这样的任务理应建立在 IEP 评估，即对学生发展全面准确了解和对社会生活知识系统解构的基础上。通过评估判断学生的教育需求，再通过政策倾斜、资源调配等方式，提供符合学生发展水平的教学内容和活动安排。这是以学生为中心进行教育的基本逻辑，也是 IEP 开展应有的初始逻辑。但是正如前文所述，X 培智学校的 IEP 评估出于各种原因，成为"虽然重要但是空白"的存在，其也就无法为教学提供出发点和归宿，难以为教学提供指引和标准。但是 IEP 因材施教的理念和其代表的教育公平理想，是如此吸引教育工作者，尤其是特殊教育工作者，以至于培智学校的教师不得不绞尽脑汁，在理想和现实中游走，试图找到一种平衡，期望培智学生在有限的教学条件中尽可能实现最大限度的发展。

一　雾里看花："目标是否体现学生所需？"

　　特殊学生作为独立存在的儿童、青少年个体，既有普通学生在成长发展中的共性需求，比如学业、情感、社会交往等，也有障碍导致的个体独特的需求，比如脑瘫学生对于肢体运动、独立活动的需求，孤独症学生对于沟通交流的需求。IEP 制定的基础应当是尊重学生的真实需求，并在此基础上运用多种策略和方式支持学生发展，促进学生成长。如何在有限的教育学习时间内，在适应社会生活这一长期教育目标下，依照学生的兴趣能力，排出学生需求满足的优先顺序，是 IEP 制定的意义，也是 IEP 目标制定的难点。在 X 培智学校的实际教学中，由于评估环节的模糊性，IEP 的目标制定难以实现精准反映学生所需，同时制定 IEP 目标还需要考虑班级全体学生的课堂教学目标。目的与方式之间的种种矛盾，使得教师在制定 IEP 目标时充满不确定性。

（一）基于模糊评估制定精准目标

IEP 目标制定一般是在学生现有发展能力水平上进行合理范围的拓展或延伸，因此要求在评估时要全面了解学生在身心发展各个方面的现有水平，比如语言、情绪、适应、行为、动作、社交等，并以此为基础建立衡量学生发展的坐标系。而上述这些领域的"现有发展能力"的判断通常依赖于标准化心理评估，它可以将学生相应领域发展的具体水平以量化方式呈现出来，得出相对客观的分数，既直观明了也便于比较。

在这种量化评价体系理念指导下的 IEP 目标，通常需要遵循可量化与可操作的制定原则，一是便于教师在实际评估中可以做到"去个性化"的操作，避免不同教师评估带来的主观误差；二是让教学效果通过量化分数的对比直接展现出来，便于教师判断。因此"可测量、可操作"是 X 培智学校撰写 IEP 目标，尤其是短期目标的基本要求。

> 就 IEP 目标来说，我们把一个目标给它分解成几个小的能力点，我们在教学检查时最终要看的是，老师们制定的短期目标，是不是可量化、可操作、可评估的？因为这个才是最根本的，才是实际 IEP 要跟教学去对接的东西，所以我们在目标上对老师要求三化，可测量（化）、可操作（化）、可评估（化）。(I－A－NX－1221)

但正如前文所述，在个案学校的 IEP 开展中，标准化评估出于各种原因基本处于空白状态。标准化评估的缺失给 IEP 制定带来一些困难，首先便是 IEP 目标制定。

因为评估那块就没有做好，孩子基本上是一个什么状况都不知道。就比如说智力测试，很多孩子的分数都是很久之前的，而且那个分数还是第二版的，现在韦氏都出第四版了，我怎么知道孩子这些年有没有变化？再说社会适应能力，也没有评估。（I－A－MYK－0117）

标准化评估的缺失，导致教师无法准确把握学生身心各方面的具体发展水平，因而难以据此制定符合学生需求并与其发展匹配的目标。因此评估环节的模糊与不确定和 IEP 所要求的目标准确构成了 IEP 目标制定中的第一大冲突。

这些基本的身心发展评估都没有，全靠老师的基本经验。那我怎么知道我的目标是符合学生需求的，而且是合理的，是在最近发展区的呢？（I－A－MYK－0117）

在这样的冲突下，虽然个案学校的教师在理念层面理解 IEP 目标需要可操作、可测量，且学校也将其作为教学质量检查的重要内容来推动，但在实际中，多数的 IEP 长短期目标都是难以测量的，只能通过教师的主观经验来判断。从 IEP 长短期目标实例的文本中也可以看出，有些短期目标实在难以进行量化评估和测量（见表 4－1）。

表 4－1　IEP 长短期目标实例

长期目标编号及内容	短期目标内容
3.2.1.2 养成健康的饮食习惯	12 月： 1. 能够建立正确的营养意识，养成良好的饮食习惯 2. 能够建立多吃蔬菜的意识，养成不挑食的好习惯
3.3.1.4 了解就医流程和简单的急救常识，能配合医生处理伤口	11 月： 1. 能够知道医院就医的简单流程，配合家长到医院进行身体检查 2. 身体不适时，能够主动露出身体上受伤的部位配合医生诊断和处理 3. 在医生处理伤口时，能够有意克制不良情绪，配合操作，消除紧张情绪和恐惧心理

资料来源：金同学 2017～2018 学年第一学期个别化教育计划。

（二）以统一标准满足差异化需求

由于没有标准化评估结果作为 IEP 目标的合理基础来源，个案学校便将目光聚集到了课程标准上，力求将学生的发展与国家课程相结合。个案学校 IEP 目标制定的参考变化先后经历过几个较为重要的阶段。

第一个阶段是参考普通学校教材。个案学校在成立后，招生对象以轻度、中度智力落后儿童为主，1986 年便开始对普通学校教材删繁就简以适应学生需求，紧随其后开展的 IEP，在目标选择上主要依照学生的特殊需求，将普通学校教材大纲的难度降低或者删除部分教学目标。

第二个阶段是 1994 年《教育训练纲要》颁布，学校也随之实施中度智力落后学生教学改革，在 IEP 目标制定上更加侧重生活适应性目标，侧重实用性。

第三个阶段是 2002 年起学校实施主题教学实验，将课程主题分为六大领域——沟通、认知、适应、劳动、运动、娱乐，并基于多年教学实践积累开发出相应的校本课程教材，IEP 的目标主要源自学校自编教材。

第四个阶段是 2009 年学校开启包班制综合课程改革，形成了以生活语文、生活数学、生活适应为基础的综合课程，外加音乐、美术、体育运动等单科课程的框架体系。这一改革探索后来也被北京市特殊教育中心吸收采纳，成为北京市《培智课程标准（实验稿）》的重要来源。IEP 的目标来源也逐渐从学校自编教材走向规范化的，以智能发展、社会适应和生活实践三大领域为基础的课程标准。

2016 年教育部颁发《义务教育阶段培智学校课程标准》，开始实行分科教学，个案学校积极组织骨干教师参与课标解读工作，将各个科目的课程标准分级叙写，以供教师们在制定 IEP 时可以直接选用，学校 IEP 发展进入新阶段，目标来源也随之变为新课程标准。

每一次学校进行课程和教学的改革，IEP 都要随之发生变化。从 IEP 目标来源的变迁历程可以看出，不论 IEP 目标如何选取，其自始至终都处于国家课程的框架范围内，受课程结构制约。而国家课程体系是概括的、全面的、大纲式的，甚至是滞后于社会实践的。同时，虽然课程也强调生活适应，但总体内容是侧重于知识技能学习的。在这样的情况下，概括性的知识学习目标和符合学生特殊需求（如康复训练）的 IEP 目标，构成个案学校很多教师在制定 IEP 目标时所面临的第二大冲突。

> 我们在选目标的时候真的挺头疼的。要考虑到不同的领域，但是有些领域的最低标准对于重度的孩子来说都非常难。我们之前一直老在说，咱们选目标的时候要考虑最近发展区，对吧？然后让孩子跳一跳蹦一蹦，但还要能够得着的，所以咱们一般都选评估得分 2～3 层级的目标。但有些能力特别低的孩子，课标里面定出来的所有目标，对于他来讲都是 0 的层级，他根本学不会。那你说我们怎么去给这样的孩子选目标？比如我们教他颜色，我们给他定了颜色的内容，这一学期也都在认颜色，可到期末评估的时候他还是不会。这种情况我们也是很无力，难就难在这儿。（I－T－EQK－1212）

通过对学校教研主任的访谈也发现，学校会把 IEP 目标制定与课程标准的结构联系起来，考虑各个领域目标或者各科课程目标的比重问题，比如要求 IEP 目标要做到内容上的均衡。

> 咱们制定 IEP 目标的时候有一个原则，就是均衡性的原则。比如原来咱们是按三大领域制定目标，那就要兼顾这三大领域。我们当时要求老师在目标制定的时候，有一个数量上的匹配。可能以往老师在智能发展领域的目标制定比较多，我们就会让老师兼顾适应性领域的发展目标，还有实际性操作能力领域。现在咱们按学科走了，那康复、娱乐休闲这些目标也都要涉及，没有说必须做到哪一个学科要占多少数量，但起码我们说的六科都得涉及。比如今年我们在检查 IEP 的时候也发现，如果老师偏科了，哪一个学科的目标太多了，我们也会把这个列为一个问题跟老师去沟通。（I－A－NX－1221）

但是对于特殊儿童来说，由于受到不同程度、不同类别的障碍影响，很多教育需求具有特殊性，在学习需求方面存在明显的偏重，如语言沟通、肢体康复等。但是学校基于国家课程标准所要求的 IEP 目标制定的"均衡性原则"，以及与之匹配的教学检查评价体系，本质上是类似于普通学校教学大纲强调的"全面性发展"，并没有遵循 IEP"以学生为中心"的制定要求，考虑特殊儿童的真实需求，这实际上制约了特殊儿童的真正发展。

> 这个其实是我们最大的困惑，我不怕选目标，我能选出来很适合学生学习的目标，但是拿到一些老专家面前，他可能会说："你看这个孩子的目标怎么这么单一呀？怎么全是生活适应，没有知识呀？"为什么他的目标那么单一？因为他能力有限呀，只有让他去学社会生活技能，他才能生活，你不让他学这些，你要非让他学汉字，有用吗？比如说学比大小，说实话，对于重度的孩子来说，是比大小更重要，还是说自己学会穿衣服更重要？但是督导检查的时候人家不管呀，他只看你有没有各个领域都涉及，所以我就得改呀。所以说，这目标制定真的挺难的。(I - T - EQK - 1212)

也有教师表示，国家课程标准过于强调知识性的教授而忽略了生活实用技能，虽然也涉及实用技能，但是比例仍然有待提高。这使得教师们从国家课程标准之中摘取的 IEP 目标，不能够与学生个性化的教育发展需求相契合，也无法通过集体教学去传授。

> 我觉得还是务实地去看。哪怕说今天孩子会系鞋带了，明天会剥橘子了，从我个人角度说，我觉得这东西对孩子的发展来说更有利。但是你的 IEP 目标总不能都这样制定吧，学校要求你得兼顾着学科，还得顾着班里其他人啊，不然课没法上。(I - T - DZY - 0108)

（三）通过统整目标体现个体差异

为了增加 IEP 与教学联结的紧密性，也为了通过教学更好地落实 IEP 目标，个案学校会在每个学生 IEP 目标的基础上整合出全班学生的教学目标，并以此为依据制定具体教学内容。这实际上是一个目标趋同的做法，对于能力水平处于班级学生两端的学生，或者存在个别特殊教育需求的学生来说，他们的个性化需求很难在 IEP 中得到体现。

> 比如说我们班那个喂奶瓶的学生，他在家吃喝拉撒什么都不会，拿奶瓶坐着喝水还得家长喂呢，连最基本的语言都没有。他是我们班这个年龄段的孩子，又是新入学的，跟班里其他人都是同一起点来学校的，但你说学校这些教学主题里边，我给他定什么目标呢？我给其他孩子定语言目标的时候，给他定什么呢？学这些这么高深的东西，对他而言不就简直跟听天书一样吗？我给其他人讲课的时候他怎么办呢？那我要怎么办，我只能让他的语言目标往集体目标上能靠上那么一点。（I－T－LT－1222）

虽然学校要求教师们在制定 IEP 时要充分体现学生的个体差异性，并且将差异性作为教学资料检查的重要指标，但是这在实际操作中仍然受到各种因素影响，难以实现。

> 教学资料检查的时候我们也发现一些问题，比如在给每个孩子制定计划的时候，有的老师的个性化体现得不明显，制定的 IEP 有点像小组式的。甲组的孩子这一类都是这样，乙组的孩子这一类都是那样，在他的个别化计划当中就体现不出那种……就是个别味不浓，这是一个问题，这也是我们一直在跟老师们反复强调要改善的，但这个也受很多因素影响，比如老师对学生认识的深入程度，对个别化的态度，等等。（I－A－NX－1221）

制定 IEP 时需要兼顾课程主题。"IEP 的制定，理论上都应该是先分析孩子状况，然后找出他需要达到的目标，然后结合教材给他定目标。但是实际制定目标的时候，老师心里还是得装着课标和教材，因为你也不能特别超框或者说不用教材的主题，那也不行。"（I－T－LT－1222）这一要求让教师在制定 IEP 的同时不可避免地考虑教学所需，走向整合与趋同，因而 IEP 目标无法很好地体现出学生需求的差异性，个人发展需求与集体授课目标，构成教师们在制定 IEP 目标时面临的第三大冲突。

每个孩子都不一样，能力差距很大，但是在 IEP 目标制定过程中，我不可能做到差异特别大，如果差异特别大，我怎么统整呢？因为要围绕主题教学，教学内容不可能定不一样的吧。但又不能说我为了体现差异，把能力相仿的学生 IEP，非得写得多不一样，是不是？因为咱也得本着学生基本能力（去写）。但你写着写着就会发现，比如能力（水平）在同一组的孩子的 IEP，除了前面有一些描述性内容不太一样，后面的目标表述，好像相对来讲差不多。而且老师在写的过程中，为了备课也好为了整理也好，会不自觉地稍微归纳或趋同一点。为啥？因为你要写得差异特别大，最后目标往一块统整的时候你没法统，没法统这课就没法上。所以你就不能要求我把目标写出来，还体现出明显的差异性。（I－T－LT－1222）

二 水中望月："目标能否促进学生成长？"

除了客观真实地体现学生教育需求，IEP 目标制定的更重要意义在于为学生的学习提供方向指引，促进学生的成长发展。在对教师的访谈中，笔者发现教师们在制定 IEP 目标时都抱有犹豫和迟疑的态度，担忧 IEP 目标的质量是否真能如其所预期的那样，帮助支持学生发展。而从笔者对收集到的 IEP 文本的对比分析来看，教师们的忧虑不无道理，具体表现如下。

（一）长期目标之间割裂重复

在个案学校的 IEP 制定中，教师们对于 IEP 的质量，尤其是 IEP 目标所体现出的学习内容的逻辑结构持有怀疑。教师们认为理想的 IEP，长期目标之间应该体现出知识增长的延续性和逻辑性，是一种螺旋上升式的发展，以此促进学生的成长。

你看普通学校，一年级二年级三年级，学生学习跟着教学大纲走，不上也得上。它的学科知识之间是有逻辑的，而且是逐渐递进的。照理说咱们的教学也应该是这样啊。（I－T－MZK－0108）

　　但是在实际制定过程中，IEP受到国家课程框架的制约，要考虑目标领域之间、数量之间的均衡性，同时还要考虑班级授课的集体统整目标，这导致IEP难以实现仅以学生的需求和成长速度来制定目标。

　　　　我们的IEP还是跟着课程教学走的，课程教学你就不能只考虑这一个孩子，毕竟是集体授课。那这个孩子他的IEP目标就会受影响，比如说认知，上学期他可以认识100个汉字，但是这学期的班级目标里没有这方面的要求，那他可能就慢慢又退回去了，变成80个或者60个；再比如说这个孩子，他原来会10以内的加法，但这个学期的班级教学根本没有这方面的训练目标，那他这方面怎么增长呢？是，总的来说他肯定是有进步、有成长的，但是他认知（学习）这方面的连续性就没有了，你拿出来一份IEP看，好像还挺漂亮的，但是如果你把这个孩子每一年的IEP拿出来对比，真的有体现这种螺旋上升吗？这个东西真的对他的成长有帮助，或者有多大意义吗？这个我觉得不太有把握。（I-T-MZK-0108）

　　除此以外，学生虽然在学制上随着年级增长，但受学校综合课程和主题教学的影响，学过的内容课程也会被重复制定成IEP目标。

　　　　我们的IEP实施起来是按主题走的，比如第一个月可能不同的年级都在讲健康与卫生这个主题，学生今年学了，等他上升一个年级以后，没准儿他又会去学健康与卫生，虽然不同的年级段侧重点不同，比如说低年级更注重习惯培养，中年级段开始加认知，高年级可能讲健康知识，但有些内容就难以避免重复的可能。比如高年级老师要给学生讲西红柿炒鸡蛋，那他会去问低年级老师，你教过这个学生西红柿炒鸡蛋吗？肯定不会去问的，所以你从学生的角度来说，这种重复有时候没有办法避免。（I-T-HUY-1225）

　　此外，与普通学校以规定课程和教学内容为参考标准不同，培智学校的教师在具体教学内容选择上，要考虑学生的障碍和能力发展水平，因而有较大的自主权。但是这种自主权在学生由于年级升高而换班的时候，会给教师在教学上带来无依无靠之感。

> 我们不是一直跟着孩子走，经常性地要换班，每年教不同的学生，那制定 IEP 的时候，连续性和逻辑性就比较差。虽然有学生往年的 IEP，但你说老师真去看吗，或者看完了，他理解我当时对这个孩子的设想吗，可能他又会重复制定，或者制定得不准，要么高了要么低了，因为他对学生的了解不够呀。（I－T－MAI－1215）

除了访谈，笔者还在每个学段收集了不同学生连续三年的 IEP 文本，发现学生个案每个学年的 IEP 长期目标之间存在大量的重复（见表 4－2）。比如"能清洗物品"这个长期目标在不同学期出现过 3 次；目标与目标之间没有明显的逻辑关联，虽然对于相同的长期目标，其短期目标会随着课程的内容变化而不一样，但是正如之前教师们在访谈中所提到的，从课程标准中摘取的 IEP 目标，其表述过于概括化，缺乏指导性和规范性，单从一个学生三年的 IEP 文本来看，其目标体系体现不出教育的成长功能。

表 4－2　学生个案连续三年 IEP 长期目标对照

长期目标内容		
2014～2015 学年第二学期	2015～2016 学年第一学期	2015～2016 学年第二学期
能对准目标堆叠物品	能对准目标搓擦物品	能双手协调操作
能对准目标折卷物品	能使用剪刀类工具	能对准目标搓擦物品
能使用笔类文具	能使用笔类文具	能使用夹取类工具
能理解常用动词	能对某项工作的操作程序有长时记忆	能再现刚刚做过的动作
能认识 10 以内的数	能认读句子	能认读句子
能与他人分享资源	能与他人分享资源	能与他人平等互动和分工合作
能参与班级开展的课堂活动	能遵守各种规则	能了解生活中的各种规则
能处理自己的个人清洁事务	能清洗物品	能清洗物品
能整理收藏物品	能参与团体游戏	能晾晒物品
能保持自我的清洁卫生	会唱歌、跳舞、表演等文艺活动	能保持自我的清洁卫生
能运用游戏自我休闲	会绘画、手工、雕塑等艺术活动	会唱歌、跳舞、表演等文艺活动

续表

长期目标内容		
2016～2017 学年第一学期	2016～2017 学年第二学期	2017～2018 学年第一学期
能对准目标撕剥物品	能旋转腕部动作	能用简短的语言表达个人基本需求
能使用遥控、鼠标类工具	能对准目标搓擦物品	会诵读诗歌，儿歌、古诗 5～10 首
能叙述一段话	能对准目标折卷物品	能听懂他人的问询，并做出适当回应
能了解与自己生活相关的人文常识，例如北京民俗、文化古迹等	能对某项工作的操作程序有长时记忆	累计认读常用汉字 50～300 个（动物、蔬菜、清洁用品、超市等名称）
能列出活动的要点	能依据外观进行排序	能听懂任务分工、操作步骤和要求
能了解实用的自然常识，例如四季、自然现象、动植物及气候等	能使用陈述句进行表达	在现实情境中，理解 10 以内数的含义，能手口一致地进行点数
能用自然常识说明相关生活现象	能写简单汉字	在现实情境中认识元（1 元、5 元）
能描述生活经验	认识元、角、分	养成健康的饮食习惯
能了解简单的营养与健康、运动与健康的相关知识	能了解实用的自然常识，例如四季、自然现象、动植物及气候等	通过简单的撕、折、揉、搓、压、粘、贴等方法，进行简单的造型活动
能跟着音乐唱歌，融入团体做音乐游戏	能清洗物品	能主动参与音乐游戏，听从指令要求控制自己的动作
能掌握烹调食物的简单技法	能晾晒物品	制作凉拌菜
能掌握处理食材的方法	能掌握处理食材的方法	择菜、洗菜
能用舞蹈动作表现音乐，通过音乐活动进行休闲	能了解对健康有影响的不良行为	在游戏中能配合音乐对节奏、速度、力度等做出反应
能了解基本的游戏及其规则	—	了解就医流程和简单的急救常识
能掌握家用电器的使用方法	—	—
能了解对健康有影响的不良行为	—	—
掌握剪纸、折纸、粘贴技能	—	—

资料来源：根据叶同学 2014～2018 年个别化教育计划长期目标整理。

（二）长短期目标之间发散脱节

通过个案学校 IEP 制定流程可知，长期目标的制定依据是对学生的评估，而短期目标则是将班级所有同学的 IEP 目标统整成为班级 IEP 以后，根据课程的内容而制定的。因此很难说短期目标是对长期目标的分解，短期目标的实现也不一定意味着长期目标的达成。从文本上看，短期目标更多的是对长期目标的平面式发散，很少有难度上的递增或内容深度上的渐进（见表 4-3）。

表 4-3　IEP 长短期目标分解实例

长期目标编号及内容	短期目标内容
2.1.2.1 在现实情境中，理解 10 以内数的含义，能手口一致地进行点数	10 月：社区——超市购物我最棒，即能拿取数量在 10 以内的商品 11 月：食品与营养——多吃蔬菜保健康，即能正确点数 10 以内的蔬菜、果类 12 月：快乐家庭——清洁用品分得清，即能正确手口一致地点数 10 以内的单种物品

资料来源：摘自叶同学 2016～2017 学年第二学期个别化教育计划。

翻阅 IEP 文本，笔者发现很多短期目标仅仅是对长期目标的具体化，并没有体现出多个短期目标的达成推动长期目标完成的理念。比如表 4-4 中所展示的某位学生的 IEP，其短期目标都是在不同单元课程主题下，对长期目标某一个侧面的具体化，而且只有一条，无法体现出知识学习的逻辑性和顺序性。

表 4-4　IEP 长短期目标分解实例

长期目标编号及内容	短期目标内容
1.3.3.1 能依据外观进行排序	4 月：在提示下，能按照种子发芽过程排序
3.1.2.5 能掌握处理食材方法	5 月：在提示下，能按步骤要求清洗水果、蔬菜
3.1.2.3 能晾晒物品	6 月：能晾晒毛巾

资料来源：摘自叶同学 2016～2017 学年第二学期个别化教育计划。

（三）教师个人经验指引学生未来

除了文本上难以体现 IEP 对学生发展的指引性，教师在实际制定 IEP 目标的过程中也缺少像 IEP 会议一样的讨论机制，面临着独自工作、单人决议的困难。IEP 会议是国外 IEP 程序中不可或缺的法定环节，在 IEP 会议中，有利益相关者如学校行政管理人员、特殊教育教师、相关服务提供者、学生家长，有时还包括学生本人，他们共同商讨确定学生的 IEP 目标，确保 IEP 目标符合学生的独特需求和发展水平。个案学校也实行 IEP 会议制度，称之为"IEP 个案会"，个案会的参与者主要有学生所在班级的两位包班教师、学生家长，有时候还会邀请所在教研组长、学校教研主任或其他学校领导参加，一起参与讨论学生 IEP 目标制定的适切与否。但通过访谈可知，在 X 培智学校 IEP 制定实际操作过程中，由于时间、人员等条件的限制，并不总能做到为每个学生召开个案会。

> 个案会理论上是每个孩子都开的，但是实际上会有重点。我们班 7 个孩子，可能会找 1~2 个重点开，开的时间比较长，其他的孩子我可能就在放学的时候，找家长过来咱们一块儿说说。因为比如说像金同学是新生，我需要重点开。而像叶同学，他在这边培智学校待了六年了，我没有必要再跟家长来开这个会。(I-T-EQK-1213)

笔者通过访谈了解到，IEP 的制定撰写主要依靠教师，由于工作量较大，学校不得不规定每位教师 IEP 撰写数量的上限，让每位教师负责 4 名学生的 IEP，若达不到该数量，教师需要额外选择一名学生为其制定单领域 IEP，即针对这名学生的需求，对其某一领域的教育训练进行深入分析，同时提供相应的教育支持策略。

> 咱们也是从工作量上考虑，要求每个老师制定 4 个（学生的）IEP，可能班级在开学初只来了 7 个，或者他是单数的，实现不了人人 4 个，我们就需要老师制定班级学生的一个单领域的 IEP，比如语言训练、肢体动作治疗或者认知、美术等某一方面。一来补充工作量，二来也是通过单领域 IEP 更加深入地实现个别化，我们会重点抽查这个单领域 IEP，因为单领域的 IEP 跟你给学生制定的那份整体性的 IEP，它一定是有不同的。(I-A-NX-1221)

IEP 制定的主导力量是负责班级教学的两位包班教师，同时参考家长和其他对学生较为熟悉的教师的意见。但从笔者所收集到的 IEP 和 IESP 文本来看，绝大多数的 IEP 制定者为学生的两位教师，文本中的家长建议和期望一栏，通常是寥寥几笔带过。

> 对于比较熟悉的家长，我们主要沟通这个学期咱们班级的集体目标大概是个什么方向，这个学期我要对你家孩子有一个什么样的发展，给他做哪些补偿性训练等，跟家人沟通这些就可以了，主要还是老师自己定。(I–T–EQK–1213)

而造成家长"缺席失声"的因素有多种，比如有些家长受家庭本身限制，无心配合学校工作；有些家长有心参与，但是沟通起来成本较高等；远没有达到教师期望的状态。

> 家长对 IEP 制定的参与程度，第一要看学生家长的综合素养，第二要看家长对孩子的重视程度，第三要看家长对学校的配合支持度。比如有的家长对孩子完全就不重视，但他对老师很尊敬，我跟他谈什么，他都说是是是、行、都听您的。但他对孩子的目标一点想法都没有，那我只能以我主观的判断来写，对吧。再比如有的家长也挺想配合的，但有时候你跟他说半天，他都听不明白，他连懂都不懂，当然我（会）尽量想办法能让他明白，可他就是不明白，你能怎么办呢，他可能综合素质没到那个程度。(I–T–AY–0102)

除了家长群体参与程度的参差不齐，心理、康复、语言等领域专业团队力量的匮乏也让 IEP 制定变成学校教师的独立工作。

> IEP 制定的主力还是老师，班里两个老师商量着来，然后分开一人写几个，有时候也参考问问孩子原来的班主任，其他的支持都比较有局限性。(I–T–AY–0102)

这就导致教师只能依靠自身专业能力去选择目标，依靠过往教学经验和对学生需求的主观判断来制定 IEP。

> 都说 IEP 是需要团队合作的工作，那就说明它需要依靠集体智慧。做 IEP 的时候就应该有一堆人坐在这里，大家从各自的角度出发去谈，学科教学也好，生活适应也好，或者说医学康复、语言治疗之类的，但我们现在都没有。老师们基本都是师范出身，最多是学科专业不一样，谈来谈去都离不开教育学那些东西，面儿就窄了，好多东西可能我知道是学生需要的，但是我没法提供给他，没有那个专业能力啊。（I－T－NI－1222）

原本应当是由教师、家长、其他康复服务提供者组成团队，经过共同协商而制定的引导学生未来发展方向的 IEP 目标，变成了教师个人的责任，而且是基于教师生活教学经验的主观判断，这让很多教师在承担责任的同时也体会到巨大的压力，担心自己是否能够制定出满足学生发展需求的目标。

> （这是）我的个人观点啊，因为最早我们就没学过 IEP 这些东西，（这）是我后来在工作时候慢慢去感受的。比如对于普校来说，学生要去中考、去高考，人家有教学大纲，那个就相当于他们的 IEP 目标是不是？但是我们学生的目标呢，我只能依托课标的五六百条目标（来制定），那这五六百条 IEP 目标对于我们特教学生来说，究竟有没有用？有多大用？这个东西我觉得太有主观性了，相当于我去左右孩子的人生了，我去拿这几百条目标对孩子将来的人生走向负责任，这个有点太大了吧？（I－T－AY－0102）

第三节　IEP 实施：个人与集体的冲突

IEP 是程序性极强的教育方案，依照"评估学生现有水平和需求—确定学生发展目标—提供个性化教育服务—评估教育教学效果"的课程教学规律和逻辑，来提升学生的教育质量。这套程序背后是基于权力本位的个人发展中心，是与 IEP（个别化教育计划）名称相匹配的教育理念。这种理念在 X 培智学校实行的国家统一课程标准和班级集体教学常规的情境中，与现有教学实践相冲突，这种冲突体现在学校日常运行的各个方面，让教师倍感矛盾与挣扎。

一 学生个体与班组集体："个别的需求与大家的课堂"

无须多言，IEP 以学生个人为中心的教育方案，依照个人中心逻辑，所有的教学活动设计、资源安排、环境选择等都要紧扣学生个体的发展需求。但是在培智学校中，基于我国学校教育组织形式惯例和师资力量的限制，集体教学是培智学校最主要的授课方式，如何在大家的课堂上，逐一满足学生个别的需求，是教师们在 IEP 实施过程中遭遇的首要冲突。

（一）集体趋同授课与个体差异需求

如果说什么是 IEP 实施中最大的困难，那肯定是 IEP 本身所体现的个体差异性与班级授课制所要求的集体趋同性之间的冲突了。IEP 是基于学生个体的身心发展水平和教育需求制定的，其教育目标体现着强烈的个人特征和独特性。而班级授课制则建立在发展水平相似的群体之上，该群体有相同的教育需求和目标。在个案学校，学生的班级编排以年龄为依据，加之近年来招生对象的障碍程度日益加重，致使同一班级中学生发展水平的差异十分明显。

> 我在想尽办法让每一个孩子的个别化目标都能实现，但是即使想得再全面，他会有一些目标，真的是很难实现。有些孩子确实能力跟不上，我已经选的是最低的目标了，我感觉这个目标是除非他不学，否则他一定能学会，但实际执行起来，出于各种原因他还是没办法掌握。我们也挺焦虑的，比如像咱们班的邵同学，你还没见着他吧，他最近一直没来。那个孩子他没有语言，你叫他，他看你一眼；你跟他说你过来，他也不理你。你得嘴上说你过来同时手上再打手势，他才能过来。如果你连续提两个要求，比如"搬个椅子过来"，

他就有点懵，这时候如果看别人搬椅子呢，也许他会把椅子搬过来，也许还不会。如果你再提多一点要求，比如说"把书放椅子上，搬椅子过来"，那他就已经不理解这个指令的目的了。在数学方面，别说点数了，他连有序唱数都做不到。那我们从数这方面就没有办法给他去设计活动和目标，再比如认知领域，包括认识颜色、匹配，但是他连看图的意识都没有，那怎么去让他找相同匹配呢？像这样的孩子，和班里其他同学的差异太大了，你说我在上课时候怎么去给他讲呢？（I - T - EQK - 1212）

基于巨大的个体差异和有限的教学时间及资源，在集体教学中实现不同的个体目标，是每一位教师所面临的不可避免的挑战，也是教师们难以解决的困难。为了解决上述问题，个案学校想过很多办法，比如打乱班级编制，按照能力水平来分班；采用两位教师包班制教学，将班级学生分组分层，一位教师主讲另一位教师辅助；低年级学段班级除两位包班教师以外，增加一位生活辅助教师，帮助学生处理生活适应方面的问题。但是由于各种现实因素，收效甚微。

我以前用结构化方式教学上综合课的时候，既有全班学生都要学的普遍性内容，还有学生个人的工作系统，就很复杂。比如这个单元我要讲乘车，在这个阶段我要讲购票，那这节课我要对集体讲什么呢，要讲购票的流程，这就是每个人都要掌握的。那这个购票流程，我怎么落实到每一个孩子身上，让每一个孩子都能理解这个流程？可能学生 A 是用流程图摆出来，这个流程图里全都是图，一个字儿都没有；学生 B 那个流程图里就有字有图；学生 C 那个流程图里的图片是他自己。在上这节课之前我得把这些材料都准备好，分发到每个人的小车子里去，这个小车子就是他的个人工作系统，有三层，就是说他要做三个活动，那这三个活动按照什么顺序进行，每个活动要用什么材料，这些都要提前准备，上课的时候也要时刻关注到。这个对老师来说太难了，一个老师根本上不下来，无法长期坚持。（I - T - NI - 1222）

集体趋同教学要求和个人差异化需求之间的巨大鸿沟，除了给教师们带来教学过程上的困境和痛苦，也让教师们对 IEP 目标的达成效果感到怀疑。虽然在制度上 IEP 是完整地嵌入教学流程中了，但是实施效果却要打个问号，有教师直接表达了对"IEP 目标与实际教学相脱离"的担忧。

反正对于我来说，要我在正常上课时脑袋还想着学生 IEP 就比较难，我不能说我在教室前面上课，我还想，我刚才说这句话到底跟我的 IEP 匹配没匹配上，或者说我今天这节课上完了，到底都对应着 IEP 的哪个目标，我不知道别的老师是什么样，反正我在上课的时候脑子是不可能再去想 IEP 的。当然我会根据 IEP 先大概制定我的教学内容，写出教案。但一节课上完，学生有可能有所收获，也有可能犯困睡了一节课没有收获。我没法做到每节课上或者紧接着课下就去反思，刚才这节课到底实现 IEP 的哪个目标，所以我觉得 IEP 目标和实际教育教学挺脱节。（I - T - AY - 0102）

（二）综合主题课程与分科教学目标

个案学校从 2009 年起一直实行综合课程制，将生活语文、生活数学、生活适应三门课程汇总成为综合课程，而 IEP 目标制定则依照课程本位评估手册的三大维度（智能发展、社会适应和生活实践），此外音、体、美等分科课程的科任教师会单独为此领域课程制定"单领域 IEP"。2017 年起，由于与另一所学校合并，学校整体实施大综合课程，将音、体、美课程归入综合课程内，不再单独开课，同时鉴于落实《培智课程标准》的需要，IEP 目标从按领域制定转变为按学科制定，以便更好地对接课程标准。

在这种情况下，教师通过课堂教学来实现学生 IEP 目标的整个过程变得更加烦琐：首先，教师需要通过按照三大领域维度划分的课程本位评估手册对学生进行 IEP 评估；其次，从分科形式划分的国家课程标准中选出学生的 IEP 目标；再次，将班级学生的 IEP 目标进行统整筛选，结合教学主题定出班级教学目标；最后，教师需要通过综合主题教学的方式，在集体教学课堂实现为学生分科制定的 IEP 目标。这中间教师经历着在分科教学目标和综合课程教学内容之间、在学生个人目标和班级整体教学目标之间的多次、反复的转换。

通过综合课程来实施分领域或者分学科制定的 IEP 目标，实际上给教师带来巨大的工作量，教师需要将以学生为中心制定的 IEP 目标和以学科内容为中心的综合课程互相衔接、融合，并根据学生需求匹配给不同学生。很多教师表示，这几乎是不可能完成的任务。

> 我们的综合课是要涵盖不同学科的，但是咱们的 IEP 目标要么就是分领域，要么就是分学科，都是很细化的目标，而且一个班里的学生目标还不一样。比如我今天讲"天"这个字，班里有 4 个孩子，A 的目标是需要认识，B 需要会书空，C 需要会拼音，D 需要会组词，所有这些要在课堂上同时实现，真的太难了。而且这样上课也很累，可能一节课还好，节节课都这样，我感觉也不太现实。（I－T－NI－1222）

二　个人经验与客观标准："主观经验评断与客观普适标准"

通过教学落实学生 IEP 目标，只是 IEP 实施过程中的环节之一，IEP 目标是否得到有效落实，学生是否通过教学获得进步成长，这依赖于对教学效果的评价。IEP 是目标导向性的教育方案，评价的标准和依据是 IEP 目标，但正如前文所述，评估的模糊性导致 IEP 目标的不确定，而 IEP 目标的不确定又给 IEP 教学效果的评价带来困难。因此教师们在开展 IEP 评价过程中又陷入与评估时一样的矛盾，即理想中的客观标准与现实里的个人主观经验判断之间的矛盾。

（一）循环自证："我说进步就是进步了"

个案学校的 IEP 实施效果评价，即评价 IEP 的目标是否实现，主要采用日常教学评价、期末评估等方式进行，评价方法与进行 IEP 评估时一样，选用课程本位评估方法。课程本位评估简单易行、容易操作，但也存在一定不足。在访谈中，很多教师都表示出对课程本位评估结果客观性与真实

性的担忧，认为课程本位评估容易陷入循环自证，无法真正得知学生 IEP
目标达成与否。具体表现如下。

首先，在课程本位评估中，评估指标本身具有模糊性，影响了评价的
准确性。按照个案学校采用的《北京市培智学校课程本位评估手册》，评
估结果通常划分为 5 个级别，即：0 级、1 级、2 级、3 级、4 级。0 级代表
能力的最低水平，不能完成该项任务；1 级代表在他人辅助下完成一部分；
2 级代表在他人协助下全部完成；3 级代表在提示下完成；4 级代表能力的
最高水平，指学生可以独立完成。但"他人辅助""完成一部分"这些表
述本身就具有不确定性，需要教师进行二次判断，不同教师的评估结果可
能因此不同，影响结果的客观性。

> IEP 不是有孩子一学期学习的所有目标吗？列出来的目标有一个
> 前测的成绩，那最理想的状况应该是这些目标的前测评估成绩都是 2
> 分或者 3 级，然后到学期末评估成绩都是 4 级，这是一个很漂亮很完
> 美的学习结果。但这个结果真的客观吗？那个 2 级和 3 级不也是老师
> 主观判断的嘛？比如我同样是写"提示下完成"或者"一定支持下完
> 成"，那这个提示和支持到什么程度？不同老师之间的评价会有差距，
> 我给不同学生的评价也会有差距，对吧？所以其实还是有一定模糊性
> 在里面。（I - T - MM - 0103）

其次，评估主体单一，影响评价结果的客观性。在个案学校课程本位
评估的实际操作过程中，日常教学评估工作主要由班主任教师随教学活动
的进行而开展，评估者为班主任个人。规模最大的评价是期末评估，会有
教研组长或者其他班级教师参与。班主任教师将本学期所讲授的内容综合
提炼后，设计成不同主题的评估活动，在活动中对学生进行评估。而评估
者和评估活动实施者通常也是班主任，这使得班主任在评估活动中扮演着
两种截然不同的角色：一是评估结果的评判者；二是作为被评价结果的一
部分，与学生一起参与活动。这样的操作，显然会影响评估结果的客
观性。

比如说月底的评估，我作为班主任，我来上这个月的课，学生对我都很熟悉，可能我在讲某个知识点的时候，我给学生一个手势，学生立马知道这是什么东西，那月末评估的时候，只要我给学生一个手势，他就知道这是什么。甚至这个手势都和当时的评估内容没有具体联系，但是学生认识我的手势，他就能答对；但是要换成其他老师，他没有这个手势，即便是评估内容与手势相关，学生也可能答不出来。那这个评估结果又该怎么算呢？（I－T－MM－0103）

由于课程本位评估所存在的种种模糊性和不确定性，评估教师自己会对评估结果存疑。

我觉得就是评估完了的结果客观性强不强，对这个我一直报以怀疑的态度。比如说同样是 2＋3＝5，对于有些孩子来讲，他立马说出来，就 OK 没问题，肯定是最高分 4 分；但对于有些孩子来讲，他无法独立完成需要老师辅助，老师带着他练完了，最后他告诉你 2＋3 等于 5。那这个算是他自己掌握通过的，还是算在老师支持下通过的，又或是算老师直接告诉他的呢？这个结果和普通小学的试卷评价是没法比的，所以这个课程本位评估的客观性我觉得真的不好说。很多时候就是老师的主观判断，我说他进步了，他就是进步了。（I－T－MM－0103）

更进一步说，当教师独自制定 IEP、执行 IEP、评价 IEP 时，他就有了随时更改 IEP，且随意确定 IEP 目标的权力，比如觉得学生完不成的目标，直接不写在 IEP 上。

我一开始不明白。我写 IEP 的时候，就会觉得这个目标跟学生能力差不多，我就写进 IEP 或者教案里去了，但是他不一定都能达成。后来我慢慢地在写 IEP 的过程中，就会去衡量这个学生到底能不能达成，比如说他没问题可以达成，我才把它列到 IEP 上面，如果他达不成，或者说我希望他达成但是他达不成的目标，我都不往上写。那当然并不是说他达不成我就不管他，但是达不成的目标我不会写到文本上，那这样的话，按照文本上的目标评价，学生是不是都得达成目标了？但这个评价准确吗，或者说反映了真实情况吗？很难说吧。（I－T－AY－0102）

（二）润物无声："凭自己良心做事"

鉴于课程本位评估存在的问题，很多教师都认为需要有更为客观的评价指标体系，不然教学效果无法证实，教师的教学得不到真实有效的反馈，也无法激励教师对教学方式和教学方法进行改革。但是普通学校那种采取相对客观的考试分数的评价方式并不适用于培智学校，所以培智学校的教学评价处于相对空白的状态。

> 评价 IEP 的实施效果，其实就是评价培智学校的教学质量，从老师的角度来看，就是对老师教学工作的评价，你像现在普通学校里评价老师都是看学生分数，这是一条硬线，但是培智学校里不可能有这种。一是没法实施，咱们学生怎么考试呢；二是没有意义，考了又怎么样，用不上。（I－T－NI－1222）

也有的教师认为，特殊教育需要像普通教育那样建立教育质量督导机制，或者将特殊教育直接纳入普通教育质量督导体系中，这样可以有第三方质量把控体系，监督指导 IEP 的制定和实施，这也是对特殊教育学校教育教学质量的保障。

> 你看普通教育有质量督导制度，督导校长、督导老师、督导教学，督导过程是要（包含）看老师实际上课过程的，但特教没有。特殊教育没有质量督导，好像说之前有时候要特殊教育质量督导，然后学校都在准备材料，后来就没有下文了。然后目前做质量督导的人也不是特殊教育专业的人，督导的时候也就只看看文字材料，很多时候文字材料越多越好，好看就行了。（I－A－MYK－0117）

此外，个案学校为了保障 IEP 有效实施，利用德育活动、展能课等课堂内外的不同形式，培养学生在生活自理、行为习惯、情绪调控等方面的能力，侧面辅助学生达成 IEP 目标。这些渗透于学生在校日常的教学和活动较高程度地依赖于教师的个人教育理念以及日常经验积累，学生的进步程度主要通过教师主观观察获知。但是在学校的 IEP 工作要求中又明确规定，需要教师制定"可测量"的 IEP 目标，并依据目标开展评价活动。模糊性的渗透教学模式与精准化的目标及评价要求之间的矛盾，也使得教师在实施 IEP 评价时十分无奈。

三 两人包班与专业团队："单人单岗教学与协同合作要求"

个案学校从 2009 年综合课程改革起就开始实行两人包班制的管理方式。这种方式有助于教师更加深入地了解学生的发展水平，以及课堂教学的灵活开展。但是对于 IEP 来说，两人包班无形中限制了 IEP 原本要求的团队合作方式。尤其是个案学校实施两人包班后的单人单岗教学，更是与 IEP 的专业集体协同提供教学服务的设计初衷背道而驰，让教师在疲惫劳累的同时深感为难。

（一）孤军奋战："感觉分身乏术"

当被问及 IEP 实施中存在的困难时，几乎每位受访教师都谈起教师人数不够的问题，显然这已成为制约 IEP 实施的重要因素。他们认为 IEP 应该是团队合作共同实施，但是现实正好相反，包班教师个人承担了 IEP 的制定、实施、评价等大部分工作。仅在 IEP 目标落实部分，教师就承担了课程设计、教学开展、效果评价等多种任务角色，分身乏术。这给 IEP 的实施造成许多困难，表现如下。

首先，难以展开集体教学，落实 IEP 目标。集体教学是个案学校落实 IEP 目标最主要的途径，个案学校的班级学生数通常在 8 ~ 10 人，认知水平差异较大，且几乎每个班级都有情绪稳定性和行为控制力较差的学生。从以往的教学经验中看，通过多种方式将 IEP 目标与教学目标相结合，采用协同教学，两位教师分组分层实施教学活动（低年龄学段每班多配一名生活辅助教师，但通常不参与教学），个案学校较为成功地保障了 IEP 在课堂的顺利实施。虽然在这个过程中教师也备受师资力量不足的困扰，表示 IEP 实施起来工作量繁重，如果有更多的教师参与，教学效果会更好。

> 我们高年级的课程经常会涉及一些操作性的内容，比如说讲到美术课的相关内容，要粘贴、剪裁、勾画什么的，有时候要用到剪刀工具之类的，有些孩子光是拿这些工具都很危险，得有专门的老师指导他使用，避免出现安全问题，那这样一个老师根本就不够啊，其他孩子怎么办，你也得教啊。再有比如说以前我们还有外出实践课，班里八九个孩子，两个老师都不一定顾得过来。（I-T-MAI-1215）

2017 年起出于行政要求，个案学校与另一所培智学校合并，同时为了减轻教师负担，实行单人单岗制度，将原本两人协同讲授的集体课改成单人讲授，虽然在一定程度上将教师从课堂上解放出来，但很多教师都表示，一个人根本无法掌控课堂纪律，更别提完成教学任务，实现学生 IEP 目标了。

> 比如说分层教学吧，一个老师，你管得了这个学生，你就管不了别人。而且咱们（学校）的孩子，有时候就需要一对一，不管是出于能力需求也好，还是想要老师关注也好，有老师盯着他指导他，他就是会表现得好一些。原来我们两个老师还好，一个负责甲组，一个负责乙组，勉强能维持得住。现在就没有办法了，所以咱们虽然要求单人单岗，但很多班级的老师都还是两个人同时上，不然课没办法上下去。（I-T-ADG-1218）

其次，无法通过个训或组训实现 IEP 目标。个训或组训是 IEP 实施落实学生个别化、特殊目标的主要途径。由于学生之间的发展差异普遍较大，部分学生的 IEP 目标无法通过集体教学落实，只能依靠个训或者组训来完成。

> 其实现在有些孩子是不适合上集体课的，你看我们班那两个孤独

症孩子，他连坐都坐不住，就是到处跑啊游荡啊，需要专门的人看着才行。你刚才看我上课一直拉着张同学不放，就是防止她到处跑，实际上她在不停地抓我，一直在抠我的手，后来我嚷了她一下，因为她使劲儿抓着我抠，太疼了。但是你说她、罚她也是没用的，她根本就没那个自觉的意识。所以像她们这样上集体课、小组课都特别的费劲，实际上她适合一对一地去做训练。（I – T – UYI – 1214）

但从个案学校现有师资队伍来看，除行政人员和一位专门负责康复训练的教师之外，目前并没有不承担包班工作、只负责个训或者组训的教师，而包班教师已经超负荷负责班级所有学生 IEP 的制定实施和主要课程教学活动，难以抽出专门的时间开展个训或组训，这使得 IEP 相关目标达成效果大打折扣，有些教师只能无奈地减少甚至删除 IEP 中原本可以通过个训实现的个人目标。

主要是人手太少了，要是咱们人多点，情况会好很多。尤其是现在小班低龄的孩子，他们对语训、智力康复或者其他康复训练的需求都挺大的，但这种康复训练都是以个训或者组训为主的，咱们没有那么多的老师，如果老师都被安排做这种单独的训练，集体授课肯定就会受影响。反正就是总人数不够，怎么安排都是受限的，IEP 目标落实起来就会打折扣，有时候没办法，这个领域的目标就没法制定，因为定了也没有人做。（I – T – LT – 1222）

现在实行单人单岗了，比如我上午上三节综合课，下午的展能课可能就是班里另外一个老师负责了，就是一人半天分工。那就是说我上综合课，另外一个老师带孩子做个训，然后他下午上展能课的时候我再带孩子出去个训，相当于我俩一整天都是满课，一天两天可以，长时间这样的话，老师肯定受不了。因为等于一个人一天五节课呀，而且要不停地说，而且这个不像咱们在普小上课，你像我以前教两个班的数学，那我讲的内容其实是一样的，对吧？我就可以第一节课上完了，第二节不用备课接着上，后面就去判作业了。但是这个三节课时的综合课，至少有三个领域的内容，每节都不一样的。就不说这个课程的备课时间了，再要求老师抽出时间去想个训的事情，说实话我觉得它不现实。（I－T－EQK－1212）

最后，非学业领域 IEP 目标难以落实。IEP 是特殊儿童教育的总体规划和教育指南，对于中重度障碍儿童而言，IEP 制定的目标体系中非学业领域的 IEP 目标，如语言治疗、行为训练、沟通辅导、动作治疗等理应占比较大且排序优先。虽然教师们在制定 IEP 目标时，会出于学科均衡的考虑，为学生制定非学业领域目标，但由于师资数量不足，个案学校中几乎没有教师专门从事上述领域的训练或者干预，这导致 IEP 在这些领域的目标只能依靠德育或者日常活动渗透等方式去实现，这实际上是一种空白或弱化处理。

说来说去还是咱们特教人少，你说 IEP 需要团队合作，什么语言治疗、动作治疗，但是有多少人愿意来特教，来培智学校工作的呢？就说相对常见的语训老师，人家真正学医的、学康复的，有专业技能的，都愿意到医院去，谁愿意到特殊学校来？对吧？就别再说我需要物理治疗师，我需要这师那师了，反正都没有。（I－T－MAI－1215）

在工作总量不变的情况下，人员匮乏的直接后果就是教师超负荷的工作量。笔者在访谈中了解到，个案学校教师的工作量及敬业程度在同行中有目共睹，而这一点也在笔者与其他特教从业者的交流中得到印证。

我在还没有毕业找工作的时候就知道，咱们学校的老师是出了名的累，当时就有老师和我说，城区这几所特校，就咱们学校工作最累，几乎每天都得加班，节假日工作是常有的事儿，寒暑假也没得休息。来了以后发现，真是这样，刚开始有点不习惯，后来发现大家都这样，放学把孩子送出校门，再回来备课、开教研会，慢慢就觉得这是正常工作节奏了。（I－T－HUY－1225）

另外，当人员不足导致教师们疲于应付眼前繁重的工作量而无暇顾及职业进修和专业发展时，师资队伍的质量也受到影响，从长远来看，其制约的不仅是当下 IEP 的制定实施，更影响着未来 IEP 工作的开展。

> 很多时候都感觉分身无术。学校本身人手不足，咱们又是女老师居多，之前跟我搭班的老师要么怀孕了，要么自己当主班了，要么是咱们的生活老师，所以我一个人的工作量相对来讲就更大。我自己也是刚生完孩子没两年，家里孩子都顾不上，我家离学校很远，天天路上三小时，坐地铁倒公交的。我这两年检查，先是缺铁性贫血，又是血压偏低，今年体检又说什么甲状腺结节。我真快焦虑抑郁了，每天累得五迷三道的。（I - T - LT - 1222）

（二）质量担忧："我也没学过"

除了教师数量上不足，师资质量上的薄弱也是 X 培智学校在 IEP 实施中无法回避的困难。教师们在身兼数职竭力落实 IEP 目标的同时，也充满着对教学效果和质量的忧虑，具体表现如下。

首先，教师现有的知识结构体系难以与 IEP 要求相匹配。在个案学校，IEP 制定与教学相结合，而教学需要依从国家课程标准和课程设置方案的要求，因此，个案学校在 IEP 制定时会顾及包括生活语文、生活数学、生活适应、唱游与律动、康复训练等多个学科的教学。但是在具体实施过程中，学校并无上述专业的教师，大多数教师的专业背景仍停留在传统的语文、数学两个学科，美术、音乐、体育等学科教师也极少，且都担任包班教师，无法承担全校学生该学科领域的教学。而在肢体康复、语言治疗、行为训练等更为专业的领域，教师们的专业能力更显不足。

> 我觉得专业的事情还是要由专业的人来做，这个还是有很大区别的。不说别的方面，单说音、体、美，按照要求我们的 IEP 制定都要涉及这些领域的目标，但是我实施起来效果肯定就不如专业的老师。比如说我五音都不准，我怎么去教孩子呢，那我在教学涉及音乐的时

候就只能把音乐点开，然后让学生听首歌。至于该从哪些角度去欣赏音乐，这个音阶是什么，那个拍子应该是几拍，先学什么后学什么，我就完全不懂了。因为我不是学这个学科的呀，我教语文我就比较擅长语文学科的教学教法，知道字词句段篇章该怎么教。美术和体育也是这样，学科有学科的逻辑，我没有学过你说我怎么去教呢？（I－T－UYI－1214）

其次，教师现有专业能力水平难以支撑 IEP 实施。在个案学校，IEP 目标的实施过程在某种意义上等同于教学目标的实现过程，而教学目标的成功实现则依靠教师合理有效的设计教学活动、选择恰当的教学策略和评价方式，这些都是教师基本教学技能的体现。在访谈中，不止一位教师表示特殊教育教师的专业能力还有很大的提升空间，而这与特殊教育教师的职前培养和职后专业发展机会有很大关联。

> 从我个人的学习经历来看，我觉得咱们上学时候学的专业课程，和工作以后面临的实际教学是很不一样的。在学校就是各类特殊儿童知识都掌握一些，比如聋生、盲生的心理发展特点之类的，我们也学盲文、手语，但是你说具体怎么教学，比如像普通小学的语文教学法、数学教学法之类的课程，就很缺少。这可能和培智学校本身课程发展的不稳固有关。我们大二的时候才有机会去特教学校，当时只是去看一节课，大四第二学期才能去培智学校见习，也才知道原来培智学校是这样上课的。平时上课我们也会举一些例子，但是当真的去接触孩子的时候，心里的感觉是不一样的。就觉得很多时候学的理论是理论，它确实是对的，但这些理论实施起来太困难了，没法直接指导教学实践。就拿 IEP 说，我们上学时也学 IEP，介绍 IEP 是什么、有哪些组成部分，发展过程怎么样，但是具体在我们国家的特校里怎么实施，就完全不知道了，都是得工作以后慢慢地一点一点摸索着学。（I－T－KKG－0108）

在对个案学校的访谈中，笔者发现一个有意思的现象，对于曾经在普通学校工作过的教师而言，他们对于特殊教育师资力量薄弱的感受还来源于与普通学校教师的对比。

> 因为培智学校的老师基本没有专业的学科背景，很少有老师主动愿意去特校工作嘛，所以它的招聘要求可能就比较低。再一个就是特教学校相对来说比较封闭，不像普通学校相互之间的交流特别多。培智学校真的就是关起门来自己搞自己的，每天面对这些孩子，又没有什么外部的考试压力，平心而论，你要说特教老师真的有什么相对普教而言专业的、属于特教自己的东西，我个人觉得好像没有，很多时候都是根据自己的经验来的，也没有什么专业的手段。咱们的老师真应该跳出特教圈子去普通学校看看，看看就知道人家现在教学发展到什么程度了，人家教学的专业性，特教老师真比不了，真不怪普教老师轻视咱们，是好是坏，一对比自己就知道了。（Ⅰ-A-MYK-0117）

从他们已有的经验来看，普通教育有完整而规范的教学体系，教师们聚焦自身的学科知识技能，这是教师职业专业性的集中体现，而由于种种因素限制，特殊教育教师不论在职前还是职后的培养过程中都缺乏学科教学的系统训练，难以独立开展高质量的教学活动。

> 我觉得特殊教育教师，应该比普教老师懂的东西更多，他的知识含量应该高于普教老师，因为他不仅要了解教学，还要了解不同障碍类型的孩子，然后你才知道怎么样去给学生支持，对吧？但现实是，很多特教老师连最基本的教法都不懂。原来我在普通小学工作的时候，特教专业的本科生毕业前去我们那儿实习，我带他们，发现他们根本连备课都不会，上了半节课就说上不了了，一节完整的课都上不下来。这就相当于你给孩子制定IEP，分析了半天学生心理特征，目标也制定了，然后你不会上课，你没有能力去落实目标，那不也是前功尽弃么。这对于一个特教老师来说，我觉得是不太合格的。所以有时候也难怪社会上很多人把特教老师不当回事，家长也看不起特教老师，人家就觉得你除了看孩子以外，什么都干不了。（Ⅰ-T-UYI-1227）

四 学校个体与社会集体："隔离的方式与融合的宗旨"

在 IEP 实施过程中，除了校内的各种冲突以外，教师们还感到学校自身与社会集体之间的矛盾。比如 IEP 是特殊学生教育教学的总体设计方案，理论上 IEP 应当包括医疗康复、行为干预、社交训练等所有学生需求的相关服务，而不仅仅是学校范围内提供的教学服务。这也是 IEP 设计的初衷，即以学生的教育需求带动各个专业人员之间的沟通合作，提升学生的社会融合程度。但是在现实中，由于普通教育和特殊教育的双轨制实行，X 培智学校实际上处于一种孤独隔离的状态，IEP 的实施也仅限于学校范围内的支持。

（一）有限范围内的支持："我们是单打独斗"

除学校人员外，IEP 的实施也需要学校之外各类资源的支持。但访谈发现，在 IEP 实际执行过程中，学校能够得到的外部支持极少，教师似乎成为 IEP 主要且唯一的负责人。即便是在强调从家庭和社区额外给予辅助和支持的 IESP 中，学校能够得的校外支持也很少。

> 我觉得可能是环境或者国情不一样，国外 IEP 都是团队合作，很多资源支持。但是咱们这儿就比较难，比如说你去影响社区的人，或者说影响学生的邻居也共同来参与，好像不太实际。所以说我们制定 IEP，可能主要就集中在学校，或者从孩子家长那里得到一些支持。包括我们做 IESP，老师到现在也是有疑问的，因为当时专家指导我们做的时候就说要从社区去找支持，老师们就会困惑说社区的志愿者、邻居，我们怎么去找人家去？没准儿人家都不认得这个孩子，是吧？那我们怎么去要求别人给予支持呢？只能靠孩子家长和咱们学校老师了。（I–A–NX–1221）

（二）对培训交流的向往："别人怎么做的？"

IEP 实施过程是动态的教学过程，离不开教师之间互相研讨。但是通过访谈笔者发现，教师之间的交流、研讨、学习大多数集中于学校范围内，而校际、区市级别的交流学习机会十分难得，教师严重缺乏与同行交流的机会。这里不仅包括与特殊学校同行的交流，更包括与普通学校同行的交流。即便是在特殊教育学校内，相关师资力量的缺失，不同专业之间的隔绝，也让教师的 IEP 实施过程处于"孤军奋战"的状态。

> 现在学校就我一个人搞康复训练，没有人交流，也没有人指导，这个让我很发愁。咱们学校原来还有一个老师也学了这个动作治疗，但是她目前在家生孩子呢。她在我之前学的，但是她学完了以后也没有一直在做，可能是因为那会学校还没有这么关注这个东西，所以我实际上也没法找她交流。平时也没有其他同专业的人可以交流，我最多就是去问家长，或者去问班主任，关于孩子平时的一些动作反应。但是具体评估、训练，包括定计划都是我一个人，有时候也会担心把握不准啊，但也没人商量。（I－T－NI－1222）

在访谈中，不少教师都流露出对更大范围、更有效的教研机会的向往，但是迫于学校师资数量不足，教师难以抽出时间参与。同时，不同于普通学校现行的按学科领域组织的教研或者培训活动，培智学校有单独的课程体系，教学内容也难以脱离学生来概括讨论，客观上与普通教育存在较大差异，而由于培智教育整体体量较小，尚未形成完善的职后培训体系。制度层面缺少长期稳固的校际教研机制，使得个案学校的特殊教育教师难以走出特校，处于相对封闭的环境中，缺乏相对应的专业交流和成长途径，不利于教师的长久发展。

> 我也很想出去看看别的学校是怎么做的，其实我觉得特殊教育还挺闭塞的，不像人家普教交流教研那么多，咱们特校的人感觉都有点越封闭越傻了。但是一个萝卜一个坑，我根本走不掉呀。（I－T－LT－1222）

> 你看咱们连个大一点的教研活动都办不了，一个区就这么一所特校，你跟区里哪个学校搞教研活动呢？普校的那套教研的东西对我们

不合适，去参加也没用。我原来在普通小学工作的时候，教研活动很多，比如说礼拜二下午就全体语文老师都去参加教研活动，礼拜三下午所有的数学老师去教研，人人都有参与教研的机会。现在在特校，你全走了，谁能陪着孩子啊？你不可能走啊，没时间。而且普校语文、数学、英语、体育、美术、音乐所有学科都有教研活动。那是什么样的气氛？百家之长你可以听，现在感觉就是有点闭门造车，上课都靠自己准备，顶多班上两个老师互相商量研究，再不济问问其他年级的老师，就很封闭，接触面也窄。不接触外界，教师的信息量从哪儿来呢，眼界从哪儿来呢？（I－T－UYI－1227）

（三）家校沟通似有若无："老师，您看着办吧"

家长是 IEP 团队中非常重要的成员，他们不仅对学生的发展状况较为了解，更对学生的教育方向有较大的话语权。在个案学校 IEP 制定过程中，几乎所有教师都认为需要询问并尊重家长对于学生 IEP 目标的意见和建议。

有些实践性的东西，咱们确实不能替代家长，比如我们去超市，我再讲、再给他创设情境，再用图片用实物用什么，也是假的。我们老师自己要把孩子带到超市去，说实话很困难。像咱们现在这种状况，就算有你在，咱们三个老师，就班里现在这四个孩子，都很难带出去。像石同学他随时就会跑，你要随时准备着去追他。但是家长就不一样了，父母双方两个人带一个孩子出去，不论从时间上、一对一的程度上都要比老师更方便。而且还有一点，咱们老师带孩子出去，一下带三个带四个，很容易被人围观，这其实特别影响学习效果，别人在那指指点点或者怎么着，有的还要过来听一听、看一看，导致孩子注意力就不在老师这儿。但如果家长带着孩子出去说一说认一认，大家觉得这挺正常的，然后也不会当成一个什么特别稀罕的事儿去看，这样的话呢，对孩子的影响也特别小。（I－T－EQK－1213）

但很多教师也表示，如何争取家长的配合和支持，是 IEP 实施中遇到的一大难题。首先，很多特殊儿童的家庭生态系统由于儿童存在障碍而遭到破坏，家庭结构不稳定，父母的心态情绪甚至生活状态受到极大的负面因素困扰，这导致家长无心关注孩子。

> 但是说实话现在的学生家长有些两极分化，一种就是家长真忙，你根本就看不见，这些通常都是高素质的家长，他肯定能配合学校，但是他们（负责与学校）配合的人是谁呀？是阿姨（保姆），是爷爷奶奶，不是父母。就这样配合的家庭，这两年也越来越少了，很多家长离婚又再婚，生小宝宝了，这个孩子就没人管了。还有一种就是根本不管孩子，你也知道咱们（学校的）孩子情况特殊，很多家长自己家里一脑门儿官司，今天请过来那个就是，爸爸每天酗酒，家里什么事也不管，妈妈癌症晚期，还经常和孩子对打，有时候孩子一撸（袖子），胳膊全是伤，我们老师看着都心疼给上药，找家长也不管用。（I－A－MIQ－0104）

其次，受障碍影响，特殊儿童的学习能力和生活能力较低，家长对孩子的教育期待值也低，导致孩子的学校出勤率不高，严重影响 IEP 实施。

> 咱们也有程度很轻的孩子，最后被家长耽误了。比如咱们班田同学，她除了没有语言，很多方面比如认图形、颜色、点数，她都可以，但是她妈妈就经常不送她来学校。前段时间说"家里爷爷过世了，我忙过不来没办法送孩子到学校"；忙完了又说，"假期光忙爷爷的事儿了，我们都没有出去玩，想带孩子出去玩一玩"；过后再找别的理由，又请三个礼拜的假、俩礼拜的假；然后来了几天又说，"以前跟爷爷住的房子太脏太旧了，我要装修就接送不了孩子了"，又要请假。到现在也没有来，昨天咱们统计医保，打她电话不接，发微信也不回，人都联系不上，咱也没有办法。（I－T－EQK－1213）

第四节　IEP 认知：熟悉与陌生中徘徊

X 培智学校的 IEP 开展了几十年，形成了相对完整且固定的实施流程，成为学校日常教学科研中制度化的存在。教师们也对 IEP 应有的理念与规范熟记于心，校内也基本形成了对于 IEP 是培智教学基础这一角色功能的共同理解。但是当 IEP 与教学深入结合并随着课程要求变化而发生调整时，由于 IEP 本身复杂、细致和琐碎的特点，部分教师在 IEP 实施的过程中遭遇种种困境，甚至产生抗拒、抵触的心态。很多教师对于 "IEP 到底是什么"反而产生了疑问，进而导致他们对 IEP 的理解由熟悉走向陌生，甚至产生分歧。

一　困于熟悉："IEP 到底是支持还是负担？"

IEP 自被引进起就一直在 X 培智学校承担着教学指导的功能，透过 IEP 教师能够更加准确地把握学生的发展差异和教育需求，更有效地提供针对性教学服务。但是当国家课程制度日趋完善，并深入培智课堂扮演教学指导角色时，教师们对 IEP 的价值产生了困惑和疑虑。

（一）为写而写："IEP 是管理措施但于教学无益"

虽然在访谈中有教师表达了对 IEP 在教学方面的认可，但随着 IEP 的程序化和规范化实施，并不是所有教师都对 IEP 持续抱有积极的态度。在访谈中也有很多教师表达了 IEP 对他们的日常教学和班级管理造成的负担，比如 IEP 撰写被认为是个 "巨大的工程"，而写完以后又被束之高阁，对教学并不起实质性的指导作用，反而占用了大量的备课时间。

1. 强制性的手段："行政管理需要"

制度化的规章意味着强制执行，而强制则意味着潜在的冲突矛盾可能性。目前的培智教育，缺少像普通学校一样的以学业成绩为衡量标准的质量评价体系，上级的教学质量督导多是从教学材料检查的角度展开。而 IEP 涉及一整套内容丰富、格式完整的表格，且需要定期提交和检查，这无疑是教学质量监督的首选工具。因此有些教师将 IEP 视为一种行政管理手段，认为 IEP 是学校管理者用来监督教师教学过程和教学质量的方式。

> 从我自己每学期制定 IEP 的感受来说，IEP 更多的是一种强制性的手段，是一项必须完成的工作。可能从行政管理的角度来说，只有规定必须写 IEP，才能推动老师慢慢去执行、去落实（它）。但是真正从授课教师或者学生的角度来说，我觉得有百分之六七十是在应付这项工作。（I – T – MZK – 0108）

当 IEP 的程序固定以后，意味着所有学生的 IEP 都需要填写相同的栏目，但培智学校的学生差异较大，这不一定是学生所需要的。而且 IEP 文本撰写完整并不代表教师会在课堂中对此一一落实，反之，教师不针对每一个学生写详细的 IEP 也不代表他在课堂上忽视学生，因此 IEP 的存在意义和价值就仅限于材料检查了。

> 你说 IEP 真的要给每个孩子都写吗？这种咱们自己说，其实不用落在笔头上老师自己心里也知道，不是说我不写 IEP，我们上课就让他去干坐着没事干，不可能的。（I – T – ZYC – 1228）

2. 形式大于实质："没有 IEP 一样教学"

当笔者进一步询问教师们在教学实践中对 IEP 的看法和理解时，有部分教师直言不讳 IEP 对于他们来说形式大于实质，没有 IEP 也一样可以实施教学。

> 比如备课的时候我把这个月的目标写在 IEP 里面，然后该怎么上课就怎么上课，上完课以后再估摸着把目标评估给填进去。一个老师想上好课肯定还是得有一个好的教学思路，就跟演员有好剧本一样。IEP 对于我这个剧本的设计帮助不大，我可以通过各种方式来上课，但我可能一个月都不看我写的 IEP。（I – T – HUY – 1225）

尤其是当国家培智课程标准颁布，课程内容有了更加细致的规定以后，IEP 的制定和落实就愈加分离。因为从教学的角度或者课堂授课程序上来说，当教学主题预设以后，没有 IEP 的课堂教学，在准备过程中也需要对学生的学情进行分析，制定教学目标、选取教学策略，最后进行课堂评价，这是集体授课的常规思路，无非是学生的能力差异大一些，需要采取分组或者分层教学方法而已，而 IEP 在这一方面并没有什么指导意义。

> 所以我现在觉得，不仅是咱们学校，包括其他学校，真是大部分老师，我不能说所有老师都是那样，就是 IEP 都是定是定、写是写，包括我也一样。（I – T – ZYC – 1228）

3. 文本工作繁重："占用备课时间"

对 IEP 实际教学指导意义的质疑，也同样引发了部分教师对 IEP 文本撰写必要性的质疑，认为 IEP 十几二十页的撰写工作量，给教学备课增加了不必要的负担。"一个 IEP 好几十页，就这么说吧，我坐在那不动，一天能写完一个 IEP 就已经不错了，这还是中间都没有休息就一直噼里啪啦在写的情况，但实际上我还得上课呀，不可能一天课也不上就光写 IEP 吧。"（I – T – EQK – 1213）在访谈中笔者也发现这样一个事实：不管对 IEP 持积极态度还是消极态度的教师，都认为 IEP 文本撰写本身就是项巨大且繁重的工作，占用教师们的备课时间。"你说这一个 IEP 多大量，得写多少页呢，开学初写 IEP 就是一个巨大的工程。"（I – T – LT – 1222）

除此之外，培智学校学生的学习速度较慢，学习效果很难即刻体现，学生难以在短期内表现出较大变化，但是 IEP 每学期都要更新一次，而很多重度障碍的学生在一学期内的发展几乎没有大的变化。这就使得 IEP 的内容多有重复的地方，也在客观上促使教师们在撰写 IEP 时出现复制粘贴的状况。

> IEP 和备课表都是全套的，都得写。但很多内容都是重复的，比如说障碍的影响这个部分，孤独症学生在沟通交往、语言表达方面的能力就很弱，不管我教学生多久，训练多久，他的障碍影响其实都是这个。但这样的内容我也是要反复地写，我每写一次 IEP，我都要去分析他的

障碍影响。再比如说像孤独症的孩子，他本身在交往方面是有问题的，那么他在一个新的班级里面半年的时间，他跟同学的这种互动或者是跟老师的互动，会不会有一个飞跃性的发展？我觉得可能性不是很大，那么我们在分析的过程中就对于他这个（社交方面的问题和发展）反复在写，这样就很容易导致复制粘贴这种行为出现，因为老师写得很多，大量地在写，而且它是很多重复性的问题，所以这也是我们，怎么说呢，就是比较苦恼的一件事情。（I-T-EQK-1213）

（二）镜花水月："IEP看上去美丽动人但不现实"

在访谈中笔者发现，很多教师都赞同IEP的理念，认为IEP的出发点是以学生为中心，考虑学生的发展需求，但IEP也过于理想化，尤其是基于目前培智教育的整体资源环境和学校的师资力量，要想实现IEP，让每个学生的目标都尽可能实现，是一件不太现实的事情。

1. 理想教育化身："谁都喜欢"

IEP作为为学生个体量身定制的教育计划，充分考虑了学生的主体地位，尊重学生现有能力和发展差异，体现出教育权利平等的色彩，因此被教师们称为"理想教育的化身"，几乎没有教师会反对IEP背后所蕴含的价值和理念。

IEP想得挺好的，就像最开始在培训中给老师们灌输IEP概念的时候，说你看这个IEP真的特好，它能够把孩子的各个方面考虑到，能这么帮你分析孩子，你找这么多人员来帮助他，共同针对这个孩子的问题，你来帮他分析，这是多美好的一件事呀，对吧。（I-T-LT-1222）

2. 与现实不兼容："资源匮乏"

虽然IEP给教师们描绘了一幅理想的教育蓝图，但当IEP从文本走向实践时，却不可避免地遭遇了巨大的冲击和挫折，体现出一种与教学现实不兼容的状态。

说实话，我对 IEP 这个东西是又爱又恨。首先它的理念确实很好，很吸引人，而且它是平等的，因为它要求老师去认真地分析一个孩子，给每一个孩子都这么做。但是我说得实在一点，我觉得它有点镜花水月。看起来很美，落实起来确实很难，不现实。（I－T－NI－1222）

这种不兼容集中体现为有限资源和无限需求之间的矛盾，即有限的教师人力资源、课程教学资源、交流支持资源等，和多个学生、个性化的需求之间的矛盾，而且难以在短期内得到改善。因此 IEP 很难在现实中，尤其是在班级集体教学中实现。

IEP 是一个人整体的教育发展规划，是考虑五年以后、十年以后，我希望这个孩子成为一个什么样的人，然后我再分阶段通过课程教学去达成这个目标，对吧？它需要一个团队去做。但是在培智学校，要求给每一个学生都制定 IEP 目标，这是多大一个工程呀，又要求老师去做，又没有资源去支持老师，几乎是一个老师负责做 IEP 所有的事情，这不太可能。（I－A－MYK－0117）

二 惑于特殊："既有 IEP，何来 IESP？"

正是由于 IEP 在实施过程中面临着集体与个人、有限资源与无限需求等种种矛盾，加之学校当时在专家指导下推行支持性教育理念，因此学校要求教师在原有 IEP 的基础上，挑出重点关注学生，并为其制定 IESP。这一做法是对理想与现实的平衡和妥协，但也给教师理解 IEP 造成更多的困惑。

（一）困惑："人人是中心，谁是边缘？"

IEP 是以学生为中心的教育计划，从头至尾都体现出强烈的个人中心色彩，这样的教育计划在实施过程中要求所有的师资人员、教学资源、教学策略、教学安排都是先以满足学生个别需求为目的，再进行统筹优化，并不需要固定的班集体或者事先预定的教学内容。但是当前我国培智学校的教学仍然以班级授课为主，个案学校采用两位教师包班制的方式，承包班级所有学生的教学、管理、德育等工作，两位教师在面对班里将近十位学生的差异甚至矛盾的需求时，面临着优先项的抉择和苦恼。

> 我们班有 7 个孩子，这 7 个孩子差异性很大，我还都得兼顾到，你不能说我就给某一个孩子做 IEP，我就关注他，别的孩子都不管了，因为每个人都有 IEP 啊。（I – T – DZY – 0108）

除了不同学生不同教育需求之间的抉择，在集体教学的情况下，教师还面对着完成集体教学任务和满足学生个性化需求的矛盾。因为集体教学通常意味着共性的教学内容和趋同的学习进度，而这在发展水平各异的培智学生身上，似乎是无法调和的。

> 课上讲的这些教学内容，其实是基于班级学生平均水平的，我必须得保证每个孩子都有学习这些内容的机会，我不能因为执行某一个学生的 IEP，我就把课程的大部分时间放在他身上。（I – T – MZK – 0108）

> 你也看到了，咱这个学生程度都挺重的，要不怎么说每个孩子是一个样儿。你说制定 IEP，我是可以根据孩子的需求定出来，我使劲分析，也可以定得挺好的。可是现在是集体教学，集体教学肯定是讲究趋同的，我怎么兼顾差异？一节课，班里能力特强的是一个样，能力最低那几个又是一个样，我的教学内容怎么制定呢？以能力好的为主还是以能力差的为主呢？（I – T – LT – 1222）

在每个学生都有 IEP 的前提下，每个学生都同等重要的情况下，如何满足班级中那些与其他同学存在明显差异的学生的教学需求，是教师们在落实 IEP 中的一大困惑。

> 其实在每个班里边，你要看能力最强的跟最差的，那差异也很明显，而且这只是认知能力上的，再加上情绪发展的，那真是五花八

门。比如说我们班那个喂奶瓶的学生，他一点语言都没有，自理能力也不行。但他是我们班这个年龄段的孩子，又是新入学的，跟班里其他人都是同一起点来学校的。可是集体教学时候，我给他定 IEP 目标定在哪？给其他孩子定语言目标的时候，给他定什么呢？学这些这么高深的东西，对他而言不就简直跟听天书一样吗？我给其他人讲课的时候他怎么办呢？（I - T - LT - 1222）

（二）尝试："轮流选出重点中的重点"

正是因为面临着上述矛盾，X 培智学校从 2015 年前后开始推行 IESP，即个别化教育支持计划，相比于 IEP，IESP 增加了 S（support），更强调对学生支持系统的体现。正如有些教师理解的那样，"IESP 和 IEP 的区别体现在什么？我不知道用这个词对不对，就相当于 V - IEP 的待遇，当然最理想的是每个学生都 V - IEP 对不对？但这是不可能的，因为老师的精力有限。所以这两三年一直采用 IESP 的方式，从班里选一个学生，让他当 V - IEP，其实等于对他的 IEP 升级了，多提供支持"（I - T - AY - 0102）。也有教师认为 IESP 是一种变相的开小灶。"这个就相当于，给其他孩子写了 IEP，然后按照大锅分饭一样地去喂饭，给 IESP 个案孩子就开小灶，教学的时候会想得更多一点，日常关注也会更多一些。"（I - T - HUY - 1225）

在 IESP 的制定实施过程中，学校要求每个班级选择一名学生，为其制定 IESP，每个学期换一名学生，班级学生轮流，以使每个学生都能有机会被选中。"咱们小循环的范围里边，就是一个学段三年，也差不多五六个学期，基本上每个孩子能轮到一次 IESP，就尽量不会让老师们重复选。"（I - T - YMM - 1218）教师们会考虑学生之前是否被选择为 IESP 个案，同时也会优先考虑家长配合程度较高的学生。"选 IESP 的时候会考虑孩子，也会考虑家长，因为咱们这个 IESP 个案肯定是要开个案会和家长沟通的，而且还需要家长、社区之类的支持和配合。"（I - T - ZYC - 1228）

IESP 的制定程序与 IEP 相同，区别在于，IESP 文本上每个长短期目标后会多出拟对学生采取的支持策略及相应负责人栏目（见表 4 - 5）。同时在实施过程中，教师会在日常教学、家校沟通等活动中重点关注这名学生，有针对性地为其提供更多的教育资源和支持。"就是 IESP 多一些社区或者家庭方面的支持策略。其实就是在班里的孩子当中我会更关注一些。"（I - T - ZYC - 1228）除此之外，IESP 个案也是教师在学期汇报时的首选。

表 4 - 5　IESP 长短期目标及支持策略

长期目标编号及内容	短期目标内容	支持策略	负责人
3.3.2.7 掌握剪纸、折纸、粘贴技能	4 月： 1. 能够在支持下正确握笔，连点成线 2. 能够在帮助下粘贴压花作品	技巧与知识： 1. 指导学生学习握笔的姿势、方法 2. 指导学生学习描线的方法、技巧 辅具支持： 1. 借助数字和圆点引导学生进行连线	家长、教师

资料来源：周同学 2016~2017 学年第二学期个别化教育支持计划。

（三）未解："以子之矛攻子之盾"

在解释为何会提出为学生制定 IESP 时，学校的教研主任指出，最大的考量是尽可能多地为学生提供个性化的支持。在包班制的情况下，两名教师负责全班学生的教育教学工作，很难面面俱到地满足所有学生的需求，因此只能采取较为折中的方式，按照学生教育需求的紧迫性和现实操作的可行性，选出重点关注的学生，为其提供支持。但学校教育同时也要考虑公平性，所以使用轮流替换的方式，尽量使每位学生都有机会得到个性化的支持。这其实是对个体需求重视和全体公平兼顾之间的矛盾。

可以说，IESP 的提出看起来是一种迫于教学资源不足而做出的妥协，它使教师们得以免除在班级授课的趋同性要求和学生的多样化需求之间的挣扎。

我觉得 IESP 的提出挺好的，咱们就说一个班 2 个老师负责 8 个学生，平均一人分 4 个，上课也好教育教学也好，当然咱们力求每个学生都能根据 IEP 的目标去发展，但现实肯定就是很"骨感"，每个学生的 IEP 目标实现程度是有限的。可是如果我确立一个典型案例，一般情况下每个班的 IESP 案例都是这个班能力顶尖的孩子，目标完成度能到 90%，那对这个孩子来说不是很好吗？换句话说，如果我去平衡我们班这 8 个学生，每个人可能只能走一小步，还非得要求他抻着腿往前迈，就没有意义了是不是？但是我现在把一个孩子作为典型的 IESP 案例，给他有针对性的关注发展，他可能一下就往前迈了一大步。这不是也挺好吗？（I－T－AY－0102）

然而这样的做法也引发了部分教师的疑惑，认为 IEP 的本意就应该是从学生的角度出发，以生为本，围绕学生需求提供教育服务，IESP 所侧重的支持，实际上是 IEP 本身所应具有的必备功能之一，是 IEP 的"分内之事"。

> 说白了，因为我们是人人制定 IEP，然后从里面挑出一个学生，重点关注他，就叫 IESP。但是从理论上看，怎么说呢？感觉好像违背了 IEP 的理念一样。因为 IESP 的重点就是在分析学生的时候更加透彻一些，或者针对某个要达成的目标，给予的支持更多一点，比如家庭支持、社会支持什么的。但其实一想，这些不都是 IEP 本来要做的吗？那又要 IESP 干吗呢？（I－T－LT－1222）

而对 IESP 的提出和强调，看似一种额外的支持，实际上是和 IEP 相冲突的，会削弱教师对 IEP 的理解，模糊 IEP 的宗旨和概念。

> 按理说 IEP 本身就是应该给学生支持，但现在又单提出这么个 IESP，就相当于是什么意思呢？相当于老师要在趋同之后更关注个别的。那就说明你承认老师的精力是有限的，不可能以每个孩子为重点，或者说就已经默认了，在 IEP 的实践过程当中，老师不可能给每个孩子都单独做一个重点。所以实际上就是一种折中的办法。（I－T－LT－1222）

可以看出，在个案学校 IEP 发展的过程中，伴随着国家培智课程体系的不断完善，个案学校的教学由原本以 IEP 为统领，根据学生需求选择教育目标，逐渐转向从国家课程标准里选择目标并落实，这中间产生的一系列矛盾和冲突，导致教师对 IEP 的理解出现分歧。

本章小结

如第三章所述，X 培智学校通过制度上的强制、程序上的规范和认知上的统一等方式，将 IEP 作为制度落实在校内，成为学校内的教学规范工具，嵌入整个教学过程并指导教学工作。但是在实际执行 IEP 的过程中，该校仍然不可避免地面临种种困境，这导致 IEP 的实施过程充满矛盾和冲突，具体表现如下。

首先，在 IEP 的评估制定中，教师们面对量化测评的要求和测量资源的缺乏，陷入了精准与模糊的挣扎之中。这导致在 IEP 的评估结果中，标准化的评估基本是空白的状态，而课程本位评估也因为评估工具和实施形式上的不足，令教师对评估结果的准确性产生怀疑。由于基于这种模糊评估结果的 IEP 目标制定，要同时满足班级集体教学需求和学生个人发展需求，教师们感受到理想与现实之间的巨大落差。教师们难以确定 IEP 的目标是否能够遵循 IEP 的宗旨体现出学生的个别教育需求；同时，教师个人经验代替团队讨论协商而制定出来的长短期目标本身存在割裂、重复的问题，这也导致教师无法判断 IEP 目标能否促进学生未来成长发展。

其次，在 IEP 的实施过程中，教师们普遍体会到强烈的个人需求与集体授课之间的矛盾和冲突，并由此产生对实施效果的质疑：比如学生个别化的教育目标是否能够在追求内容趋同的集体授课中实现？在没有普适客观的量化评量标准的状况下，教师依靠主观经验对学生学习效果的评价是否可靠？原本是团队合作实施的 IEP 在两人包班制度下由教师单人单岗实施教学，是否真的能达到预期教育效果？被限定在培智学校范围内，缺少上级主管部门的资源支持和有效监督，在培训交流和家长配合都不尽如人意的状态下，几乎以隔离方式而存在的 IEP，能否达成促进学生教育融合和社会适应的宗旨？这些疑问直接动摇了教师们关于 IEP 是培智教学基础的原有认知。

最后，教师们对 IEP 的理解由熟悉走向陌生，甚至出现分歧。虽然大部分教师都认同 IEP 对培智教育教学的重要性，也对 IEP 理念持正向理解和支持态度，但是程序化的要求和烦琐的文本工作以及在实践中其对教学指导作用的减弱，都让教师们不堪重负，觉得 IEP 是形式大于实质的强制管理手段。与此同时，学校为缓解教师的压力而采用的 IESP，即在班级中选择一名学生并为其制定的详细扩容版的 IEP，虽然看似在实践中减轻了教师在班级整体和个人重点关注中的纠结，但在实际上使得教师们对 IEP 原本清晰的概念产生疑惑，进而质疑其存在的合理性。

上述矛盾和冲突导致 X 培智学校的 IEP 实施过程陷入困境，实施效果也不尽如预期。从新制度主义的视角来看，X 培智学校的 IEP 制度在规制性、规范性和文化－认知性维度都遭遇了冲击。

在规制性要素上，虽然 X 培智学校在全校范围内建立了明确的 IEP 制度规则，同时也通过监督机制和奖惩活动的设立，配合 IEP 制度的强制落实。但是当国家培智课程制度从无到有并日趋完善，且对培智学校的课程教学进行指导和规范时，IEP 作为学校层面的制度遭遇了来自国家层面的课程制度的强烈冲击。IEP 原本作为特殊学生教学总纲领的地位逐渐被国家培智课程取代，而且后者是培智学校作为基层教学单位不得不遵守的教学规范。受行政管理权力的约束，培智学校不得不调整制度规则，优先服从国家课程制度安排。

在规范性要素上，IEP 有明确的制定逻辑和实施规范，IEP 遵守以学生个人为中心的宗旨，通过量化的评估和教育过程监测，为学生提供个性化的教育支持。这些制度规范的落实有赖于宽松自主的课程选择权利、成熟完善的评估体系、专业配合的工作团队以及丰富可供选择的资源支持。但这都与 X 培智学校的教学运行常规形成一定程度的冲突，比如培智教学要遵循国家统一的课程标准，教学的重要形式是包班管理下的班级集体教学，教学过程注重日常渗透而非量化测评等。培智学校和普通学校相类似的集体教学规范与 IEP 以个人为中心的制度规范相冲突，培智学校教师作为教育行业的从业者，会优先选择已经成为职业规范的普通教育方式。

在文化－认知性要素上，IEP 代表的个人中心、权利本位的教育理念同样与我国传统社会历来形成的集体本位、慈善关爱的培智学校教育观念相冲突。培智学校作为社会组织，培智教师作为社会成员，都无法脱离已经形成的社会价值和教育观念的影响。因而在教学实践中，面对学生个人发展需求与班级教学目标实现的冲突，他们会自然地倾向于优先选择后者。

第五章

新制度主义视野下的培智学校 IEP 实施

本研究以 X 培智学校为例，对培智学校 IEP 的角色定位、实施过程以及效果进行分析。第二章梳理培智学校 IEP 实施的背景和缘由，分析 IEP 在我国培智教育教学中扮演的角色和承担的功能。第三章从制度确立的视角，阐述培智学校 IEP 实施的具体过程和保障措施。第四章总结培智学校 IEP 的实施效果及存在的困难和挑战。本章从新制度主义理论视角出发，在第二、三、四章研究结果的基础上，分析培智学校 IEP 的角色诠释与定位，总结培智学校 IEP 实施的过程特征，同时对培智学校 IEP 的实施效果进行分析讨论，并在此基础上尝试阐明培智学校 IEP 实施的困境及其原因，最后针对今后培智学校 IEP 的实施提出建议。

第一节　培智学校 IEP 的诠释与定位：
专业合法性的补充

IEP 并非诞生于我国本土教育情境，作为一种舶来品，IEP 在我国培智学校面临专业性和教育性质疑时，被作为专业象征符号而借鉴引进以提升学校的专业合法性，后在发展过程中被学校以制度的形式加以确认。IEP 在其发源地也是作为一种保障特殊儿童教育权利的制度而存在，并受到国家法律和行政体系的保障。在培智学校实施 IEP 的过程中，IEP 逐渐与我国本土特殊教育情境相融合，其权利保障色彩淡化，进而成为我国培智学校教育的教学规范工具，发挥教学指导作用。

一 培智学校合法性的构成与缺失

培智学校作为社会组织中的基本构成，其生存和发展离不开对合法性的追求和确认。新制度主义理论认为，合法性对于组织的发展至关重要，制度环境要求组织在其生存的环境中建立并维护合法性。[①]"合法性"中的"法"不仅包括法律、标准和规律，还包括共同信念、行动逻辑等认知方面的因素。[②] Scott 认为制度由规制性、规范性和文化－认知性三个要素构成，这三个要素也从各自的维度出发赋予组织三种不同的合法性。规制性要素强调遵守规章制度而获取合法性，组织的合法性体现在对相关法律法规的遵守上。规范性要素强调制度的说明性特征，即从更深层次的道德伦理角度评估合法性，比如组织不仅受到一般性的社会规范约束，还受到所在行业的职业标准和从业规范等具体、特殊的规范约束。文化－认知性要素则强调通过遵守共同的社会情境界定和参照体系规则，或者成为被认可的角色模板而获取合法性。组织需要符合社会生活中被视为理所当然的共享价值信念，在被社会成员广泛理解和接受的认知框架下行动，否则便被视为不具备合法性，这也是最深层的合法性。[③]

学校作为专门的教育组织，其合法性不仅受到国家相关法律及规章制度等具有强制效力的一般规范制约，还受到教育行业的职业道德和从业伦理等具体规范的约束。同时，学校组织还需要符合社会成员对"学校"这一组织角色的共同理解和认知。为了维持生存发展，学校组织需要在不同程度上同时具备规制、规范和文化－认知三个维度的合法性，任何一个维度合法性的缺失或不足，都会给学校组织造成合法性压力。

培智学校所面临的合法性压力与普通学校有所不同，这主要体现在文化－认知维度的区别上。作为对文化－认知性要素最为关注的新制度主义学者，Meyer 和 Scott 认为在合法性的形成过程中，认知和对组织行为理解

① 周雪光著. 组织社会学十讲 ［M］. 北京：社会科学文献出版社，2003：67 – 78.
② 何霞. 中国公益组织合法性危机演变与行动策略研究——基于新制度理论和扎根理论的分析 ［J］. 广州大学学报（社会科学版），2016，15（8）：48 – 56.
③ W·理查德·斯科特. 制度与组织——思想观念与物质利益：第 3 版 ［M］. 姚伟，王黎芳，译. 北京：中国人民大学出版社，2010：67 – 71.

的特性比价值判断的特性更为重要。① Suchman 在此基础上，更进一步指出合法性是一个文化过程。他认为合法性是由社会建构的，反映了一种被认定合法性的组织和某些特定社会群体的信仰之间的一致性。因此，合法性并不是个人对于组织行为的价值判断，而是社会群体作为一个整体去接受或支持组织的行为模式。② 培智学校作为以残疾群体为教育对象的学校，在创办时突破了社会成员对残疾群体生活的原有认知和固定想象。

培智学校是针对残疾儿童的教育组织。而残疾儿童享有平等的受教育权从来都不是一个理所当然的社会共识。尽管从古代社会起，政府就设置专门机构去关注残疾人的生存状况，比如《周礼·地官·大司徒》中记载，"以保息六养万民，一曰慈幼，二曰养老，三曰振穷，四曰恤贫，五曰宽疾，六曰安富"，可以看出当时政府已提出了减免残疾人税收的具体政策。③ 但这大多数只是出于儒家"仁爱"思想或者政府巩固统治目的的附带之举，是出于对残疾人的同情和怜悯，将残疾人"收而养之，官而衣食之"。残疾人是被排除在正常群体之外、接受救济施舍的对象，他们并不被默认享有与普通人一样的受教育权。比如清朝政府 1902 年颁布的《钦定小学章程》中明确规定："凡（1）资兴太低，难期进益者，（2）困于疾病者都应退出学堂。"在第二年发布的《奏定初等小学章程》中仍然规定："学龄儿童，如有疯癫痼疾，或五官不具不能就学者，本乡村绅董可奏明地方官，经其查实，准免其就学。"④ 由此可见，漫长的封建社会把残疾儿童的教育排除在外。近代真正意义上的特殊教育最早是在清末民初，与西方传教士的教会慈善有关，而且多集中在盲哑这类无明显智力落后的儿童教育上，培智学校的主要教育对象——智力落后儿童仍被排斥在

---

① Meyer J W, Scott W R. Organizational Environments: Ritual and Rationality [M]. Beverly Hills: Sage, 1983.

② Suchman M C. Managing legitimacy: Strategic and institutional approaches [J]. Academy of Management Review, 1995, 20 (3): 571 – 610.

③ 皮悦明，王庭照. 中国共产党百年特殊教育思想与实践发展道路回望 [J]. 中国特殊教育, 2021 (9): 3 – 9.

④ 索宇静. 身心障碍家庭中女性照顾者的角色建构和变迁研究 [D]. 呼和浩特: 内蒙古师范大学, 2020.

教育系统之外。新中国成立前，全国有 42 所盲哑学校，在校生 2380 名，[①]没有一所培智学校。直到 1982 年《中华人民共和国宪法》颁布，规定"国家和社会帮助安排盲、聋、哑和其他有残疾的公民的劳动、生活和教育"，智力落后儿童才作为"其他有残疾的公民"的组成部分，间接被国家教育系统承认。1986 年《中华人民共和国义务教育法》颁布，第九条规定"地方各级人民政府为盲、聋哑和弱智的儿童、少年举办特殊教育学校（班）"，培智教育才终于在国家教育体制中获得正式资格。[②] 此时，距 X 培智学校成立，仅有两年。

国家法律政策的认可并不代表社会实际生活中的接纳。事实上，虽然中国社会受儒家文化"仁爱"思想影响，对残疾人始终抱有同情和关怀，但残疾人被排斥于主流社会之外、处于社会底层、承受污名与歧视，也是不争的事实。普通大众往往对残疾人依据先验认知赋予"行为怪异"、"丑陋"、"罪恶"、"因果报应"、"低能"以及"危险源"社会意义，并据此对残疾人的社会身份进行理解和建构，做出区别于"我群"的"他者""异类"的判定，最终将他们隔离与排斥在社会的角落或边缘。[③] 而且这种污名和歧视的影响还会连带扩散到与残疾人相关的群体，比如家庭成员、特殊教育教师、护理人员、社会工作者等。由于与残疾群体的密切关系，他们不仅见证残疾群体遭受污名的经历，其自身也有可能经历连带污名化，这将进而影响到他们的身心健康及他们对待残障人士的态度和方式。[④]

在本研究中，X 培智学校诞生于 20 世纪 80 年代，社会对于残障儿童的认知和理解仍然停留在医学关怀层面，认为他们不能像普通儿童一样被视为"可教育对象"，想当然地将培智学校视为收留养护残障儿童的"福利机构"。培智学校作为残疾儿童的受教育场所，是一个边缘群体的"聚

① 中华人民共和国国家统计局编. 中国统计摘要 2018 ［R］. 北京：中国统计出版社，2018.

② 于素红，陈路桦. 我国义务教育阶段特殊教育政策演进评析 ［J］. 中国特殊教育，2020（6）：3 - 9.

③ 关文军，颜廷睿，邓猛. 社会建构论视阈下残疾污名的形成及消解 ［J］. 中国特殊教育，2017（10）：12 - 18.

④ 陈福侠，张福娟. 国外残疾污名研究及对我国特殊教育的启示 ［J］. 中国特殊教育，2010（5）：3 - 7；谢燕，肖非. 残疾污名的形成机制与去污名的路径探析——基于融合教育的理论视角 ［J］. 现代特殊教育，2016（22）：10 - 17.

集地",培智学校的教师、相关工作者,都不可避免地受到污名和歧视的影响。X 培智学校是国内兴建的第一批培智学校之一,作为时代和社会发展的新产物,其各项教育教学工作都处于实验探索阶段,尚未形成关于培智教育的职业发展规范。所以,即便 X 培智学校是政府公办学校,符合法律及国家正式教育制度的要求,具备规制上的合法性,但是从当时已有的社会认知和文化规范来看,培智学校不论教育场所、教育资源、教育对象还是教育者,似乎都不满足人们对于一所"教书育人"的学校的期待。因此,从培智学校本身来看,它面临着巨大的专业合法性压力,迫切需要通过合格甚至高水平的教育教学质量来证明自己是教育专业组织,而不是被社会忽视或排斥的边缘分子。

二 IEP 是特殊教育专业合法性象征

学校组织专业合法性的建立可以通过教育质量的提升来实现。在个案学校建校初期,从国家教育政策体制来看,我国尚未发展出本土情境下成熟并可供遵守模仿的培智教育课程体系和教学实践规范。与之相反,IEP 则已成为特殊教育领域的专业标志,是"特殊教育质量保障的基石"。[1] 这种专业合法性被许多国家和地区以教育法律、特殊教育行业规范等不同方式从理论和实践方面予以高度认可,这令 IEP 成为具有高度合法性的专业象征,具体表现如下。

首先,不同国家和地区的法律与规定确立了 IEP 的规制合法性。IEP 从诞生之日起就具备强有力的制度规制合法性,这种合法性以法律为强制性依据,并受其他社会制度协调保障。比如美国的《所有障碍儿童教育法》对 IEP 的制定程序、内容结构、角色定位、保障方式等关键内容做出规定,并指出 IEP 文本具备和其他法律条例一样的法律效力。[2] 英国 1994 年颁布《实践法则》(*Code of Practice*),详细介绍和分析了 IEP 的概念,

---

① 傅王倩,王勉,肖非.美国融合教育中个别化教育计划的发展演变、实践模式与经验启示 [J].外国教育研究,2018,45(6):102-115.

② Education for All Handicapped Children Act of 1975. Pub. L. 94-142 [EB/OL]. (1975-11-29) [2021-07-10]. https://www.govinfo.gov/content/pkg/STATUTE-89/pdf/STATUTE-89-Pg773.pdf.

并规定学校应当为学生制定 IEP，用以记录该学生的教育需求、教育安置、相关教育支持和课程以及其他非教育体系服务，如医疗和社会福利等。① 我国台湾地区 1997 年修订《特殊教育规定》并颁布《特殊教育规定施行细则》，将 IEP 作为规定强制项目列出，前者奠定了 IEP 的规定基础，后者明确了 IEP 的具体内容、实施方式和转衔服务。② 此外，澳大利亚、加拿大、新西兰、沙特阿拉伯等国家也都以法律形式明确 IEP 在特殊教育中的角色和地位，并对其实施过程提供制度、资源保障和发展监管机制，以保证 IEP 得以被顺利执行，从而提升特殊儿童教育质量。③

其次，特殊教育专业协会证明了 IEP 的规范合法性。除了法律程序保障之外，特殊教育专业协会对 IEP 的认可和规范，在建立 IEP 程序规范的同时也丰富了 IEP 的专业合法性形象。比如国际最大的特殊教育专业组织——特殊儿童委员会（CEC）。在其所有关于特殊教育专业化发展的标准和资源中，IEP 的相关内容都是不可忽略的重要组成部分。比如 CEC 颁布的初级特殊教育专业人员培养标准和高级特殊教育专业人员培养标准，都明确规定特殊教育教师要掌握 IEP 的相关实施技能。④ 这些从业标准和职业核心素养是美国乃至世界范围内特殊教育教师的培养榜样和质量评估准则，而这之中包含着制定和实施 IEP 的能力。

与此同时，虽然我国大陆地区没有将 IEP 作为正式法律，但是自 20 世纪 80 年代末起，政府相关教育政策就一直将 IEP 作为一种特殊教育专业提升方式加以倡导。从 1987 年《教学计划》，到 1994 年《残疾人教育条例》和《教育训练纲要》，都特别强调要"为每个学生制定个别化教育训练计

---

① Rita Cheminais, Every Child Matters: A practical Guide for Teachers [M]. London: Davud Fulton Publishers, 2006: 37; Department of Education. Code of Practice on the Identification and Assessment of Special Educational Needs [EB/OL]. (2017 – 10 – 10) [2021 – 10 – 10]. https://www.education – ni. gov. uk/publications/code-practice-identification-and-assessment-special-educational-needs.

② 李翠玲. 个别化教育计划（IEP）理念与实施 [M]. 台北：心理出版社，2007：5 – 8.

③ Alkahtani M A, Kheirallah S A. Background of individual education plans (IEPs) policy in some countries: A review [J]. Journal of Education and Practice, 2016, 7 (24): 15 – 26.

④ Council for Exceptional Children (CEC). Advanced Special Education Preparation Standards [EB/OL]. (2020 – 08 – 20) [2021 – 10 – 10]. https://exceptionalchildren. org/standards/advanced-special-education-preparation-standards.

划。"在此背景下，IEP 作为专业象征性符号的形象深入人心，是培智学校提升专业合法性的不二之选。

三 培智学校引入 IEP 规范教育教学

为了获得制度环境的认同，取得社会合法性，各个组织都倾向于采用被认为是合理的、导致各组织间类似的结构和做法。① 这也是新制度主义理论在被用来解释组织趋同现象时所提出的"合法性"（legitimacy）机制。合法性机制会对组织产生约束，迫使组织通过遵守法律（强迫性机制）、模仿成功同行（模仿机制）和遵照社会固有规范（社会规范机制）等方式提升合法性。② 回顾培智学校的发展历程和我国培智教育的国家课程体系建设，不难发现，培智学校在建校初期面临着巨大的专业合法性压力，需要通过教学质量提升来证明自身存在的意义，而 IEP 制度则是极具专业合法性的象征符号，通过国际教育交流、专家培训等多种方式被培智学校认识。受合法性机制的影响，培智学校通过主动模仿同构了 IEP 制度，完成了自身合法性的部分证明。同时，在发展过程中，培智学校结合本土教育实践，对 IEP 的角色进行调整取舍，将 IEP 原本的权利保障色彩淡化，使其成为名副其实的教学指导工具。

（一）IEP 是培智学校教学规范提升工具

在培智学校 IEP 的发展过程中，教学规范工具是培智学校对 IEP 最重要的角色认可和理解，这种诠释受到校内的制度规定和国家培智教育相关政策对 IEP 角色定位的影响，也是培智学校教学实践中 IEP 作用自然呈现的结果。

1. IEP 旨在提升教学质量

不论在国外还是国内，提升教学质量始终是 IEP 不变的宗旨，因此 IEP 才被称为"提升特殊儿童教育质量的基石""特殊教育质量保障"。从政策类型和来源来看，IEP 多见于我国特殊教育质量发展相关的政策规划中。比如 IEP 最早出现在 1994 年的《教育训练纲要》中，要求"针对每

---

① 王海英. 学校组织的行动逻辑 [D]. 长春：东北师范大学，2009.
② 周雪光. 组织社会学十讲 [M]. 北京：社会科学文献出版社，2003：67－78.

个学生的不同特点，为每个学生制订个别教育训练计划"。而后 IEP 不断出现于特殊教育质量提升的相关政策中，比如 2007 年的《培智课程方案》，2014 年的《提升计划一期》《培智课程标准》《提升计划二期》，2017 年的《残疾人教育条例》，2020 年的《随班就读意见》等。此外制定和实施 IEP 的能力还被作为特殊教育教师职业的核心能力构成纳入 2015 年的《特殊教育教师专业标准（试行）》和 2021 年的《特殊教育专业师范生教师职业能力标准》中。从具体表述来看，IEP 在政策中的角色定位基本都是提升特殊教育质量、促进特殊儿童发展的教学工具。比如上述政策基本都要求学校或教师要围绕学生发展特点和需求，根据教育评估结果和课程内容，合理地调整教学目标和教学内容，为学生制定 IEP，以此"为每名学生提供适合的教育"，提高特殊教育的针对性，促进学生的教育质量和个性化发展。

除了教育行政部门的教育政策定位，培智学校的发展规划及指导策略中也是将 IEP 定位成教学发展工具。IEP 被我国培智学校引进，其初衷便是引领培智学校的课程教学，提升特殊教育发展质量。在实践中 IEP 确实起到了指导培智学校课程教学的作用。比如 X 培智学校在发展过程中，建立了以 IEP 引领教学的指导思想，将个别化教育称为"学校课程的总构想"，并以此为依据创建了"个别化教育新课程体系"，通过与德育、班级管理、转衔就业等教育活动的互相联系配合，提升学校教学质量。由此可以看出，不管校内还是校外，培智学校 IEP 相关的发展定位都指向教育教学质量的提升。

2. IEP 程序规范教学过程

正如前文对个案学校的介绍和描述，培智学校在建校之初缺少国家课程政策的具体指导。从培智教育课程改革的重要指导文件，如 1987 年的《教学计划》、1994 年的《教育训练纲要》、2007 年的《培智课程方案》以及《培智课程标准》可以看出，培智教育国家课程制度经历了从无到有，从概括到具体，从校本、地方到国家的变化特征。培智教育国家课程制度的发展过程，也是培智学校从模仿普通教育体系教学规范到建立自身特有教学规范的发展过程。IEP 在这一过程中起到举足轻重的作用。

首先，IEP 以其自身的固定程序为培智教学活动的开展提供程序性指导。教育政策制度通常建立在实践探索取得一定成效之后，因此与实践相比存在某种程度的滞后性。在我国培智教育制度建立完善之前，IEP 以其相对固定规范的程序为培智教学的开展提供榜样和参考。比如，虽然各个国家的 IEP 实施程序稍有不同，但是总体来看，基本都会包括"需求评估—目标制定—教育服务提供—目标达成评价"等固定环节。① 其中"需求评估"是 IEP 区别于普通教育的最重要环节，也是特殊教育"以学生个人为中心"的最集中体现，这是在以班级授课为主的普通教育体系中难以达成的。由于个体发展差异较大，教师难以用普通儿童的发展标准来评判特殊儿童的教育需求，而需求评估是 IEP 制定的前提基础，决定着 IEP 的实施质量，因此，很多国家都会将 IEP 的评估单独提列出来作为 IEP 重要的法定构成。② 培智学校依照 IEP "需求评估"这一程序，在备课环节中增加评估学生需求的步骤，迅速增强了教师对学生个别需求的了解，提升了教学的针对性和有效性。从对个案学校的教师访谈以及对其教学实践的观察中也发现，很多教师认为 IEP 对教学最大的指导意义在于，它提供了让教师逐一分析学生现有发展水平和教育需求的思路和工作环节，解答了备课教学过程中的困惑和疑虑，让教师们感受到培智教学工作的独特性和专业性。

其次，IEP 程序与培智教学过程紧密相连，互相嵌套，互相规范。除了以自身的程序性规范培智教学环节，培智学校 IEP 的发展也受到培智课程教学体系的影响和制约。比如个案学校中的 IEP 的所有程序都与教学环环相扣，IEP 的评估要使用基于国家培智课程标准而制定的课程本位评估标准；IEP 的制定要在国家培智课程体系框架内，长短期目标直接来源于国家课标；IEP 的实施安排要参照国家培智课程方案，IEP 目标落实要贯穿所有学校教育活动；IEP 的评价要基于教学活动反思；这些流程通过校内工作制度的方式予以确定，并成为教师的职业角色任务，内化到教师的职业规范认同中，成为培智教学中教师必须或者自觉遵从的行动方式。可

---

① Wehman P. A new era：Revitalizing special education for children and their families［J］. Focus on Autism and Other Developmental Disabilities，2002，17（4）：194 - 197.

② 戴士权. 美国特殊教育领域中个别化教育计划的立法演进及对我国的启示［J］. 外国中小学教育，2018（5）：33 - 38，8.

以看出，IEP 是培智教学过程实实在在的、不可或缺的组成部分。

（二）权利保障非培智学校 IEP 角色重点

IEP 诞生于美国 1975 年颁布的《所有障碍儿童教育法》。该法案受当时的民权运动影响，旨在保护包括残疾儿童在内的少数特殊儿童的受教育权利。法案规定了美国特殊教育发展的六大原则：零拒绝、非歧视性评估、免费适当的公立教育、最少受限制的环境、正当程序和家长参与。其中免费适当的公立教育原则中就规定要为每位 3 ~ 21 岁身心发展障碍儿童设计制定 IEP。[①] 由此可见，IEP 最初是作为特殊儿童教育权利保障的具体方式而存在的。此后 IEP 也一直扮演着特殊儿童教育权利保障的角色。这种保障的具体体现如下。

首先，IEP 作为法律本身为权利保障提供了基础。特殊教育服务提供团队可以通过 IEP 评估来决定儿童的教育安置方式，作为法律的组成部分，IEP 规定的安置方式和教育方案具有决定性。同时，法律对 IEP 的程序过程和决策结果予以保护，对违反 IEP 相关规定的人员实施强制惩罚。[②] 其次，在联邦、州、学区和学校，都有专门的行政机构和人员执行管理 IEP，为权利保障提供制度和资源。[③] 最后，特殊儿童家长的教育诉讼从侧面确保了 IEP 的执行和质量。[④] 由此可见，不论在法律文本还是实践中，IEP 都是一种强制保障特殊学生教育权利的工具，体现出法律政策制定者对于弱势群体的倾斜与保护。

---

① Education for All Handicapped Children Act of 1975. Pub. L. 94 – 142 [EB/OL]. (1975 – 11 – 29) [2021 – 07 – 10]. https://www. govinfo. gov/content/pkg/STATUTE – 89/pdf/STATUTE – 89 – Pg773. pdf.

② The IRIS Center. IEPs：How administrators can support the development and implementation of high-quality IEPs [EB/OL]. (2019 – 11 – 29) [2021 – 07 – 10]. https://iris. peabody. vanderbilt. edu/module/iep02/.

③ U. S. Department of Education, Office of Special Education Programs (OSEP) [EB/OL]. (2021 – 04 – 05) [2021 – 07 – 10]. https://www2. ed. gov/about/offices/list/osers/osep/index. html.

④ Burlington v. Department of Education of Massachusetts [Z]. 451 U. S. 359. 1985；Couvillon M A, Yell M L, Katsiyannis A. Endrew F. v. Douglas County School District (2017) and special education law：What teachers and administrators need to know [J]. Preventing School Failure：Alternative Education for Children and Youth, 2018, 62 (4)：289 – 299；Yell M L, Bateman D F. Endrew F. v. Douglas county school district (2017) FAPE and the US supreme court [J]. Teaching Exceptional Children, 2017, 50 (1)：7 – 15.

相比之下，我国培智学校的 IEP 并不具备特殊儿童教育权利保障的功能。首先，培智学校的 IEP 并不具备如美国或其他国家地区 IEP 那样的法律强制效应。我国特殊教育政策中出现的 IEP，多数情况下是作为一种教育手段或教学策略存在的，缺少具体的监督和奖惩机制，只能起到一种倡导、建议、非强制性要求的作用。而且 IEP 的执行和实施通常在具体的学校情境中进行，学生只有在享有教育权利、进入学校之后，才会被制定 IEP，换句话说，IEP 是学生受教育权利的具体体现而非保障措施。其次，在培智教育国家课程方案和标准颁布后，培智课程逐渐开始从地方课程和校本课程走向国家课程，培智教学也有了统一的课程体系和教育内容。培智学校基于落实国家课程政策的义务，在制定 IEP 时将国家培智课标作为 IEP 的目标，在某种程度上，IEP 间接成为落实国家课程政策的教学统筹工具，旨在规范教学活动开展。最后，正如前所述，IEP 在培智学校扮演的最主要角色是教学规范工具，这种规范体现为教学内容规范（教学大纲）和教学过程规范（教学环节）。即将 IEP 的固有程序"评估需求—制定目标—提供教育服务—目标评价"与教学常规环节"备课—上课—反思"相结合，通过 IEP 评估来了解学生个别化教育需求，通过上课来落实学生的 IEP 目标并收集反馈，通过反思来评估 IEP 的目标达成。可以看出 IEP 紧密地与课堂教学结合在一起。

第二节　培智学校 IEP 实施的过程特征：组织内的制度化

X 培智学校在将 IEP 引入学校发展后，采取种种措施建立并巩固 IEP 的教学指导地位，将 IEP 融入学校的正式制度中，并从学校的运行管理、资源分配、教师的认知观念等多个方面入手为 IEP 的发展提供保障。从新制度定义的视角来看，个案学校实际上是从规制性要素、规范性要素和文化－认知要素三个方面采取不同程度的强制措施，让 IEP 成为学校内部的正式制度。可以说，IEP 的实施过程，实际上是 IEP 在培智学校组织内部确立并制度化的过程。

一 以强制性制度规则作为 IEP 的实施基础

在规制性要素上，个案学校在全校范围内确立 IEP 制度并强制实施。规制性要素是指必须遵守的正式法律、法规、规章等，具有强制性和权威性的特征，它通过规则、奖惩机制来影响行为，行为主体则基于对利益的计算而采取权宜性策略来应对。① 个案学校的 IEP 不仅作为单独的学校制度被执行，还被融入学校已有的各项具有强制效力的制度中，与其捆绑共生，让教师不得不遵守。同时还有针对 IEP 而展开的各项检查评比机制，将 IEP 与教师的实际利益相结合，迫使教师遵守 IEP。通过强制执行的方式，IEP 成为个案学校重要的正式制度之一。

（一）制定明确的制度规则

明确的规则是制度的基础，也是制度实施的前提。IEP 自诞生起就有明确的制度规则，不同的国家以法律形式将 IEP 的实施程序、内容组成、团队成员等明确下来。②

在个案学校实施 IEP 的过程中，为了确保 IEP 被有效执行落实，学校将 IEP 以正式制度的形式固化下来，通过学校管理权力强制实施。首先，学校将 IEP 的制定程序、内容构成、参与人员通过统一格式的表格文本予以固定，使之成为教师制定 IEP 时必须遵守的指南和规范，通过不同表格的填写完成，带动 IEP 实施过程的不断规范完善。其次，学校将 IEP 的制定、实施、评价、监督、提升等，融入学校内已经成形并具有约束力的其他教学工作管理制度中，形成制度与制度之间的牵制力，通过其他制度明确的规则强

---

① W. 理查德·斯科特. 制度与组织——思想观念与物质利益：第 3 版 ［M］. 姚伟，王黎芳，译. 北京：中国人民大学出版社，2010：60 - 62.

② Chou C. A Review of the Implementation of the Individualized Education Program (IEP) Process in the United States and Chinese Taiwan with Suggestions for Improvements in Chinese Taiwan ［D］. The University of Iowa. 2002：30 - 35；Bateman B D, Linden, Mary Anne. Better IEPs: How to Develop Legally Correct and Educationally Useful Programs (3rd edition) ［M］, Longmont, Colorado: Sopris West, 1998；Department of Education. Code of Practice on the Identification and Assessment of Special Educational Needs ［EB/OL］. (2017 - 10 - 10) ［2021 - 07 - 10］. https://www. education-ni. gov. uk/publications/code-practice-identification-and-assessment-special-educational-needs；Cowne E. SENCO Handbook: Working within a Whole-School Approach ［M］. London: David Fulton Publishers, 2000：117.

化 IEP 制度规则的清晰度和强制力。比如学校在教案提交制度中规定 IEP 是教师需要提交的主要表格，除了每位学生单独的 IEP 文本，还有教师的学期备课计划、主题单元计划、周备课表和每日备课教案等，都需要涉及 IEP 的内容，并有相应的表格位置。IEP 是学校教学研讨制度中的固定主题，有时甚至作为学期教研总主题被反复讨论研磨。与此同时，学校通过课题申报制度对 IEP 进行持续系统的钻研，增强 IEP 的理论性，以"人人做课"制度对 IEP 的实施质量进行评优示范，采用推门听课的方式对 IEP 实施进行日常监督，同时根据德育工作计划将 IEP 的目标落实渗透学校生活的各个方面。IEP 制度本身的明确规则以及与其他制度之间的相互嵌套，使得教师在实施 IEP 时有据可依、有章可循，为 IEP 制度在学校的顺利执行奠定了良好基础。

（二）设立监督奖惩机制

监督奖惩是对制度执行状况的追踪督查，有助于执行者明确要履行的工作职责，增强对规章制度的执行力。在 IEP 立法的国家和地区中，IEP 的监督系统主要由利益相关者，如家长、教师、教育行政管理人员，以及相应法律部门如各级法院构成。[①]

虽然培智学校的 IEP 没有达到像上述国家法律形式监督的力度和范围，但在培智学校内，IEP 的实施建立了有限范围的有效监督。比如在培智学校刚开始推行 IEP 时，校长亲自监督指导教师撰写 IEP，这种校长把关的方式被几任校长采用甚至在一段时间内成为学校的"非正式惯例"。除此之外，学校还有定期的教学材料检查以监督 IEP 文本的撰写质量；通过听"推门课"制度来监督 IEP 的日常实施状况等；通过"人人做课"活动，对 IEP 执行质量高的教师进行奖励等。X 培智学校通过监督和奖励机制，提升教师落实 IEP 制度的动力，有利于 IEP 制度的有效执行。

二 以约束性职业期待形成 IEP 的实施规范

在规范性要素上，个案学校将 IEP 与教师的职业道德规范相结合。

---

① Mueller T G. Litigation and special education: The past, present, and future direction for resolving conflicts between parents and school districts [J]. Journal of Disability Policy Studies, 2015, 26 (3): 135 – 143; Doug C. v. State of Hawaii Board of Education [Z]. 720 F. 3d 1038 (9th Cir. 2013).

规范性要素是指行动者应当遵守的规范、义务和责任等，这些规则为个体或特定的社会职位确定行为目标以及达成目标的特定方式，从而形成一种规范性的期待。这种期待会对行动者造成外部压力，再被行动者不同程度地内化成自我约束，由此构建起相应的职业角色。规范性要素通过约束性期待机制来影响行为者，社会规范通过公众所认可的价值观念和行为准则，对行为主体的行为产生具有约束性的期待，行为主体在面对具有道德合法性的规范性制度时，往往基于社会责任而遵守这种期待并规范自我行为。① 个案学校将 IEP 作为教学规范工具嵌入以国家课程体系为框架的培智教学过程中，用程序性的步骤将 IEP 固化为培智学校教育教学规范和教学实践的组成部分。IEP 成为培智教师专业化发展的象征，作为特殊教育行业工作者，要实施教学就必须遵守包括 IEP 在内的职业规范和工作守则。反之，若特殊教育工作者在教育时不执行 IEP 或是对 IEP 不了解，都会造成人们对其专业水平的质疑，引发教师包括羞耻感在内的负面情感，这样的情感为行为主体遵守主流规范提供了强有力的诱因。

（一）以培智教育目标引导 IEP 价值取向

"教给学生什么知识能力"或者说"培养什么样的学生"是培智教育课程改革无法回避的问题，这实际上关乎培智教育的目标、方向以及内容。我国培智教育在长期教育实践的基础上，形成了"生活化课程"的基本原则并以此指导培智学校的课程设置与改革。② 比如 1994 年的《教育训练纲要》，就确定了培智教育以"生活适应"为理论核心，注重"实用性"和"应用型"的发展原则。③ 2007 年的《培智课程方案》在此基础上更进一步，提出以生活为核心的思路，从课程设置的角度说明学校要深入探讨教学生活化的内涵、理论依据以及具体表现形式，为培智学校教学生

---

① March J G. Rediscovering institutions：The organizational basis of politics [J]. 1989：23；W. 理查德·斯科特. 制度与组织——思想观念与物质利益：第 3 版 [M]. 姚伟，王黎芳，译. 北京：中国人民大学出版社，2010：62 - 64.

② 邓猛，景时，李芳. 关于培智学校课程改革的思考 [J]. 中国特殊教育，2014（12）：30 - 35.

③ 吴春艳. 论培智学校教学生活化 [J]. 中国特殊教育，2012（3）：28 - 32.

活化的实践指明了方向。① 与此同时，众多研究结果也表明，培智学校的培养目标在实践中表现出一致性，"适应生活"成为诸多学校校本课程改革培养目标研究的核心，其强调无论文化科学知识教育、技能教育还是身体训练，都旨在让学生适应生活，能够生存和发展。②

这样的教育价值取向无形中规范着个案学校的 IEP。个案学校建校较早，几乎完整经历了 20 世纪 80 年代以来我国培智教育的历次课程改革，同时学校自身也结合教学实际不断调整课程发展的方向。"适应生活"的培智教育理念一直是个案学校 IEP 目标制定的最终追求和具体体现。比如很多教师认为 IEP 的优势就在于与培智教育目标的紧密结合，IEP 为学生发展提供长期教育指引，从学生成长的最终目的——融入社会、适应生活，来考虑当前的教育方案制定和教学内容选择。同时，在 IEP 目标的具体制定过程中也会考虑学生在实际教育生活情境中的适应能力培养。比如教师在根据国家课程标准进行 IEP 长期目标的二次筛选时，也会考虑学期的学习生态环境和目标对学生的实用程度，如季节气温、教学条件和家庭应用条件等，进而在此基础上选择适宜本学期开展教学的长期目标。

（二）以国家培智课程框定 IEP 内容范围

国家课程体系是培智教育发展的方向指导和实施指南。从 20 世纪 80 年代起，教育行政部门便颁布实施了一系列课程教学政策，规范我国培智教育的发展。X 培智学校也在政策指导下进行相应的课程调整改革，IEP 作为教学内容改革和实验的重要抓手，配合并支撑着学校的课程教学发展。具体表现如下。

首先，IEP 的调整优化在培智课程改革的指导框架下进行。1988 年，个案学校在《教学计划》的要求下开始实施分组教学，由此开启 IEP 探索

---

① 李淑梅. 以"生活适应为核心有效学科整合"课题初探［J］. 新课程学习（中），2013（11）：63；教育部关于印发《盲校义务教育课程设置实验方案》、《聋校义务教育课程设置实验方案》和《培智学校义务教育课程设置实验方案》的通知［EB/OL］.（2007 - 02 - 02）［2021 - 9 - 23］. http：//www. moe. gov. cn/srcsite/A06/s3331/200702/t20070202_128271. html.

② 王辉. 我国培智学校课程改革研究的现状、反思与展望［J］. 中国特殊教育，2010（12）：47 - 52.

之路。1994 年《教育训练纲要》颁布，开始实施中度智力落后学生教学改革，针对智力残疾及学生的特点规定了培智教育的三大教学领域：生活适应、活动训练和实用语算。同时改革"扩大了地方和学校课程安排的自主权……部分学校开始探索校本课程的开发和实施"。[①] 在这样的背景下，X 培智学校开展了六大领域的主题教学实验，同时开启全员制定 IEP 的实践，对培智教育的培养目标、课程设置原则等内容进一步细化和规范。2009 年 X 培智学校在 2007 年《培智课程方案》的影响下，开始实施包班制综合课程改革，尝试由两位教师包班负责全班学生的综合课程教学，由此改变了教师以个人学科为依据制定不同学生单领域 IEP 的做法，转向多位教师围绕一名学生讨论制定 IEP 目标，形成以学生为中心的一套完整 IEP 文本。由上述变迁可以看出，IEP 的每次重要调整和优化都是在培智课程改革的指导框架下进行的。从以教师为中心的全员制定单领域 IEP，到以学生为中心制定 IEP，最开始的变动契机都是培智课程改革，而 IEP 的内容依据和目标来源也都会依照历次课程改革进行适当的调整。

其次，IEP 的长短期目标直接来源于国家课程标准。除了紧跟课程教学改革以外，X 培智学校的 IEP 发展始终遵循着课程标准的指导框架。从学校自编的课程纲要和课程标准，到北京市推行的《培智课程标准（实验稿）》（简称三大领域课程标准，包括智能发展领域、社会适应领域、生活实践领域），再到 2016 年教育部出台的《培智课程标准》，IEP 的评估、目标选取、效果评价，都以上述标准为核心准绳。2016 年教育部出台《培智课程标准》，学校在第一时间做出回应调整，组织骨干教学力量将新课程标准逐一解读，在解读过程中将目标进一步按照知识顺序或能力要求进行细化分解，并将其编码，形成一套更为细致具体的新课程标准编码。细化后的课程标准也替代原有三大领域课标，成为教师制定 IEP 目标时的主要参考来源。

（三）以教学实践过程调整 IEP 实施程序

虽然 IEP 本身有相对固定的实施程序和内容构成，但是在具体实施过

---

① 黄志军，曾凡林，刘春玲. 新中国成立 70 年来我国特殊教育课程改革的回顾与前瞻 [J]. 中国特殊教育，2019（12）：3 – 11.

程中，IEP 的目标落实过程需要与具体的教学情境相匹配。比如教师在通过课堂教学实现 IEP 目标时，除了考虑每个学生不同的现有发展水平及表现，还需要考虑教学环境和场所、教学时间点、教学材料、教学步骤、教学调整，并在此基础上采取不同的技能泛化策略、强化策略、积极行为支持方式，以及安排同伴支持等。可以说，IEP 的具体实施并没有固定的方式，是依照不同的教学实施情境而定的。

在这样的背景下，培智学校根据国家培智课程体系的要求，结合学校的日常教学实践，对 IEP 的方案实施、教学策略选择、目标达成方式等进行了本土化的调整，使其最大限度地嵌入培智学校教学各个环节，促进教学水平的提升。培智学校通过 IEP 与课堂教学互相嵌套结合的方式，将 IEP 纳入培智学校的教学规范，使之成为教师或者学校其他教育工作者在日常教学实践过程中需要遵守的培智教学秩序的组成部分。具体来看，学校采取了种种措施，比如在进行 IEP 的学生评估时，将我国学校教育特有的家访制度与 IEP 评估相结合，通过深入特殊学生家庭来最大限度了解学生的实际发展水平和教育需求。在 IEP 目标制定时，依照国家课程标准对教育内容的规定，从中选取学生的 IEP 长期目标，再结合学生的教育需求和实际教学情境，制定出 IEP 短期目标，将短期目标等同于课堂教学目标。在 IEP 实施时，通过层级化的备课体系、差异化的教学策略、多样化的教学组织形式等在课堂教学中落实 IEP 目标，同时以展能课、个人小组康复训练等课外活动对学生所学的技能进行应用泛化。IEP 的效果评估也与教学环节中的总结反思相结合，教师及时反思学生的课堂表现以评价教学效果和 IEP 目标的达成情况。此外学校还针对学生的不同个性发展需求制定个别化的德育支持计划。

可以说，IEP 的实施贯穿了 X 培智学校的所有教学过程和教学活动，成为学校教学不可分割的组成部分，教师作为教学活动的设计者和实施者，在整个教学过程中都必须考虑到 IEP 的存在。通过这样的方式，IEP 制度成为培智学校教师自觉遵守的行业规范。

（四）以包班教学形式促进 IEP 目标达成

为了适应课程改革需要，更好地进行班级管理并提升教学效果，个案学校在全校实行两人包班管理制度。包班制（self-contained class）是与传统科任教师制不同的"新班级教育"模式，包班制班级通常由 2~3 名教师组成一个基本教育工作单元，全权负责一个班级的日常教学、常规管理和学生生活事务管理等工作。包班教师之间互相分工配合，依照学生特点开展各种教育教学活动。[①] 20 世纪 90 年代以来，随着我国融合教育理念的推行和随班就读政策的实施，培智学校的招生对象逐渐由轻中度障碍儿童转向中重度障碍儿童，学生障碍程度的增加意味着个体差异性的加大，需要更加有针对性的康复和教育支持。因此培智学校开始尝试包班制度，以便更有针对性地为学生提供教育教学服务。包班制也成为当前许多培智学校采用的班级管理方式和教学组织形式。

在个案学校 IEP 制定过程中，包班教师全权负责学生 IEP 的制定与实施。学校要求以班级为单位提交教学检查材料（包括教案、IEP、教学总结反思等），考虑到 IEP 制定和撰写的工作量问题，在综合平衡各班级人数后，学校要求每位包班教师负责班级内 4 名学生的 IEP 撰写工作。在包班制的班级管理制度下，两位班主任根据教学主题来制定相应的评估活动，共同完成 IEP 评估，然后商讨制定每位学生的 IEP 目标，最后再分工撰写 IEP 文本。IEP 目标主要通过上午的综合课程教学落实，而综合课程的主题选择、教学内容确定、教学策略选择等都是包班教师结合本班学生的 IEP 目标制定的，实施和评价过程也主要由包班教师完成。IEP 目标评估中所涉及的教学过程评价、期末活动评估，IEP 目标落实过程中对 IEP 进行的管理、调整等工作，基本由包班教师负责。此外与学生家长的沟通交流、IEP 会议的召开，也都由包班教师负责协调安排。

三 以建构性专业图式提升对 IEP 的实施认同

在文化 - 认知性要素上，个案学校建立了"IEP 是培智学校灵魂"这样的共享信念。文化 - 认知性要素是指那些被广泛接受、视为理所当然的知识和特定的看问题方式或图式等制度形态，它构成了关于社会实在的共

---

① 李晓娟，孙颖，贾坤荣. 关于培智学校包班制实践的思考 [J]. 中国特殊教育，2010（9）：48 – 52.

同理解和建构意义的认知框架。关注文化－认知性要素的研究者认为，大多数情况下行动者都会遵守制度规则，因为除此以外他们难以想到其他的行为方式；人之所以会遵守惯例，是因为他们将惯例视为一种"理所当然"，是"我们做这些事情的"恰当方式。[①] 在个案学校发展 IEP 制度时，可以看出学校通过专家讲座、交流研讨、教学实践等多种途径，持续不断地将 IEP 构建为培智学校"理所当然""不言自明"的共同理解。

（一）构建本土化 IEP 专业标志

如前文所述，IEP 原本是来自西方特殊教育的概念，有其自身独特的社会历史情境和文化发展背景。IEP 在被 X 培智学校借鉴后，与我国培智学校的具体教学实践相碰撞，经历了一个本土化的过程。在这个过程中，IEP 原本强调权利保障的色彩逐渐淡化，而其教学指导的功能被培智学校充分挖掘放大，形成了本土化的关于 IEP 的理解共识。具体来看，培智学校在汲取发达国家的 IEP 理论和实践经验的基础上，采取各种措施将 IEP 确立为学校发展的指导思想，引领学校的教学水平提升。通过制度融入、课题研究、专业研讨、教学实践等方式，个案学校创建了全校范围内的个别化教育新课程体系，使得原本散漫无序的日常教学内容被理论化和体系化，同时在此基础上树立了"个别化是培智教育的灵魂"的专业发展理念与标志。这种专业标志结合了培智学校的教育目标，即旨在通过教育让学生融入社会适应生活；强调了培智教育区别于普通教育的优势，即立足于学生个人发展需求制定教学目标；同时还突出了培智教育的特色，即从学生的整体成长发展来制定具有前瞻性和指导性的教学计划。这样的标志增加了培智学校教师对 IEP 的认可度，在教师群体内形成了对 IEP 教学指导角色的广泛理解与认同。

（二）以教学实践强化 IEP 认同

除了在校内树立本土化的 IEP 的教学角色，学校还通过教学实践过程与 IEP 的紧密结合，不断强化教师对 IEP 的认同度。具体来看，教学和

---

① W. 理查德·斯科特. 制度与组织——思想观念与物质利益：第 3 版 ［M］. 姚伟，王黎芳，译. 北京：中国人民大学出版社，2010：62－64.

IEP 环环相扣，相互交织，比如 IEP 评估来源于教学所用的课程本位评估，IEP 目标来源于培智教育国家课程标准，班级集体教学目标来源于对班级内学生 IEP 目标的趋同重组，教学效果的评价也以学生的 IEP 目标达成情况为依据。教师将 IEP 视为教学活动开展的基础，认为 IEP 在教学过程中扮演着分析学生能力的抓手、组织教学内容的线索以及把控学习进度的依据等多重角色。这是 IEP 作为特殊教育专业标志在实践中的具象化体现，且随着教学活动环节的开展，逐渐固定成学校特有的教学传统和理念风格，使得新进入 X 培智学校工作的教师遵循这种教学传统，自然而然地认可并遵守 IEP 制度。

第三节　培智学校 IEP 实施的效果分析：逐渐与教学脱耦

正如前文所述，经过种种努力，个案学校成功地在组织内部将 IEP 制度化，并依托 IEP 取得专业合法性，继而发展为行业内的先进榜样。然后正如新制度主义所指出的，组织与环境之间的关系是动态的，组织获取"合法性"的方式也是随着制度环境的要求而不断变化的。在缺少国家层面专业指导的情况下，IEP 是培智学校自发探索的获取合法性的重要途径。随着国家对特殊教育的推进，一系列教育政策被相继颁布以规范培智学校的课程教学，这些来自政府权威部门的政策指导，成为教育组织获取合法性的新依据。为了保持组织的合法性，培智学校不得不将发展重心由 IEP 制度化转向落实国家课程政策。这种转变导致校内制度化过程中的 IEP 遭受冲击，并逐渐与实际教学分离，呈现出脱耦的状态。

一　制度规制：IEP 制度服从于国家培智课程政策

我国培智教育一直都受到国家课程制度的指导和约束。1987 年的《教学计划》，规定了培智教育的培养目标和任务、学制及入学年龄、招生对象、教学组织形式、时间安排以及课程设置等。[①] 1994 年的《教育训练纲

---

① 朴永馨，主编. 特殊教育辞典 [M]. 北京：华夏出版社，2006：69.

要》确定了培智教育以生活适应为核心，注重应用性和实用性的课程设置原则，将培智教学内容聚焦在生活适应、活动训练和实用语算三个领域。[①]2007 年的《培智课程方案》和后续的《培智课程标准》，对培智教育的课程教学做了更加详细明确的规范。[②]

国家课程制度的实施在某种程度上可以被看作一个自上而下的政策落实过程，有配套的资源支持保障和相应的管理监督要求，各种因素相互配合形成体系共同促进课程顺利实施，培智学校作为教育制度的基本构成组织，有义务落实国家课程。具体到培智学校教学，以《培智课程标准》为例，文件本身规定了生活语文、生活数学、生活适应等十科课程内容，对课时设置比例、课程计划等也做了相应要求，同时课标是在众多教学经验的积累上总结提炼而成的，具有高度概括化的特征。在实际执行过程中，所有的资源支持、监督管理，都依照文件设置的要求进行，比如教学主要采取班级集体授课的方式，教学内容需要涵盖所有学科，教学目标需要平衡各个科目的所占比例，教学评价需要以课程标准为参考，教师备课、教研、培训、督导等以学科类别为划分依据，以课程落实为指导思想，这些因素共同构成了促进培智课程教学质量提升的发展体系。

反观 IEP，其制定和实施可以说是一个自下而上的过程，无一处不体现出强烈的个人中心色彩。比如它要求教学目标的个性化，要在对学生现有发展能力和教育需求进行全面客观评估的基础上，制定相应的教学目标和内容、安排课程进度和评价方式，不强调统一的课程标准或教学内容，不考虑学生与学生之间的进度比较，或是班级整体教学进度的掌握。每位学生根据自身发展情况拥有独一无二的课程表，教学评价也是依照学生个人的 IEP 目标进行单独评价。教学资源的配置和优化，是在考虑所有学生个性需求的基础上适当统筹管理，始终以满足每位学生独特的教育需求为出发点和最终归宿。在这种情况下，国家课程制度所强调的统一课程标准、规定教学内容、集体授课方式以及以此为准配套而来的资源和支持保

① 邓猛，景时，李芳.关于培智学校课程改革的思考［J］.中国特殊教育，2014（12）：28 - 33.

② 丁勇.为了每一个残障学生的发展——关于三类特殊教育学校义务教育课程设置实验方案的述评［J］.中国特殊教育，2009（10）：14 - 19.

障，都与 IEP 个人中心的要求产生碰撞和冲突。

对于培智学校来说，国家课程制度具有优先合法性，其政策的强制性远远高于学校内部自行建立的 IEP 制度。国家课程制度意味着各地教育部门需要严格遵守并执行。比如，为了做好课程标准的落实工作，教育部专门印发通知做出具体部署，要求"各地将课程标准培训纳入教师培训计划，组织开展专题培训，全面覆盖特殊教育学校校长、教师、教研人员，并扩大到普通学校特殊教育资源教师。……积极引导广大教师依据课程标准组织教学……整合特殊教育中心、特殊教育学校、教科研机构和各种课程资源平台的有益资源，推动特殊教育课程资源共建共享"。① 而 IEP 作为 X 培智学校的内部强制制度，在面对国家课程制度时需要退让服从。这就使得 IEP 在实施过程中并不能完全遵守个人中心的逻辑而得到相应的制度资源保障，它不得不并轨到国家课程制度实施的道路上来，在国家课程标准的框架内制定实施，这限制了 IEP 的开展。

二 制度规范：IEP 程序让位于培智教育传统惯习

教育的最终目的是人的发展，而人的发展是随时随地进行的。因此个案学校认为学生在学校的每一分每一秒都是学习成长时间，教师除了课堂上的教学活动，还要开展各式各样丰富多彩的德育活动，比如"国旗下讲话""戏剧节""融合活动""主题展演"等，同时在课间教师们也要关注学生的行为表现，对学生的恰当行为进行表扬和奖励、对问题行为予以制止或规范。教师们认为这些散落在学校生活中的片段也是培智教育的重要内容，是关注人的发展的重要体现。正是抱着这样的教育理念，教师们把握课堂以外的教育时间和机会，关注自身的言行举止和道德规范，注重言传身教，不拘泥于常规教育形式和手段，根据实际情况增加或调整教育内容和目标，帮助学生成长，逐渐形成一种"润物无声"的教育方式。这种教育方式历来受到我国教育文化的认可和推崇，甚至被认为是教育"艺术

---

① 教育部. 教育部发布实施盲、聋和培智三类特殊教育学校义务教育课程标准［EB/OL］. (2016 - 12 - 23)［2021 - 9 - 13］. http://www. moe. gov. cn/jyb_xwfb/gzdt_gzdt/s5987/201612/t20161213_291720. html.

性"的体现。

培智学校更是如此。由于培智教育课程设置不似普通学校分科教学那样明确，教学内容也缺少学科课程那样清楚的结构逻辑，加上适应生活课程理念的期待和要求，在以适应生活为核心而建立的课程教学体系框架内，教师们认为与普通学校注重学生学业能力不同，培智教育的最终目的是培养学生的社会适应能力。而适应生活是一个长期、全面的过程，无法用具体的标准去衡量，也没有衡量的必要。当被问及如何评估学生的进步与发展时，教师们表现出一种矛盾性，一方面他们认同普通学校教育的普遍做法，即需要评估学生的进步与发展，以便为教学提供反馈信息，更加恰当地调整教学内容或方法；另一方面他们又认为普通学校的学科水平测验不适合培智教育，培智学生的进步衡量标准无法像分数一样被精确地划分出等级。正是基于上述情况，学校才会采取教学材料提交、互相检查、听"推门课"、教学研讨、课后反思、单元总结、期末活动评估等方式，在侧面掌握学生进步情况的同时，监督促进教学质量的发展和提升。

"润物无声"的教育方式虽然得到培智学校的高度认可，但却与 IEP 的程序规范要求相矛盾。IEP 遵循的是实证主义范式，强调科学与精确测量，通过客观有效的科学测量工具和鉴定程序来诊断障碍类型和程度，并据此发展出科学的教育和干预手段。[①] 但是在培智学校中，教师们认为精准量化的教学质量评价是没有必要且无法实现的。教师虽然出于教学需要认可 IEP 测量评估的重要性，但他们基于自身生活经验和教育理念对 IEP 测量主义的价值取向表现出明显的不解和抗拒，认为精确的测量是没有必要的，无法在真正意义上衡量学生的成长进步。同时，由于现实测量资源的匮乏，比如没有测量工具、没有评估时间、没有测量评估相关的专业培训，教师们没有途径和方法去更新测量评估观念、掌握相应的测量知识和技能等，这使得 IEP 的测量评估有流于形式之感，教师难以通过它准确掌握学生的现有发展水平和教育需求，匹配出恰当准确的教育目标，提升教学的有效性。

---

① 邓猛，郭玲. 西方个别化教育计划的理论反思及其对我国特殊教育发展的启示［J］. 中国特殊教育，2010（6）：3-7.

除此之外，培智教育中普遍采用的包班制教学方式也给 IEP 的实施增加了难度。包班制教学虽然能够增加教师对学生的了解程度，提升课堂教学的灵活性和针对性，但它同时也给 IEP 的团队合作实施增添了难度。首先，包班教学打破了 IEP 团队合作的概念和程序。IEP 从诞生之初就被赋予团队合作的特性。虽然 IEP 一般实行个案负责人制度，但不论在 IEP 评估、目标制定还是服务提供以及评价的过程中，IEP 都始终如一地强调团队沟通合作，围绕学生的教育需求形成服务提供小组。然而，个案学校的包班管理制度，将 IEP 的制定和实施都相对固定在两位包班教师的身上，虽然也有家长或学校康复、艺术类教师的参与意见，但不论长短期目标的制定还是教学服务的提供，主要决策权都掌握在两位包班教师手中。在实施过程中，教师囿于自身繁重的工作和有限的时间，基本很少有精力跨班级互相配合，共同促进学生 IEP 目标的实现。这样一来，IEP 就由团队任务变成了包班教师的个人责任。加上学校教师人员数量不足，每位教师各自负责本班工作的安排，导致两位包班教师除了彼此以外无法获得额外的人力资源支持。在以国家课程实施为优先选择的情况下，教师们以完成教学计划、确保教学目标落实为第一要务，很难再分出多余的时间精力去优化提升学生 IEP 的质量。

三　制度认知：个人中心理念不敌集体本位价值

IEP，即个别化教育计划，从字面便可看出，它是紧紧围绕学生个人的教育需求而制定的计划，它充分肯定个体的存在价值，要求所有的教育决策出发点和归宿都必须是学生本人的发展，环境、资源、教育内容甚至安置形式等都是服务于学生需求而存在的，是可以被改变的背景因素。IEP 最初作为特殊儿童教育权利保障实现的具体途径而被制定出来，反映出社会关于特殊（残疾）群体的认知观念由医学模式向社会模式的转变，即认为残疾并非"个人属性"，而是社会和发展问题，残疾人所遭遇的困难并不是残疾本身所导致的，而是社会针对残疾人的排斥与隔离造成的。因此需要将残疾人作为平等的权利主体和社会参与者给予发展支持。[①] 它

---

① 汪海萍. 以社会模式的残疾观推进智障人士的社会融合 [J]. 中国特殊教育，2006（9）：6-10.

背后代表着一种"异质平等""尊重多元"的后现代主义发展观，即认为每个学生都是独一无二的存在，他们拥有自己独特的兴趣、能力、个人特点和学习需求，因此每个学生之间都会存在差异，这是正常且普遍的。[1]教育者应当承认并尊重这种差异，并在此基础上采取多种方式和途径协调优化教育资源，尽可能地满足每一位学生的个别化教育需求。这就需要政府、社区、学校、家庭、社会组织等多方面力量的支持和协助，从法律、政策、制度、资金等角度入手，围绕儿童发展进行改革和完善，以此创设适合所有儿童学习发展的环境。[2] 甚至有研究者指出，只有西方的个人主义文化才能形成基于权利的残疾教育方法。[3]

由此可以看出，IEP 制度背后是一种个人中心权利本位的社会文化认知，而这与我国培智教育形成的集体本位慈爱关怀的认知观念向左。后者是长久以来伴随着我国社会儒家思想文化传统发展积淀而形成的关于残疾人的认知、理解、态度、对待方式和价值判断。受儒家思想影响，社会公众对残疾人一直持有同情、怜悯、关爱的态度，但是儒家思想重视对权威的尊重和等级秩序的维护，残疾人通常由于能力受限而处于社会等级的底层。[4] 儒家思想关怀弱者的思想推动了关怀残疾人而不是教育残疾人的社会福利范式。[5] 而儒家的家族宗法思想容易将残疾人的养育和发展视为家族的责任，社会并不需要对此负责，这也导致残疾人的受教育权利被忽视，社会对残疾人的发展抱有较低的期望值。[6] 这一点在培智学校教师的观念中也有所体现，很多教师仍旧难以摆脱"缺陷模式"残疾观的影

---

[1] 李芳，邓猛. 全纳教育的后现代性分析 [J]. 外国教育研究，2009（2）：16 - 19；邓猛，肖非. 全纳教育的哲学基础：批判与反思 [J]. 教育研究与实验，2008（5）：18 - 22.

[2] Lindsay G. Inclusive education：a critical perspective [J]. British Journal of Special Education，2003，30（1）：3 - 12.

[3] Meyer H D. Framing disability：Comparing individualist and collectivist societies [J]. Comparative Sociology，2010，9（2）：165 - 181.

[4] Deng M，Poon-Mcbrayer K F，Farnsworth E B. The development of special education in China：A sociocultural review [J]. Remedial and Special Education，2001，22（5）：288 - 298.

[5] Yang H，Wang H B. Special education in China [J]. The Journal of Special Education，1994，28（1）：93 - 105.

[6] Poon-McBrayer K F，McBrayer P A. Plotting Confucian and disability rights paradigms on the advocacy-activism continuum：Experiences of Chinese parents of children with dyslexia in Hong Kong [J]. Cambridge Journal of Education，2014，44（1）：93 - 111.

响，不由自主采用传统"精英教育"的价值系统去评判儿童的发展潜力，认为特殊儿童无法在学校教育中取得优势地位，因而也难以像普通学生一样，依靠教育在日后的社会竞争中占有一席之地。特殊儿童始终处于被社会淘汰的边缘，特殊教育最大的目的是尽可能让学生具备自理能力，并增加其独立生活的知识技能，从而降低其被社会抛弃的风险和概率。

与此同时，教师需要一视同仁、公平对待学生的职业道德规范，让教师在面对 IEP"学生个人中心"的价值取向时产生疑虑。比如在对教师的访谈中，当被问及在 IEP 实施过程中遇到何种困难时，多数教师都表示教学时无法兼顾集体教学目标和个人教学需求。教师们普遍认为作为一名教师，应当公平地对待所有学生，课堂教学应该尽量照顾到班级每位学生的需求，让学生"学有所得"。然而在现实中，学生之间的个体差异较大，要想关注并满足每位学生的教育需求，就得依照 IEP 的理念，围绕个体学生的发展水平和实际需求进行教学。但在现有国家课程内容和班级集体授课的条件限制下，教师客观上无法将教学注意力公平地分配给每个学生，在制定 IEP 时也无法因为某个能力差异较大的学生的独特需求放弃班级多数学生的需求，这对教师来说是个极大的职业道德两难问题。在集体本位慈善关爱的观念背景下，当面对教育资源支持不足时，IEP 所要求的"以学生个体为中心，通过种种支持满足学生教育需求"，很难得到教师们发自内心的价值认同。

四 新制度主义视角下培智学校 IEP 实施面临困境

结合前文所述，可以看出，培智学校 IEP 实施的各个环节都充满矛盾和冲突，这导致 IEP 实施陷入困境。从新制度主义的视角来看，在 IEP 作为制度发展的过程中，在各个要素上都面临着来自外部的竞争和对抗，使得 IEP 的实施步履维艰。在规制性要素上，IEP 制度服从于国家培智课程政策；在规范性要素上，IEP 的专业程序规范让位于已经形成的培智教育惯例常规；在文化-认知性要素上，IEP 所代表的西方个人中心价值取向不敌我国社会集体本位价值取向。具体如图 5-1 所示。

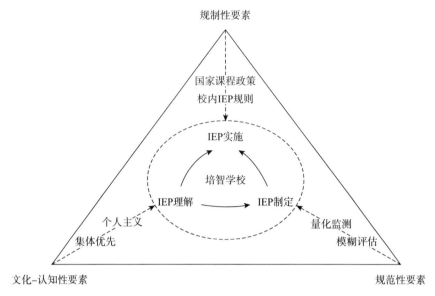

图 5 - 1　新制度主义视角下培智学校 IEP 实施的困境

第四节　培智学校 IEP 实施的困境背后：
多重逻辑的对抗

新制度主义认为组织面临着来自制度环境的压力，而制度环境的合法性压力不是静态的、一维的，制度环境对组织的影响也不是一种确定的单向影响。组织实际上处于多元且碎片化的制度环境中，一个场域内相同时间段的多种制度逻辑是共存和混合的，在相同领域内的多种逻辑是相互竞争的。组织受多元化的制度逻辑影响，出于对合法性的持续追求，会呈现出不同的行为和反应战略。[①] 本研究借鉴这一制度逻辑的框架思路，通过对个案学校 IEP 实施过程的分析，发现在培智学校的组织场域内，IEP 的实施过程存在 IEP 专业逻辑、政策落实逻辑以及普通教育逻辑，三种逻辑相互之间存在竞争和冲突，导致 IEP 的实施未能按照原本的制度设想执行

---

① 李宏贵，蒋艳芬. 多重制度逻辑的微观实践研究 [J]. 财贸研究，2017，28（2）：80 -
89；帕特里夏·H. 桑顿，威廉·奥卡西奥，龙思博. 制度逻辑：制度如何塑造人和组织
[M]. 杭州：浙江大学出版社，2020：6 - 18.

下去，反而逐渐与教学实践脱耦。

一 IEP 专业逻辑：个人为中心的量化教学方案

专业逻辑权威性来源于专业协会，规范的基础是协会和协会成员。专业的逻辑要求组织或个人在发展过程中，遵从该专业的程序规范和技术要求，获得专业同行的认可。IEP 作为特殊教育的指南和基础，在世界特殊教育发展过程中有着广泛的影响力，是公认的特殊教育专业化的象征。专业的逻辑通过同类行业中已经形成的固定准则影响着组织的行为，组织如果不遵守行业规范，首先就会遭遇同行的质疑，导致专业合法性危机。X培智学校引进 IEP 制度，便是一种向国际特殊教育专业规范靠拢的行为，因此需要遵守 IEP 的理念及相应程序。这一点在 X 培智学校开展 IEP 的过程中得以体现，具体表现为，培智学校遵从了 IEP 以学生个人为中心以及量化教育监测的专业逻辑特征。

（一）以学生个人为中心

IEP 是团队基于特殊学生个人教育需求而制定的教育计划，比如美国 IDEA 对于 IEP 的参与人员有明晰而确定的要求。[①] 虽然 IEP 一般实行个案负责人制度，但不论在评估、目标制定或是服务提供以及评价的过程中，它都始终如一地强调团队沟通合作，围绕学生的教育需求，形成服务提供小组。可以看出 IEP 在制定时有非常强烈的个人主义色彩。同时，IEP 中所制定的教育目标、教学内容、教学进度、效果评价、教学安排形式等都是基于学生个人的实际需求和发展状况，因人而异的。比如加州部分学区给教师提供的教学计划（instructional design）模板中，就包含以下十几个方面的信息：现有发展水平及表现、长期目标、数据收集方法、基线水平相关数据、短期目标、与加州标准测试的结合点、教学环境和场所、教学时间点、教学材料、教学步骤、教学调整、技能泛化策略、融合支持方式、同伴的角色和支持、强化策略、积极行为支持、自我决策支持、数据总结、教学计划效果分析。教师们需要依据上述要点描述拟实施的教学计

---

① Department of Educational, U. S. Sec. 300. 321 IEP Team [EB/OL]. (2017 – 07 – 12) [2021 – 09 – 15]. https://sites. ed. gov/idea/regs/b/d/300. 321.

划，并依据学业或非学业测验标准，考虑教学内容的范围和深度（scope and sequence），制定评价标准，在计划实施过程中记录相关数据，以检验所提供的教学服务质量，衡量学生是否有所进步。每一份教学计划对应着学生 IEP 中的一条长期目标，没有两份完全相同的教学计划。

总的来说，IEP 以学生个人为中心的特征，要求所有教育安排（内容安排、资源安排、人员安排）都紧扣学生需求，在围绕学生个人发展的基础上对资源做统筹安排，这要求教育课程具备较高的自主性和可协商性。这在 X 培智学校的 IEP 制度中也有体现。比如学校在制定 IEP 时要求教师对学生个人的发展水平和教育需求进行评估，IEP 的目标制定需要紧扣学生需求，并根据学生能力将 IEP 目标落在最近发展区。教师对教学内容的选取具有相对较高的自主权，教学主题和内容建立在对 IEP 长期目标统筹规划的基础上，在教学过程中也要求教师心中抱有学生的 IEP 目标。IEP 会议除特殊教育教师以外，还会邀请家长、学校管理者以及其他相关人员等。正是由于学校在制度和规范层面遵循着专业逻辑，对 IEP 的流程和要求进行规定和要求，使教师队伍形成了 IEP 以个人为中心的制度规范，他们才在实施 IEP 的过程中，面对现实条件的限制体会到冲突和挣扎。

（二）量化教育监测

IEP 要求量化的教育目标和教育质量检测过程。强调量化的教育质量监测是 IEP 专业逻辑的另一个体现。在众多指导 IEP 撰写的手册或者工具书中，都会强调 IEP 的目标应该当遵循可操作、可评量等原则，比如有研究者总结 IEP 的短期目标应当遵守如下标准。第一，什么（what）：行为完成的结果或内容。第二，怎样（how）：学生如何表现出学习结果或内容，如具体的行为或动作。第三，多少（how much）：评量标准。第四，何时，何地，何种情境（when，where，under what situations）：目标行为出现的条件。第五，时间（by when）：总结评量的日期。第六，谁（who）：学生。①也就是说一个完整且具有实际操作指导意义的 IEP 短期目标，应当至少包

---

① Bateman B D，Herr C M. Writing Measurable IEP Goals and Objectives［M］. Attainment Company Inc，2011；钮文英. 迈向优质、个别化的特殊教育服务［M］. 台北：心理出版社，2013：247－248.

含一个具体的行为或动作，以及行为完成的结果或内容、目标行为出现的条件、评量标准和总结评量日期。由此可见，不论在东方或者西方的文化语境中，研究者都认可 IEP 可操作和可测量的属性，它是教育进步程度的检测工具和标准。除此之外，特殊教育领域研究者还采用循证教学实践的方式验证 IEP 对特殊儿童的教育效果，已经相继开发出许多基于科学的教学实践模式，用于教授智力落后、孤独症和多重障碍的学生，如系统教学程序、同步提示和延时程序、基于语音教学、同伴导师、视频自我示范等。[①]

IEP 的量化测评特性在 X 培智学校有明显的体现，学校对于教师 IEP 目标的撰写要求就是"可评估、可操作、可测量"，在教学材料提交和检查中也会对此要求进行监督反馈。虽然目前学校还没有采用循证实践教学的各种教学模式，但是 IEP 评估、教学评估、教学反馈等也都会采用量化的等级评分方式。教师们需要根据量化评分表来评判学生的进步程度，并据此做出教学调整决策。

二 普通教育逻辑：班级授课制及固定教学安排

虽然培智学校属于特殊教育组织范畴，但从现有的教学组织形式来看，当前我国的培智学校教育，基本遵循着普通教育的逻辑，与普通学校的课程教学实施过程无本质区别，比如采取班级集体授课制、固定教学时间及安排等。培智学校也不例外。1987 年《教学计划》中就明确规定："由于弱智儿童个别差异较大，弱智学校（班）的班级人数不宜过多，每班学生以不超过12 人为宜……有条件的弱智学校的某些学科，还可试验把不同年级（班）而实际水平、接受能力相同或相近的学生组织在一起上课……"[②] 在教学组织安排方面，虽然培智学校尝试过多种不同的形式，如按学生年龄分班、按学生能力发展水平分班、班级内分组分层教学、个别教学等，旨在最大限度地满足课堂中不同学生的教育需求，但不论采用何种形式，集体

---

① Collins B C. Systematic Instruction for Students with Moderate and Severe Disabilities [M]. Paul H. Brookes Publishing Company, 2012: 232.

② 全日制弱智学校（班）教学计划（征求意见稿）[J]. 人民教育, 1988（6）: 8–9.

教学始终是培智学校最主要的教学组织形式，而这一形式的特征具体表现如下。

（一）关注全体学生教育需求

在普通学校的班级集体教学形式下，教师关注的是班级所有学生的整体教学需求。集体授课要求教师在整个教学过程中站在全班学生的角度考虑教学内容与进度，从个案学校的教学活动开展过程可以看出，不论备课、授课，还是总结反思，均是以班级为单位进行的。比如教师在备课过程中会考虑班级整体目标，将班级所有学生的 IEP 目标汇总，找出共性并提炼成班级 IEP 目标；在授课过程中，虽然会进行分组或分层教学，但是所有活动设计都会考虑不同能力程度的学生，力求教学能够覆盖班级所有学生，对于能力水平较低的学生也有参与性的要求；反思总结也是以班级为单位，从整体上考虑全班同学的教学效果，教学策略的选择和课程进度的调整也是采用最大利益原则，尽量满足班级大多数同学的需求。

但是，班级集体教学与 IEP 的个人中心理念相冲突。正如前文所述，班级集体教学是基于班级内大多数儿童的共性教育需求而展开的，是在对质量考量的前提下最大限度追求效率。教学内容、教学进度、教学评价标准等都是以班级大多数学生的能力发展水平和知识接受程度制定的。在这样的制度要求下，教师们难以接受 IEP 从学生个体角度出发，所有教育安排只服务于某个学生的单独的教育需求。这也导致个案学校教师们在为学生制定 IEP 目标时徘徊在"班级课程教学目标"和"学生发展长短期目标"之间，犹豫不定。在实施 IEP 的过程中，教师也时常面临"集体与个别"之间的抉择，尤其是在面对能力水平差异特别显著的学生时。比如针对能力特别弱的学生，是遵照该生的实际发展情况为其制定单独的符合其能力水平的个性化目标，还是遵从班级其他大多数学生的教学需求制定目标，同时降低对该生达到班级目标的期许和要求（比如只要求该生参与到活动中而不做其他要求）？这些冲突使得教师无法从真正意义上理解个别化教育计划中"个别"理念的真实含义。

（二）固定的教育内容及安排

普通教育逻辑下的集体教学有相对固定的教学主题和程序要求。班级集体教学背后的假设是能力水平相仿的学生有相似的教育需求，通过集体授课提升教学效率并促进学生交流沟通。因此在学习内容上，普通学校教学一般会基于学科的结构逻辑体系，形成螺旋上升的教学主题，教师按照难易程度由浅入深地传授给学生。而个案学校会结合课程标准和生活实践制定每月或者每周教学单元主题，再结合学生的具体发展目标将教学主题进行内容上的深化或扩展，力求照顾到班级所有学生的知识需求。同时，在教学程序上，普通教育教学要求较为固定的课程时长和顺序，通常会形成班级课表，如无特别说明，班级内所有学生的教学活动均需遵照班级课表进行。而在个案学校中，每个班级均有自己的课程活动安排表，以周为单位重复执行。

但是，这种相对固定的教育内容与安排增加了 IEP 有效实施的难度。按照 IEP 的实施逻辑，由于学生的教育需求不同，为其提供的教育服务内容也应当是不同的。因此，班级课表无法准确地为学生提供所需的课程安排信息，每位学生应当拥有自己独一无二的个性化课程表，实际上这也是欧美等地实施 IEP 的基本做法。但是这一要求在班级集体授课的形式下很难完成，它需要同时打破学校现有的课程安排体系和教学组织形式，重新基于每位学生的教育需求规划课程教学内容。若在现有班级集体教学的基础上实施 IEP，教师势必面临无法兼顾集体目标和个人目标的困境，即便为学生制定了适合其需求的教育目标，也没有相应的时间和场合来保证目标的达成。

三　政策落实逻辑：国家课程制度自上而下强制落实

学校组织是国家教育制度行政体系的基本构成单位，学校作为国家正式制度的组成部分，受相应的法律政策和规章制度的约束，学校的各项制度安排、教育目标、教育内容、教学组织形式乃至教育质量，要遵照国家制度的规范和受国家制度的监督。学校有落实国家课程制度的义务和责任，教师作为教育活动的具体实施者，要遵从相应的专业规范和职业道德。国家教育政策对学校组织有着强有力的管制和约束作用，如果学校违反相关政策，其合法性会遭受严重的威胁。因此，在培智学校发展过程中，按照相应政策要求，落实国家培智课程体系，是学校作为教育组织的首要义务。这种政策落实逻辑对培智学校的要求具体体现如下。

（一）根据课程方案设置教学科目及比例

《培智课程方案》和《培智课程标准》是我国培智教育的指导文件，规范着培智学校的课程教学。① 以《培智课程标准》为例，该标准是"我国第一次专门为残疾学生制定的一整套系统的学习标准，是对我国多年来特殊教育发展和教育教学改革经验的集中总结，是当前及今后一个时期我国特殊教育教学改革的顶层设计"。② 文件对培智学校课程科目设置、课时比例、组织形式、教学标准、参考教材等方面都有详细的规定，需要培智学校遵守并执行。在具体课时安排及比例上，培智学校也需要遵循相应的要求。比如《培智课程标准》明确规定了培智学校不同年级学段的课程计划表、课程设置及比例："一般性课程约占课程比例的 70% ~80%；选择性课程约占课程比例的 20% ~30%"；"每学年上课时间为 35 周，社会实践时间活动为 2 周，机动安排时间为 2 周"；"每天安排 15 分钟晨会，进行专题教育活动"；"每天安排 30 ~40 分钟眼保健操、广播操和体育锻炼活动时间，保证学生每天有不少于一小时的课外活动时间。每周安排 2 课时班队活动或综合实践活动"。③

上述要求是培智学校课程体系安排的重点内容，也是学校上级教育行政部门评估检查的项目之一。从个案学校实际的日常运行来看，学校严格依照相关规定设置课程科目、统筹不同科目的课时占比，安排实施相关教学活动，积极组织教师解读课程标准并参与到教材编写过程中。但这样的安排与IEP 要求的以学生个人教学需求为中心组织教学资源的方式遵循的是两套线索系统，容易产生冲突。

---

① 丁勇．为了每一个残障学生的发展——关于三类特殊教育学校义务教育课程设置实验方案的述评［J］. 中国特殊教育，2009（10）：14 – 19.
② 教育部．教育部发布实施盲、聋和培智三类特殊教育学校义务教育课程标准［EB/OL］.（2016 – 12 – 23）［2021 – 9 – 13］. http：//www. moe. gov. cn/jyb _ xwfb/gzdt _ gzdt/s5987/201612/t20161213_291720. html.
③ 教育部．关于印发《盲校义务教育课程设置实验方案》、《聋校义务教育课程设置实验方案》和《培智学校义务教育课程设置实验方案》的通知［EB/OL］.（2007 – 02 – 02）［2021 – 9 – 13］. http：//www. moe. gov. cn/srcsite/A06/s3331/200702/t20070202_128271. html.

（二）依照课程标准确定教学目标及内容

除了课程方案上的设置要求以外，落实教育政策还意味着实施规定的教育内容以达到国家课程标准。在 2007 年课程设置方案的指导下，《培智课程标准》规定了生活语文、生活数学、生活适应、劳动技能、唱游与律动、绘画与手工、运动与保健、信息技术、康复训练、艺术休闲十科课程的主要教学目标与内容，同时对具体教学、评价、教材编写，以及课程资源开发与利用等提出了实施的原则、方法和策略，指导培智学校课程教学。通过对个案学校日常教学的观察和访谈，笔者发现个案学校基本以国家课程标准的内容要求为第一准则，课程标准是 IEP 长短期目标的来源，教学内容和评价方式也是依照落实课程标准的目的而设计，同时还制定相应的教案检查制度，接受上级部门的教育督导检查，以此确保课程标准的落实。这就使得 IEP 的制定无法单纯从学生个人需求角度出发，而必须同时考虑国家课程标准的落实。

综合上述两点，从政策落实的逻辑来说，国家课程制度的相关政策在某种程度上消解了 IEP 的"合法性"。从发达国家的 IEP 发展历程可知，IEP 有着多重身份。一方面 IEP 是特殊儿童的教育指南，IEP 小组以特殊儿童个人为中心，围绕儿童独特的教育需求，立足于其现有发展水平为其制定 IEP 目标，随后所有的课程教学设计、实施、评价都要围绕 IEP 目标进行；另一方面 IEP 也是法律的重要组成部分，法律规定了 IEP 的组成部分、实施程序和保障措施，具有毋庸置疑的强制性。特殊儿童的课程和教学需要以 IEP 规定为准绳，违反或者不遵守相关规定，即为违法行为，学校很可能因此面临诉讼。在我国实施国家课程制度，且 IEP 成为法定教育政策的背景下，国家课程方案和标准是培智学校开展教学活动的首要遵从依据，IEP 只是落实国家课程制度的可选工具之一，充当着合格或者不合格教学大纲的角色。访谈中有些教师认为没有 IEP，照样可以完成教学，还有教师直接表示 IEP 是不得不完成的任务，对教学实际没有帮助。由此可见，在国外作为特殊教育指南的 IEP，并没有在我国培智教育中扮演相应的统领角色，当落实国家课程制度与 IEP 产生冲突时，学校会选择放弃 IEP 实施规范以优先完成国家课程制度的要求，这是对 IEP 存在合法性的部分消解，甚至让教师在心底对 IEP 的必要性产生困惑和怀疑，进而影响他们实施 IEP 的主动性和积极性。

四 多重逻辑之间的矛盾冲突

组织追求合法性的目的不只是实现内部一致性和赢得外部信任，更重要的是能够接近和获得成长所必需的其他资源。在实践中，组织的合法性环境是多种合法性和不同利益相关者的复杂组合。因此，组织管理者必须制定有效的战略来获得组织合法性。[①]

X 培智学校是一个教育组织场域，IEP 作为一项制度存在于培智学校的场域中，其实施涉及多个利益相关主体，包括上级教育行政管理部门、学校教师、家长、学生、学校其他相关工作人员等。学校获取合法性的方式不是一成不变的，它会因为学校面临的组织环境和不同利益相关者的权重而发生动态的变化。学校在发展过程中，依照制度环境和自身角色要求形成了 IEP 专业逻辑、普通教育逻辑、政策落实逻辑三种不同的发展逻辑，在 IEP 实施过程中，这三种逻辑之间存在冲突甚至对抗（见图 5 - 2）。而 X 培智学校秉持着维护合法性、持续发展的行动逻辑，在不同发展阶段选择倾向于不同的发展逻辑，这导致了 IEP 制度的确立和变化。

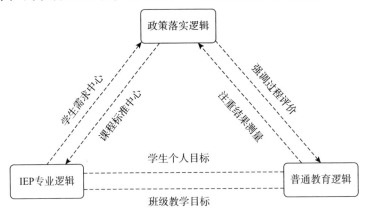

图 5 - 2 培智学校 IEP 实施过程中的多重逻辑

① 孙晶. 西方组织合法性理论评析 [J]. 东南大学学报（哲学社会科学版），2009，11（S1）：57 - 60.

在培智学校发展伊始，国内对于培智教育的专业发展规范尚处于探索之中，并无固定程式。在此背景下，培智学校借鉴以 IEP 为代表的西方特殊教育专业发展逻辑，强调以学生为中心制定教学目标，灵活安排教学组织形式，量化教育监测过程，促进学生社会融入。实际上，这种专业逻辑确实符合培智学校的教学实践发展，尤其是在当下培智教育对象差异性日益扩大的背景下，集体教学难以兼顾班级内所有儿童的多样需求，需要借助 IEP 进行个性化的教学指导，并对儿童的教育质量进行量化追踪，以此促进特殊儿童的成长进步。因此，IEP 成为培智学校教师心中理想的特殊教育方式，这也是培智学校中 IEP 专业逻辑得以建立并持续存在的原因。

但培智学校毕竟是正式教育组织，其日常管理运行需要遵循国家的统一安排与规定。培智学校在发展初期并无个性化的组织安排形式，因此，普通教育的学校制度形态和管理方式成为培智学校的最佳参照。经过几十年的发展，培智学校形成了和普通教育略有差异但并无本质区别的教学组织形式，如固定班额、集体教学、实行国家统一课程方案和标准等。这套普通教育的逻辑，既满足相关教育政策的要求，也符合教育工作者对于学校组织的固有认知和想象。同时，与普通教育相似的制度形式节约了行政管理成本，也拉近了培智学校和普通学校的距离。因此，虽然是特殊教育组织，培智学校的课程教学实际上遵循着普通教育的运行逻辑。这种逻辑虽然与 IEP 专业逻辑有矛盾和冲突之处，但得益于学校内部的制度调整和管理规范，二者得以共存并指导教学实践展开，直至国家培智课程制度建立，培智学校在课程教学内容上进一步向普通教育逻辑靠拢，打破了这种平衡，IEP 逐渐失去教学指导地位。

与企业等以追求经济效益为主的组织不同，学校作为国家正式教育制度的组成部分，是一种强制度弱技术的组织，学校组织的最大合法性是国家赋予的。因此，在培智学校追求合法性的过程中，国家政策要求始终占据主导地位。在国家培智教育课程制度尚未建立时，个案学校选择主动借鉴引进 IEP 作为专业合法性的证明，并借由 IEP 制度化获得持续的合法性资源，促进学校发展。但是在 IEP 发展过程中，IEP 本身携带的西方社会制度情境基因与我国培智教育实践环境存在差异和冲突，加之国家课程制度慢慢建立完善，其替代了 IEP 指导并规范培智学校教学，同时，培智学校作为教育基层单位组织，有落实遵循国家课程制度的义务。因此，个案学校采取一种脱耦方式，将 IEP 从培智教学实践中剥离开来，以确保学校在课程安排和教学组织上优先遵循国家教育体制，借此保障学校的合法性。所以，虽然个案学校宣称将 IEP 视为学校发展的"灵魂"和指导思想，但在实践中 IEP 却与教学渐行渐远，呈现出"文本与实践两张皮"的状态。

第五节　培智学校 IEP 的实施建议

20 世纪 80 年代以来，随着诸多培智学校等特殊教育学校的建立，我国的特殊教育逐渐栖居于正规的、专门化的组织中，经过短短几十年逐步探索出本土化的发展模式，基本形成了"以普通学校随班就读和附设特教班为主体，以特殊教育学校为骨干，以送教上门和远程教育等形式为补充的特殊教育发展格局"。① 尽管一半以上的残疾学生通过随班就读、特教班等形式接受教育，但仍有近半不容忽视的残疾学生就读于特殊教育学校，尤其是培智学校。近年来，国家不断颁布相关政策推进特殊教育学校的建设，从 2010 年颁布的《国家中长期教育改革和发展规划纲要（2010—2020 年）》到 2014 年的《提升计划一期》，再到 2017 年的《提升计划二期》都提到，30 万人口以上、残疾儿童少年较多的县（市）都要有一所特殊教育学校；2022 年的《提升行动计划》更是指出，"鼓励 20 万人口以上的县（市、区、旗）办好一所达到标准的特殊教育学校"。截至 2021 年，全国共有特殊教育学校 2244 所，② 培智学校更是其中的挑大梁者。特殊教育学校并不意味着完全隔离式教育，对于当前的中国而言，培智学校可以说是整个融合教育体系中的重要组成部分。③ 因此，在未来相

---

① 张玲，邓猛．新时代我国融合教育发展的本土模式与实践特色——基于《"十四五"特殊教育发展提升行动计划》的解读［J］．残疾人研究，2022（1）：40－47．
② 教育部．2020 年全国教育事业发展统计公报［EB/OL］．（2021－08－27）［2021－9－13］．http://www.moe.gov.cn/jyb_sjzl/sjzl_fztjgb/202108/t20210827_555004.html．
③ 邓猛，杜林．西方特殊教育范式的变迁及我国特殊教育学校功能转型的思考［J］．中国特殊教育，2019（3）：3－10．

当长的时间内，培智学校仍将肩负发展特殊教育的重任。培智学校如何在学校组织之外找到更本质的专业性，培智学校教师如何提升教育教学的专业化水平，学生如何通过在培智学校接受教育而获得长远且有意义的发展，X 培智学校借助 IEP 追求特殊教育专业性的发展历程可以为我们提供宝贵的经验。

一 加大法律制度保障力度，提高 IEP 制度合法性

目前，我国已制定《培智课程标准》，规定了必须开设的科目与选修科目，每门学科的课程标准都确定了教育的基本理念，如以学生为本、尊重个体差异、个别化教育；也提出"制订并实施个别化康复训练方案""制订个别化教育计划"的教育建议。可见，新课程标准有意识地将个别化理念渗透、覆盖到所有学科。对于自建校初期就开始探索和应用 IEP 方案的 X 培智学校来说，承接新课标教改，较为顺利地转换教育教学模式就不那么令人费解了。IEP 虽然是外来引进制度，但是 X 培智学校以其前沿性的眼光和战略性的决策，将 IEP 作为学校的指导思想引领学校各项工作开展，在制度、规范和思想认知上进行调整统一，配合 IEP 的实施。事实证明，IEP 确实是特殊教育教学的指南，个别化的教育方案、目标导向的教学过程、强调教育结果检测的评价机制，符合教育和儿童学习发展的基本规律，给原本不适应集体教育节奏的特殊儿童带来教育福利。

但是特殊儿童教育是一个需要康复、教育、医疗、心理等多学科甚至跨领域协调的团队工作，IEP 正是统筹落实这项工作的抓手和依据，是特殊教育服务团队为儿童从顶层设计的教学方案，以便整体协调优化资源。因此，仅在校内强制执行 IEP 远远不够。尤其是当校内教育活动与校外资源或者更具权威性的制度发生冲突时，IEP 便难以发挥其纲领指导作用。

事实上，IEP 最早在美国就是以法律形式诞生。[①] 其他国家如澳大利亚、加拿大、英国、法国等也都效仿这一举措，将为特殊需要儿童制定 IEP（或称个别学习计划）写入法律。由此，IEP 真正在法律而非法规或规章层面形成权威性，其实施也成为学校及其相关部门难以逃避的义务，这

---

① 肖非. 关于个别化教育计划几个问题的思考 [J]. 中国特殊教育，2005 (2)：9–13.

体现的是西方国家利用法治精神和程序保障残疾儿童平等受教育的传统。[①] 而 IEP 的法制化并非一劳永逸，更在于国家对 IEP 制度的持续关注、修正与完善。

借鉴美国等地的经验，法制化是落实 IEP 的重要保障。然而我国目前尚缺少具有法律效力的特殊教育文件，理想中的《特殊教育法》仍较为遥远。只有《残疾人教育条例（2017 年修订）》这一行政法规简略地提及"必要时，应当听取残疾学生父母或者其他监护人的意见，制定符合残疾学生身心特性和需要的个别化教育计划，实施个别教学"，既没有对 IEP 提出明确且详细的要求，同时也存在"必要时"这样灵活且模糊的限定语态而非强制性条件。因而，我国内地相关政策对 IEP 并无义务层面的强制性要求，大多数表述仅是作为建议、鼓励、支持层面。一项制度被执行的直接动力和基础是其强制性程度，尤其是 IEP 这样充满教育理想主义色彩、需要多方资源协调配合的制度，其顺利实施更需要强有力的制度规则作为保障。鉴于此，国家教育行政部门应当考虑在更高制度层面给予 IEP 制度合法地位，推动制度顺利运行，以便通过整合特殊需要学生所需的资源，在学校内部和校外社会之间生成有机连接，促进 IEP 切实有效的落实，提升特殊儿童的教育质量。

二 明确 IEP 与培智课程关系，建立本土 IEP 规范

IEP 诞生于西方特殊教育发展过程，其理念集中体现了科学化、法制化、民主化等西方社会文化精神，[②] 同时，IEP 是对特殊儿童这类社会弱势群体教育权利的政策倾斜和制度保障，因此 IEP 不可避免地充满理想主义色彩，这在某种程度上加大了 IEP 实践落实的难度。尤其是当 IEP 进入我国培智课堂以后，还面临着与我国统一集中的课程设置体系相调整适应的过程。从目前的培智学校课程来看，虽然国家课程标准在课程性质、教学建议、评价建议等部分都提到"个别化教育"的理念，但也只是一种建

---

① 邓猛，郭玲. 西方个别化教育计划的理论反思及其对我国特殊教育发展的启示 [J]. 中国特殊教育，2010（6）：3-7.
② 邓猛，郭玲. 西方个别化教育计划的理论反思及其对我国特殊教育发展的启示 [J]. 中国特殊教育，2010（6）：3-7.

议，二者之间的关系仍值得探讨。在具体实践中，很多培智学校仍是遵循普通学校落实基础教育课程的方式来落实国家课标，教师们无法脱离班级、集体教学去想象培智学校教育，同时教师还肩负着落实国家课标的职业责任。因此 IEP 的实施在教学内容、教学形式、教学资源分配等方面均受到不同程度的限制，难以依照 IEP 原本的意图为学生量身定制符合其发展需要的教育方案。

2020 年，《随班就读意见》指出，"普通学校要针对残疾学生的特性，制订个别化教育教学方案，落实'一人一案'，努力为每名学生提供适合的教育"。可以看出，"一人一案"这一本土化的表述方式，是对提出适合我国特殊教育情境的 IEP 概念的尝试，需要在今后结合培智学校的课程教学实际发展，做进一步深入探索。教育部门需要在实践的基础上，结合国家培智课程标准，制定出正式、合法、可行且具备操作性的程序规范，以消除学校和教师在制定执行 IEP 时的顾虑。同时，应指导教师规范 IEP 实施，以使 IEP 的制定符合学生真实的教育需求，让 IEP 的落实能有效促进学生成长进步。

这一过程可以通过加强 IEP 与课程教学在地研究，增加教师培养中 IEP 相关知识技能的比重来实现。当前我国教育研究者对 IEP 的发展理念和实践经验都进行了丰富而有成果的研究，还有许多研究者探究了培智学校 IEP 运作的现状，甚至 IEP 的编制应用等。但是将 IEP 与培智学校课程、教学相连，尤其是在国家培智新课标颁布实施后，将 IEP 置于培智学校实际情境中，考察培智课程与 IEP 之间的关系和影响的研究还不多，有待于进一步加强。同时，特殊教育是一门强实践性的综合性学科，尤其重视实证研究、经验研究，[①] 重视个案研究、叙事研究。因此，需要研究者在实际研究中立足于教育现场，充分考虑在地情境及其复杂性，加强与一线教师的通力合作，发掘 IEP 与课程教学融合的潜力，促进 IEP 与课程教学的有效结合，减轻教师工作负担，提升 IEP 对学生教育质量的促进作用。

与此同时，随着越来越多高等院校开设特殊教育专业，我国特殊教育师资培养在数量上有显著的增长，但培养方式和质量仍有较大的提升空

---

① 邓猛，肖非. 特殊教育学科体系探析 [J]. 中国特殊教育，2009 (6): 25 - 30.

间。当前的特教师资培养多遵循"综合化的特殊教育通识人才培养模式",① 导致学生掌握的特殊教育知识技能全面性有余而专业性和深入性不足，学生对各类特殊儿童的身心发展特点及障碍影响等知识学习充分，但对实际教育教学的过程、方法、策略等相应技能掌握不足，对于 IEP 在培智课堂教学的实践与应用更为生疏，因此在今后的特殊教育师资职前培养和职后培训中，应当视具体情况，加强培智学校课程、教学、教法等教育性实践技能的提升，加强对 IEP 的理解反思以及实际操作技能的培训。

三　优化调整 IEP 可配置资源，拓展教育服务范围

IEP 的有效实施除了制度上的合法性保障和程序上的规范性引导，更重要的是有切实可用的支持性资源。IEP 需要团队合作，因此首先要确保为 IEP 的发展提供足够的师资人员。人员是 IEP 实践中最核心、最基础的要素。同时，IEP 是专业合作，因此制定和实施 IEP 的人员需要具备相应专业资格并经过专业培训，以确保 IEP 制定实施的标准与质量。此外，IEP 是建立在准确评估基础上的目标导向性教学方案。评估是有效开展 IEP 的前提和基础，也是教学进度把控和教育质量评价的重要参考依据。同时，评估也是我国当前 IEP 发展过程中最薄弱的环节。因此在今后的 IEP 实践中要积极探索制定符合培智学校教学实践的评估工具，增强评估的有效性，提升 IEP 制定和实施的科学性，以促进特殊儿童的成长发展。

与此同时，参考美国与我国台湾地区的 IEP 发展经验，IEP 承担着根据儿童特殊需求协调配置相应资源的角色和功能。这充分体现在"相关服务"这一源自美国特殊教育语境的概念上。相关服务与 IEP 一同诞生于1975 年《所有障碍儿童教育法》，该法案认为除了教师和行政人员之外，提供相关服务的人员也是所有障碍儿童的学校教育过程中不可或缺的一部分。具体的相关服务是指"交通和其他诸如发展性的、矫正性的和支持性的服务。这些服务是帮助残疾儿童从特殊教育中受益所需要的。它包括：康复医学、心理服务、物理治疗和职业治疗、娱乐、残疾的早期鉴别和评

---

① 邓猛，赵梅菊. 融合教育背景下我国高等师范院校特殊教育师资培养模式改革的思考[J]. 教育学报，2013，9（6）：75 – 81.

估、咨询服务、用于诊断评估的医疗服务。这一词语同时包括学校健康服务、学校中的社会工作服务以及家长咨询与培训"。① 后来的 IDEA 重申了相关服务的定义,指出"其他具有关于儿童的知识或专业知识的人员,包括适当的相关服务人员"可能是儿童 IEP 团队的一部分,并明确指出要通过相关服务的提供,来帮助特殊需要儿童实现其 IEP 目标。在 IEP 文本中,相关服务的描述部分位于学生的长短期目标之后,并需在编写中列出所提供的具体服务、提供服务的位置与频率,服务的预计开始日期以及预期持续时间。为了确保 IEP 的这一部分的正确编写,特定服务的服务提供者必须参加 IEP 会议,或者以书面形式将上述服务信息确认下来。

在我国特殊教育发展过程中,虽然教育者们同样早已意识到,社会工作者、物理治疗师、行为分析师、心理工作者、护士、职业治疗师、听力学家和语言病理学家等作为专业人士对于特殊儿童教育的重要作用,但是在具体实践中,一方面,由于我国特殊教育起步晚,上述专业人员的培养还处于探索发展阶段,无法即时与特殊教育教师配合,形成提升特殊儿童教育服务质量的专业共同体;另一方面,在已经发展起来的部分专业人力资源的协调上,还未形成便捷有效的管理机制。比如近几年,随着特殊教育专业发展的提升,应用行为分析师这一专门职业也逐渐走入特教发展行列,除特殊教育教师以外,很多非特教行业的人员也成为持证应用行为分析师,具备相应的专业知识技能。但是关于这一群体如何以专业身份进入学校为特殊儿童提供服务,目前还缺少相应的政策做出具体回应。因此可以借鉴参考其他国家和地区的经验,将上述专业资源的协调优化纳入 IEP 制定和实施过程中,充分发挥 IEP 作为特殊儿童教育纲领的角色功能,最大限度满足特殊儿童的教育需求。

① 胡森,M. C. 王,主编,肖非,译审. 教育大百科全书:特殊需要儿童教育 [M]. 重庆:西南师范大学出版社,2011:228-237.

结　语

研究结论

通过对培智学校 IEP 制度发展历程、现状及困境的整体梳理和考察分析，本研究得出以下结论。

第一，与普通学校不同，受社会文化认知和培智教育历史影响，培智学校作为教育组织一直面临专业合法性压力。在合法性机制的作用下，培智学校主动同构特殊教育专业化象征符号 IEP 来加强专业发展，并以 IEP 为中心创建了个别化教育新课程体系带动学校各方面发展，促使学校取得良好的教育效果和社会影响力。可以看出，IEP 在培智学校起到了专业合法性补充的作用，同时 IEP 在培智教育实践中扮演着教学规范工具的角色。此外，在我国当前的特殊教育发展体系下，IEP 原本的权利保障功能被淡化，这使其成为特殊儿童教育权利实现的工具。

第二，作为培智学校强制实施的教学规范工具，IEP 的实施以一种制度化过程呈现，具体有以下特征。首先，培智学校以强制性制度规则作为 IEP 的实施基础。通过建立制度规则、设立监督机制并确定奖惩活动等方式，学校将 IEP 与校内其他正式教学工作制度相融合，要求在全校范围内强制执行。其次，以约束性职业期待形成 IEP 的实施规范。学校以培智教育目标引导 IEP 价值取向，以国家培智课程框定 IEP 内容范围，以包班教学形式确定 IEP 实施方式，以教学实践程序规范 IEP 实施过程，将 IEP 嵌入培智教学的实践环节，建立起规范的开展程序以指导教学。最后，在实践的基础上，学校通过教学研讨、交流培训、评比竞赛等方式，在校内建立了 IEP 是培智教学活动基础的共同理解。通过制度、规范及认知上的构建，IEP 作为一项校内正式制度在培智学校存续。

第三，培智学校 IEP 的实施充满着矛盾和冲突，呈现出"文本与实践两张皮"的状态。具体表现为：IEP 评估面临着精准结果要求与模糊测量方式的矛盾，IEP 制定陷入以学生为中心发展的理想与各项资源受限的现实的交锋，IEP 实施在达成个人教育目标和实现班级教学目标的冲突之下展开，这些最终导致教师对 IEP 的认知由熟悉转为陌生，由共识走向分歧。究其原因，培智学校组织场域中同时存在政策落实逻辑、普通教育逻辑和 IEP 专业逻辑，三种逻辑之间相互竞争、相互冲突，导致 IEP 的实施未能按照原本的制度设想执行，呈现出"文本与实践两张皮"的状态。

第四，基于研究结果，为促进 IEP 对培智学校教学指导的有效性，提升特殊儿童教育质量，建议未来在 IEP 实施中加大制度保障力度，扩大 IEP 制度合法性范围；明确 IEP 与培智课程的关系，建立本土化 IEP 规范；优化调整 IEP 可配置资源，提升相关服务质量。

研究创新

本研究对培智学校 IEP 的实施过程进行了考察和分析，对 IEP 在我国培智教育学校发展的缘起、实施过程和实施效果进行了详细深入的挖掘和梳理，分析了 IEP 在我国培智教育中承担的教学指导角色以及 IEP 在当前发展中所遇到的问题和困难，并尝试分析困境背后的原因。本研究的创新点体现在研究视角、研究方法和研究结果三个方面。

第一，研究视角的创新。IEP 是西方社会特殊教育发展过程中产生的保障特殊儿童受教育权利的制度，是特殊儿童教育教学的指南。我国内地培智学校实施 IEP 已有三十多年的历史，IEP 也成为我国内地特殊教育政策所倡导的教育教学方式。当前关于 IEP 的研究都侧重于 IEP 实施过程中的文本质量检测和相关人员的态度调查。本研究以新制度主义理论为基础，从制度确立发展和变化的视角，考察培智学校实施 IEP 制度的缘起、发展过程、实践效果以及相关人员的理解和认知，分析 IEP 在我国培智学校教育情境中实际扮演的角色，梳理当前培智学校 IEP 发展所面临的困难和挑战，并尝试对原因做出阐释。这有利于更为整体和全面地把握培智学校 IEP 发展的实践状况，为培智学校 IEP 的有效实施提供新的发展参考。

第二，研究方法的创新。培智学校 IEP 的实施过程是一个具有情境性的、动态的过程。以往关于 IEP 的研究多采用横向调查，较少有从纵向历史发展角度出发，去考察 IEP 在具体学校场域中实施过程的。本研究采用质性研究范式，选取 X 培智学校作为个案，进行为期两个多月的实地考察，其间长期沉浸于研究现场，充分收集 IEP 发展的一手资料，努力尝试理解个案学校实施 IEP 的具体行为以及行为背后的态度和观念。相较于已有的关于培智学校 IEP 的理论探讨和经验调查研究，本研究丰富了培智学校 IEP 的实证研究。

第三，研究结果的创新。随着我国特殊教育政策对 IEP 的持续倡导以及本土化概念"一人一案"的强调。越来越多的研究者开始关注到 IEP 的实施发展，相关研究逐渐增多，但总体数量与质量仍然有待丰富和提升。目前研究主要集中于 IEP 的理论探讨、经验介绍、撰写质量、相关人员参与态度等。本研究从培智学校层面出发，以整体视角考察学校 IEP 的实施过程和具体实践角度，详细梳理 IEP 在培智学校教育教学中的角色、功能和困难。这些结果可以为其他培智学校，或者融合教育情境中 IEP 的实施提供实践经验参考。

不足与展望

IEP 一直是特殊教育研究领域的重点和热点话题，伴随着当前国家特殊教育政策对培智学校教育质量提升的关注和强调，IEP 受到越来越多的关注。本研究采取质性研究范式中的个案研究方式对培智学校 IEP 的实施进行研究，受时间精力和研究者个人能力限制，研究存在一些未能如意之处，期待后续进一步研究加以改进，具体主要有以下三个方面。

第一，在研究对象方面，可以进一步增加对家长群体的关注。本研究以 X 培智学校为个案，研究对象主要集中在学校的教育及管理人员，比如学校领导、管理者和教师。虽然研究考虑到了时间因素对制度发展过程的影响，访谈对象也涉及学校离退休管理者和教师，以期扩大研究材料的时间跨度，提升研究的客观性和真实性，但由于受实际研究条件限制，只选取了少数较为典型的家长进行具体访谈，未能对更多的家长甚至学生进行更深入的访谈。虽然在我国 IEP 发展中，家长的实际参与程度较低，但作为学生发展的切身利益相关者，从家长角度考察 IEP 的制定实施，有其合理性和必要性，笔者将通过后续研究对此进行深入拓展。

第二，在研究方法方面，本研究采取质性研究范式，选择个案研究的方式对培智学校的 IEP 进行探究，虽然有利于从历时性视角把握培智学校 IEP 的实施发展历程和现状，并结合培智课程教学深入分析 IEP 的困境及背后原因，但质性研究方法本身的适用范围也限制了研究者通过大样本数据来了解其他地区甚至全国培智学校 IEP 的发展趋势和总体特征。因此在后续研究过程中，可以视研究需要增加量化角度的研究方法，通过数据和理论相互结合、验证、提升的方式，增加研究的全面性和丰富性。

第三，在样本数目上，本研究出于对研究目的、研究问题、研究条件等多种因素的考虑，选择了一所学校作为个案研究对象，这固然可以帮助研究者聚焦 IEP 的实施过程，但同时也在一定程度上限制了研究资料信息的丰富性和多样性。加之我国幅员辽阔，各省区市之间特殊教育的发展存在较大差异，培智学校也因所处地域的文化、经济、社会认知等因素而有不同的发展特色。因此后续研究可以适当扩大个案数量，选取不同地区的培智学校进行跨个案对比分析，进一步提炼出我国培智学校 IEP 的实践逻辑和发展特征。

参考文献

一 中文文献

［1］ W. 理查德·斯科特. 制度与组织——思想观念与物质利益：第 3 版 ［M］. 姚伟，王黎芳，译. 北京：中国人民大学出版社，2010：67 - 71.

［2］ 北京市残疾人联合会. 北京市残疾儿童少年随班就读工作管理办法（试行）［EB/OL］.（2013 - 05 - 29）［2021 - 10 - 10］. http://bdpf. org. cn/n1544/n1689/n1768/n1796/c55930/content. html.

［3］ 蔡采薇. 个别化教育计划之转衔服务品质的探讨 ［J］. 特殊教育季刊，2011（119）：30 - 36.

［4］ 曹漱芹，马晓彤，金琦钦. 我国培智学校孤独症学生个别化教育计划文本长期目标的内容焦点及分布 ［J］. 中国特殊教育，2021（6）：82 - 89.

［5］ 曾君兰，王苐. IEP 在香港的发展：过去与未来 ［J］. 教育进展，2013（3）：111 - 125.

［6］ 陈福侠，张福娟. 国外残疾污名研究及对我国特殊教育的启示 ［J］. 中国特殊教育，2010（5）：3 - 7.

［7］ 陈家刚. 全球化时代的新制度主义 ［J］. 马克思主义与现实，2003（6）：15 - 21.

［8］ 陈琳. 培智学校成功实施个别化教育计划探析 ［J］. 绥化学院学报，2013（7）：83 - 87.

［9］ 陈明聪. 融合教育安置下课程的发展 ［J］. 特殊教育季刊，2000（76）：

17 – 23.

[10] 陈奇娟. 从特殊教育需求评估到个别化教育计划：英国全纳教育的两大核心主题 [J]. 外国教育研究，2014 (4)：104 – 112.

[11] 陈向明. 质的研究方法与社会科学研究 [M]. 北京：教育科学出版社，2000：10.

[12] 陈扬，许晓明，谭凌波. 组织制度理论中的"合法性"研究述评 [J]. 华东经济管理，2012，26 (10)：137 – 142.

[13] 戴士权. 美国特殊教育领域中个别化教育计划的立法演进及对我国的启示 [J]. 外国中小学教育，2018 (5)：33 – 38，8.

[14] 邓猛，杜林. 西方特殊教育范式的变迁及我国特殊教育学校功能转型的思考 [J]. 中国特殊教育，2019 (3)：3 – 10.

[15] 邓猛，景时，李芳. 关于培智学校课程改革的思考 [J]. 中国特殊教育，2014 (12)：30 – 35.

[16] 邓猛，肖非. 特殊教育学科体系探析 [J]. 中国特殊教育，2009 (6)：25 – 30.

[17] 邓猛，赵梅菊. 融合教育背景下我国高等师范院校特殊教育师资培养模式改革的思考 [J]. 教育学报，2013，9 (6)：75 81.

[18] 丁怡. 从中美特殊教育的比较看"个别化教育计划"在中国的实施 [J]. 中国特殊教育，2001 (4)：58 – 62.

[19] 丁勇. 为了每一个残障学生的发展——关于三类特殊教育学校义务教育课程设置实验方案的述评 [J]. 中国特殊教育，2009 (10)：14 – 19.

[20] 董瑞雪. 对个别化教育计划实施态度的调查研究——以某市特殊教育中心为例 [J]. 南京特教学院学报，2013 (9)：43 – 47.

[21] 冯元，张金福. 近三十年我国特殊教育政策发展进程的理论阐释——基于历史制度主义的分析 [J]. 教育发展研究，2017，37 (11)：15 – 25.

[22] 傅王倩，莫琳琳，肖非. 从"知识学习"走向"完满生活"——我国培智学校课程改革价值取向的变迁 [J]. 中国特殊教育，2016 (6)：32 – 37.

[23] 傅王倩, 王勉, 肖非. 美国融合教育中个别化教育计划的发展演变、实践模式与经验启示 [J]. 外国教育研究, 2018, 45 (6): 102 – 115.

[24] 关文军, 颜廷睿, 邓猛. 社会建构论视阈下残疾污名的形成及消解 [J]. 中国特殊教育, 2017 (10): 12 – 18.

[25] 关文军. 社会融合背景下 "残疾污名" 的形成与消解 [J]. 现代特殊教育, 2015 (10): 75 – 76.

[26] 肖非. 关于个别化教育计划几个问题的思考 [J]. 中国特殊教育, 2005 (2): 9 – 13.

[27] 国家教委关于印发《全日制弱智学校 (班) 教学计划》 (征求意见稿) 的通知 [J]. 课程·教材·教法, 1988 (5): 1 – 4.

[28] 国务院. 国务院办公厅关于转发教育部等部门特殊教育提升计划 (2014—2016 年) 的通知 [EB/OL]. (2014 – 01 – 08) [2021 – 10 – 10]. http://www. gov. cn/xxgk/pub/govpublic/mrlm/201401/t20140118_66612. html.

[29] 国务院. 残疾人教育条例 [EB/OL]. (1994 – 08 – 23) [2021 – 10 – 10]. http://www. scio. gov. cn/xwfbh/xwbfbh/wqfbh/2015/20150803/xg-bd33188/Document/1443213/1443213. htm.

[30] 海因兹 – 迪特·迈尔, 布莱恩·罗万, 郑砚秋. 教育中的新制度主义 [J]. 北京大学教育评论, 2007 (1): 15 – 24, 188.

[31] 胡森, M.C. 王, 主编, 肖非, 译审. 教育大百科全书: 特殊需要儿童教育 [M]. 重庆: 西南师范大学出版社, 2011: 228 – 237.

[32] 胡伟斌, 赵斌. 台湾个别化教育计划的发展历程与实施现状研究 [J]. 绥化学院学报, 2014, 34 (7): 115 – 119.

[33] 黄瑞珍, 等, 优质 IEP——以特教学生需求为本位的设计与目标管理 [M]. 台北: 心理出版社, 2007: 3 – 4.

[34] 黄朔希. 台湾个别化教育计划的理念与实践 [J]. 宁德师专学报 (哲学社会科学版), 2007 (4): 87 – 89.

[35] 黄新华. 政治科学中的新制度主义——当代西方新制度主义政治学述评 [J]. 厦门大学学报 (哲学社会科学版), 2005 (3): 28 – 35.

[36] 黄志军, 曾凡林, 刘春玲. 新中国成立 70 年来我国特殊教育课程改

革的回顾与前瞻 [J]. 中国特殊教育, 2019 (12)：3－11.

[37] 教育部. 2020 年全国教育事业发展统计公报 [EB/OL]. (2021－08－27) [2021－9－13]. http：//www. moe. gov. cn/jyb_sjzl/sjzl_fztjgb/202108/t20210827_555004. html.

[38] 教育部. 关于印发《盲校义务教育课程设置实验方案》、《聋校义务教育课程设置实验方案》和《培智学校义务教育课程设置实验方案》的通知 [EB/OL]. (2007－02－02) [2021－9－13]. http：//www. moe. gov. cn/srcsite/A06/s3331/200702/t20070202_128271. html.

[39] 教育部. 国务院办公厅关于转发教育部等部门"十四五"特殊教育发展提升行动计划的通知 [EB/OL]. (2022－01－25) [2022－12－10]. http：//www. gov. cn/zhengce/content/2022－01/25/content_5670341. htm.

[40] 教育部. 教育部等七部门关于印发《第二期特殊教育提升计划 (2017—2020 年)》的通知 [EB/OL]. (2017－07－18) [2021－10－10]. http：//www. moe. gov. cn/srcsite/A06/s3331/201707/t20170720_309687. html.

[41] 教育部. 教育部发布实施盲、聋和培智三类特殊教育学校义务教育课程标准 [EB/OL]. (2016－12－23) [2021－9－13]. http：//www. moe. gov. cn/jyb_xwfb/gzdt_gzdt/s5987/201612/t20161213_291720. html.

[42] 教育部. 教育部关于发布实施《盲校义务教育课程标准 (2016 年版)》《聋校义务教育课程标准 (2016 年版)》《培智学校义务教育课程标准 (2016 年版)》的通知 [EB/OL]. (2016－12－01) [2021－10－10]. http：//www. moe. gov. cn/srcsite/A06/s3331/201612/t20161213_291722. html.

[43] 教育部. 教育部关于加强残疾儿童少年义务教育阶段随班就读工作的指导意见 [EB/OL]. (2020－06－22) [2021－10－10]. http：//www. moe. gov. cn/srcsite/A06/s3331/202006/t20200628_468736. html.

[44] 教育部. 教育部关于印发《特殊教育教师专业标准 (试行)》的通知 [EB/OL]. (2015－08－26) [2021－10－10]. http：//www. moe. edu. cn/srcsite/A10/s6991/201509/t20150901_204894. html.

［45］教育部．特殊教育专业师范生教师职业能力标准（试行）［EB/OL］．
（2021 - 04 - 06）［2021 - 10 - 10］. http://www. moe. gov. cn/srcsite/
A10/s6991/202104/t20210412_525943. html.

［46］柯政．学校变革困难的新制度主义解释［J］．北京大学教育评论，
2007（1）：42 - 54，189.

［47］赖美智，张文嬿．成人心智功能障碍者服务纲要——个别化服务计
划评估与设计使用指南：修订版［M］．台北：财团法人第一社会福
利基金会，2010.

［48］雷江华，连明刚．香港"全校参与"的融合教育模式［J］．现代特
殊教育，2006（12）：37 - 38.

［49］李翠玲．个别化教育计划理念与实施［M］．台北：心理出版社，
2007：5 - 8.

［50］李翠玲．个别化教育计划中起点能力与特殊需求之撰写要点与实作
［J］．屏师特殊教育，2006（13）：1 - 19.

［51］李丹．个别化教育计划中智障学生自我决策能力培养成效研究［D］．
重庆：重庆师范大学，2008.

［52］李芳，邓猛．全纳教育的后现代性分析［J］．外国教育研究，2009
（2）：16 - 19.

［53］李宏贵，蒋艳芬．多重制度逻辑的微观实践研究［J］．财贸研究，
2017，28（2）：80 - 89.

［54］李淑梅．以"生活适应为核心有效学科整合"课题初探［J］．新课
程学习（中），2013（11）：63.

［55］李晓娟，孙颖，贾坤荣．关于培智学校包班制实践的思考［J］．中国
特殊教育，2010（9）：48 - 52.

［56］连福鑫，陈淑君．理想与现实：特殊教育学校个别化教育计划实践
个案研究［J］．中国特殊教育，2015（7）：3 - 9.

［57］林晨华．从台中市特殊教育评监探讨 IEP 之运作［J］．特殊教育季
刊，2015：19 - 26.

［58］林坤灿，萧朱亮．个别化教育计划实施现况及内容检核之研究——
以高雄市小学启智班为例［J］．东台湾特殊教育学报，2004（6）：

1 – 32.

[59] 林素贞.个别化教育计划之实施 [M].台北：五南图书出版有限公司，2007：57.

[60] 林素贞."如何拟定个别化教育计划"——给特殊教育的老师与家长 [M].台北：心理出版社，1999：13.

[61] 林幸台，等.我国实施特殊儿童个别化教育计划现况调查研究 [J].特殊教育研究学刊，1994（10）：1 – 42.

[62] 刘春玲，马红英.智力障碍儿童的发展与教育 [M].北京：北京大学出版社，2011：146 – 147.

[63] 刘佩嘉.自我决策是遥不可及的梦想吗？——促进智能障碍学生参与IEP/ITP 会议之建议作法 [J].特殊教育季刊，2005（97）：27 – 31.

[64] 刘全礼.个别化教育计划的理论与实践 [M].北京：中国妇女出版社，1999：35，63 – 64.

[65] 刘晓娟，林惠芬.中部地区中学启智班家长参与个别化教育计划会议之研究 [J].特殊教育学报，2003（18）：1 – 19.

[66] 刘欣，李永洪.新旧制度主义政治学研究范式的比较分析 [J].云南行政学院学报，2009，11（6）：22 – 24.

[67] 卢晖临，李雪.如何走出个案——从个案研究到扩展个案研究 [J].中国社会科学，2007（1）：118 – 130.

[68] 卢台华，张靖卿.个别化教育计划评鉴检核表之建构研究 [J].特殊教育研究学刊，2003（24）：15 – 38.

[69] 罗燕.教育的新制度主义分析——一种教育社会学理论和实践 [J].清华大学教育研究，2003（6）：28 – 34，72.

[70] 毛丹.合法性压力与教育政策制定——对美国伊利诺伊州高等教育绩效拨款政策的案例研究 [D].北京：北京大学，2015.

[71] 钮文英.迈向优质、个别化的特殊教育服务 [M].台北：心理出版社，2013：247 – 248.

[72] 帕特里夏·H.桑顿，威廉·奥卡西奥，龙思博.制度逻辑：制度如何塑造人和组织 [M].杭州：浙江大学出版社，2020：6 – 18.

[73] 潘淑满.质性研究：理论与运用 [M].台北：心理出版社，2005：

259 - 261.

[74] 彭霞光. 中国特殊教育发展报告 2012 [M]. 北京：教育科学出版
  社，2013：6.

[75] 皮悦明，王庭照. 中国共产党百年特殊教育思想与实践发展道路回
  望 [J]. 中国特殊教育，2021 (9)：3 - 9.

[76] 朴永馨，主编. 特殊教育学 [M]. 福州：福建教育出版社，1995：65.

[77] 朴永馨，主编. 特殊教育辞典 [M]. 北京：华夏出版社，2006：69.

[78] 朴永馨，主编. 特殊教育辞典 [M]. 北京：华夏出版社，2014：313.

[79] 全日制弱智学校 (班) 教学计划 (征求意见稿) [J]. 人民教育，
  1988 (6)：8 - 9.

[80] 石凯，胡伟. 新制度主义 "新" 在哪里 [J]. 教学与研究，2006
  (5)：65 - 69.

[81] 石茂林. 普通班教师参与个别化教育计划的困境与出路——以美国
  《障碍者教育法修正案》 实施状况为例 [J]. 现代特殊教育，2013
  (4)：38 - 40.

[82] 苏林，张贵新. 中国师范教育十五年 [M]. 长春：东北师范大学出
  版社，1996：84.

[83] 索宇静. 身心障碍家庭中女性照顾者的角色建构和变迁研究 [D].
  呼和浩特：内蒙古师范大学，2020.

[84] 孙晶. 西方组织合法性理论评析 [J]. 东南大学学报 (哲学社会科
  学版)，2009，11 (S1)：57 - 60.

[85] 台湾教育主管部门. 特殊教育有关规定施行细则第九条 [EB/OL].
  (2020 - 07 - 17) [2021 - 10 - 10]. http://edu. law. moe. gov. tw/LawCon-
  tent. aspx？id = FL009141&KeyWord = % E7% 89% B9% E6% AE% 8A%
  E6% 95% 99% E8% 82% B2% E6% B3% 95.

[86] 涂洪波. 制度分析：对新制度主义的一种解读 [J]. 广东社会科学，
  2006 (6)：95 - 100.

[87] 汪海萍. 以社会模式的残疾观推进智障人士的社会融合 [J]. 中国特
  殊教育，2006 (9)：6 - 10.

[88] 王富伟. 个案研究的意义和限度——基于知识的增长 [J]. 社会学研

究, 2012, 27 (5): 161 - 183, 244 - 245.

[89] 王海英. 学校组织的行动逻辑 [D]. 长春: 东北师范大学, 2009.

[90] 王红霞, 莫琳琳, 牛爽爽. 融合教育学校个别化教育计划实施状况研究——基于北京市海淀区的调查 [J]. 中国特殊教育, 2020 (7): 31 - 36.

[91] 王辉, 王雁. 对我国大陆培智学校课程建设问题的几点思考 [J]. 中国特殊教育, 2015 (1): 16 - 21.

[92] 王辉. 我国培智学校课程改革研究的现状、反思与展望 [J]. 中国特殊教育, 2010 (12): 47 - 52.

[93] 文军, 蒋逸民, 主编. 质性研究概论 [M]. 北京: 北京大学出版社, 2010: 94 - 95.

[94] 吴春艳. 论培智学校教学生活化 [J]. 中国特殊教育, 2012 (3): 28 - 32.

[95] 吴春艳. 培智学校校本课程开发的现状研究 [J]. 中国特殊教育, 2013 (2): 31 - 35.

[96] 吴东光, 等. IEP 电脑化之功能性探讨——以有爱无碍电脑化 IEP 系统为例 [J]. 台湾特殊教育学会年刊, 2005: 241 - 257.

[97] 吴东光, 孟瑛如. 资源班教师对 IEP 计算机化之接受度与应用现况探析 [J]. 特殊教育季刊, 2004 (26): 61 - 87.

[98] 吴淑美. 学前融合班个别化教育方案之拟定与执行 [M]. 台北: 心理出版社, 1998: 98.

[99] 吴武典. 美国个别化教育方案实施概况 [J]. 特殊教育季刊, 1982 (7): 13 - 14.

[100] 吴重涵, 沈文钦. 组织合法性理论及其在教育研究领域的应用 [J]. 教育学术月刊, 2010 (2): 3 - 9.

[101] 谢燕, 肖非. 残疾污名的形成机制与去污名的路径探析——基于融合教育的理论视角 [J]. 现代特殊教育, 2016 (22): 10 - 17.

[102] 辛伟豪, 曹漱芹. 基于文本分析检视当前培智学校个别化教育计划的编拟质量——以浙江省部分培智学校为例 [J]. 中国特殊教育, 2015 (7): 18 - 26.

［103］辛伟豪，曹漱芹．培智学校个别化教育计划：制定、实施及困难——基于对杭州市部分培智学校的调查［J］．中国特殊教育，2016（4）：18－26．

［104］辛伟豪，等．2004年以来美国个别化教育计划研究热点［J］．中国特殊教育，2018（5）：54－60．

［105］杨洋．清末民国时期特殊教育发展研究（1874—1949）［D］．长春：东北师范大学，2021．

［106］姚向煜．随班就读学生IEP制定与实施现状的调查——以南京、常熟为例［J］．南京特教学院学报，2012（6）：46－52．

［107］于素红．个别化教育计划的现实困境与发展趋势［J］．中国特殊教育，2012（3）：3－8．

［108］于素红，陈路桦．我国义务教育阶段特殊教育政策演进评析［J］．中国特殊教育，2020（6）：3－9．

［109］袁媛．培智学校个别化教育计划拟定现状研究［D］．大连：辽宁师范大学，2015．

［110］约瑟夫·A.马克斯威尔．质的研究设计：一种互动的取向［M］．重庆：重庆大学出版社，2007：27．

［111］张蓓莉．个别化教育计划的缘起与理念［M］∥张蓓莉，蔡明富．量生订做——IEP的理念与落实．台北：台湾师范大学特殊教育中心，2001：1－14．

［112］张慧美．台北市小学孤独症学生家长参与其子女个别化教育计划及特殊教育服务需求之调查［D］．台北：台北教育大学，2007．

［113］张玲，邓猛．新时代我国融合教育发展的本土模式与实践特色——基于《"十四五"特殊教育发展提升行动计划》的解读［J］．残疾人研究，2022（1）：40－47．

［114］张琴．随班就读生个别化教育计划文本编制的研究［D］．上海：华东师范大学，2007．

［115］张文京．弱智儿童个别化教育与教学［M］．重庆：重庆出版社，2005：5－26．

［116］张贻琇，孟瑛如，吴东光．小学资源班教师对电脑化IEP系统使用

满意度之研究——以有爱无碍电脑化 IEP 系统为例 [J]. 特殊教育学报，2007 (26)：85 - 109.

[117] 张永宏主编. 组织社会学的新制度主义学派 [M]. 上海：上海人民出版社，2007：序 1 - 10.

[118] 郑晓坤. 中国特殊教育师资培养研究 (1978—2016) [D]. 长春：东北师范大学，2017.

[119] 中华人民共和国国家统计局，编. 中国统计摘要 2018 [R]. 北京：中国统计出版社，2018.

[120] 周雪光. 组织社会学十讲 [M]. 北京：社会科学文献出版社，2003：67 - 78.

[121] 朱媛媛，于素红. 九年级随班就读学生个别化教育计划文本分析研究 [J]. 中国特殊教育，2011 (10)：14 - 21.

二 英文文献

[1] Alkahtani M A, Kheirallah S A. Background of individual education plans (IEPs) policy in some countries：A review [J]. Journal of Education and Practice，2016，7 (24)：15 - 26.

[2] Allen S K，Smith A C，Test D W，et al. The effects of self-directed IEP on student participation in IEP meetings [J]. Career Development & Transition for Exceptional Individuals，2001，24 (2)：107 - 120.

[3] Arndt S A，Konrad M，Test D W. Effects of theself-directed IEP on student participation in planning meetings [J]. Remedial & Special Education，2006，27 (4)：194 - 207.

[4] Barnard-Brak L，Lechtenberger D. Student IEP participation and academic achievement across time [J]. Remedial & Special Education，2010，30 (5)：343 - 349.

[5] Bateman B D, Herr C M. Writing Measurable IEP Goals and Objectives [M]. Attainment Company Inc，2011.

[6] Bateman B D. Individual Education Programs for Children with Disabilities [M] //Handbook of Special Education. Routledge，2017：87 - 104.

［7］ Bateman B D, Linden M A. Better IEPs: How to Develop Legally Correct and Educationally Useful Programs (4th ed.) ［M］. Verona, WI: Attainment Co, 2006.

［8］ Bateman B D, Linden M A. Better IEPs: How to Develop Legally Correct and Educationally Useful Programs (3rd edition) ［M］. Longmont, Colorado: Sopris West, 1998.

［9］ Benz M R , Lindstrom L. Improving graduation and employment outcomes of students with disabilities: Predictive factors and student perspectives ［J］. Exceptional Children, 2000, 66 (4): 509 – 529.

［10］ Board of Education of the Hendrick Hudson School District v. Rowley ［Z］. 458 U. S. 176. 1982.

［11］ Boavida T, Aguiar C, McWilliam R A, et al. Quality ofindividualized education program goals of preschoolers with disabilities ［J］. Infants & Young Children, 2010, 23 (3): 233 – 243.

［12］ Brigham F J, Ahn S Y, Stride A N, et al. FAPE-Accompli: Misapplication of the Principles of Inclusion and Students with EBD ［M］ //General and Special Education Inclusion in an Age of Change: Impact on Students with Disabilities. Emerald Group Publishing Limited, 2016: 31 – 47.

［13］ Brightman M F, Archer E L. Three Evaluative Research Studies on Compliance with PL 94 – 142 within the Context of Present Economic Realities ［C］. Paper presented at the annual meeting of the American Educational Research Association, New York, NY, 1982: 36.

［14］ Burlington v. Department of Education of Massachusetts ［Z］. 451 U. S. 359. 1985.

［15］ Butera G, Klein H, McMullen L, et al. Astatewide study of FAPE and school discipline policies ［J］. The Journal of Special Education, 1998, 32 (2): 108 – 114.

［16］ Butterworth J, Steere D E, Whitney J. UsingPerson-Centered Planning to Address Personal Quality of Life ［M］ // Schalock R L, Siperstein G N. Quality of Life Volume Ⅱ: Application to Persons with Disabilities.

Washington, DC: American Association on Mental Retardation, 1997: 5 – 24.

[17] California Special Education Local Plan Areas [EB/OL]. (2021 – 01 – 14) [2021 – 10 – 10]. https://www. cde. ca. gov/sp/se/as/caselpas. asp.

[18] Callicott K J. Culturally sensitive collaboration within person-centered planning [J]. Focus on Autism and Other Developmental Disabilities, 2003, 18 (1): 60 – 68.

[19] Catone W V, Brady S A. The inadequacy of individual educational program (IEP) goals for high school students with word-level reading difficulties [J]. Annals of Dyslexia, 2005, 55 (1): 53 – 78.

[20] Chen W B, Gregory A. Parental involvement in the prereferral process: Implications forschools [J]. Remedial and Special Education, 2011, 32 (6): 447 – 457.

[21] Chou C. A Review of the Implementation of the Individualized Education Program (IEP) Process in the United States and Chinese Taiwan with Suggestions for Improvements in Chinese Taiwan [D]. The University of Iowa. 2002 (12): 30 – 35.

[22] Christle C A, Yell M L. Individualized education programs: Legal requirements and research findings [J]. Exceptionality, 2010, 18 (3): 109 – 123.

[23] Collins B C. Systematic Instruction for Students with Moderate and Severe Disabilities [M]. Paul H. Brookes Publishing Company, 2012: 232.

[24] Cone J D, Delawyer D D, Wolfe V V. Assessing parent participation: The parent/family involvement index [J]. Exceptional Children, 1985, 51 (5): 417 – 424.

[25] Cooper P. Are individual education plans a waste of paper? [J]. British Journal of Special Education, 1996, 23 (3): 115 – 119.

[26] Council for Exceptional Children (CEC). Advanced Special Education Preparation Standards [EB/OL]. (2020 – 08 – 20) [2021 – 10 – 10]. https://exceptionalchildren. org/standards/advanced-special-education-

preparation-standards.

［27］ Council for Exceptional Children （CEC）. Initial Preparation Standards ［EB/OL］. （2020 – 08 – 20）［2021 – 10 – 10］. https：//exceptionalchildren. org/standards/initial-special-education-preparation-standards.

［28］ Couvillon M A, Yell M L, Katsiyannis A. Endrew F. v. Douglas County School District （2017） and special education law： What teachers and administrators need to know ［J］. Preventing School Failure： Alternative Education for Children and Youth, 2018, 62 （4）： 289 – 299.

［29］ Cox J L, Pyecha J N. Anational survey of individualize education programs （IEPs） for handicapped children： Follow-up study of the IEP development process. Final report ［R］. 1980.

［30］ Deng M, Poon-Mcbrayer K F, Farnsworth E B. The development of special education in China： A sociocultural review ［J］. Remedial and Special Education, 2001, 22 （5）： 288 – 298.

［31］ Department of Education. Code of Practice on the Identification and Assessment of Special Educational Needs ［EB/OL］. （2017 – 10 – 10）［2021 – 10 – 10］. https：//www. education-ni. gov. uk/publications/code-practice-identification-and-assessment-special-educational-needs.

［32］ Department of Educational, U. S. Sec. 300. 321 IEP Team ［EB/OL］. （2017 – 07 – 12） ［2021 – 09 – 15］. https：//sites. ed. gov/idea/regs/b/d/300. 321.

［33］ Dildine G. General Education Teachers' Perceptions of Their Role in Developing Individual Education Programs and Their Use of IEPs to Develop Instructional Plans for Students with Disabilities ［D］. Tennessee State University, 2010.

［34］ Doug C. v. State of Hawaii Board of Education ［Z］. 720 F. 3d 1038 （9th Cir. 2013）.

［35］ Drasgow E, Yell M L, Robinson T R. Developing legally correct and educationally appropriate IEPs ［J］. Remedial and Special Education, 2001, 22 （6）： 359 – 373.

［36］ Dudley-Marling C. Perceptions of the usefulness of the IEP by teachers of learning disabled and emotionally disturbed children ［J］. Psychology in the Schools, 1985, 22 (1): 65 –67.

［37］ Education Bureau. Operational manual for pre-primary institutions ［EB/OL］. (2006 –02 –23) ［2021 –10 –10］. http://www. edb. gov. hk/attachment/en/edu-system/preprimary-kindergarten/about-preprimary-kindergarten/Operation%20Mannaleng. pdf.

［38］ Education Bureau. Whole-school approach to integrated education ［EB/OL］. (2007 –10 –10) ［2021 –10 –10］. http://www. edb. gov. hk/en/edu-system/special/support/wsa/index. html.

［39］ Education for All Handicapped Children Act of 1975. Pub. L. 94 –142 ［EB/OL］. (1975 –11 –29) ［2021 –07 –10］. https://www. govinfo. gov/content/pkg/STATUTE –89/pdf/STATUTE –89 –Pg773. pdf.

［40］ Elbaum B, Blatz E T, Rodriguez R J. Parents' experiences as predictors of state accountability measures of schools' facilitation of parent involvement ［J］. Remedial and Special Education, 2016, 37 (1): 15 –27.

［41］ Elizabeth Cowne. SENCO Handbook: Working within a Whole-School Approach ［M］. London: David Fulton Publishers, 2000: 117.

［42］ Embrace IEP © ［EB/OL］. (2020 –08 –20) ［2021 –10 –10］. https://www. embraceeducation. com/iep-software/.

［43］ Endrew F. , a Minor, by and Through His Parents and Next Friends, Joseph F. et al. v. Douglas County School District RE-1 ［Z］. 64 IDELR 38, (D. , Co. 2014), 580 U. S. 2017.

［44］ Equal Opportunities Commission. Disability discrimination ordinance, code of practice on education ［EB/OL］. (2001 –10 –10) ［2021 –10 –10］. http://www. eoc. org. hk/eoc/graphicsfolder/showcontent. aspx? content = cops_ ddo.

［45］ Everson J M, Zhang D, Guillory J D. A statewide investigation of individualized transition plans in Louisiana ［J］. Career Development for Exceptional Individuals, 2001, 24 (1): 37 –49.

［46］ Fernández-Alles M D L L, Llamas-Sanchez R. The neoinstitutional analysis of change in public services ［J］. Journal of Change Management, 2008, 8 (1): 3 - 20.

［47］ Fiedler J F, Knight R R. Congruence between assessed needs and IEP goals of identified behaviorally disabled students ［J］. Behavioral Disorders, 1986, 12 (1): 22 - 27.

［48］ Finn J E, Kohler P D. A compliance evaluation of the transition outcomes project ［J］. Career Development and Transition for Exceptional Individuals, 2009, 32 (32): 17 - 29.

［49］ Fish W W. Perceptions of Parents of Students with Autism towards the IEP Meeting. ［D］. University of North Texas, 2004.

［50］ Fish W W. The IEP meeting: Perceptions of parents of students who receive special education services ［J］. Preventing School Failure: Alternative Education for Children and Youth, 2008, 53 (1): 8 - 14.

［51］ Forlin C, Rose R. Authentic school partnerships for enabling inclusive education in Hong Kong ［J］. Journal of Research in Special Educational Needs, 2010, 10 (1): 13 - 22.

［52］ Fowler S A, Coleman M R B, Bogdan W K. The state of the special education profession survey report ［J］. Teaching Exceptional Children, 2019, 52 (1): 8 - 29.

［53］ Freasier A W. Teacher self-help iep rating scale ［J］. Academic Therapy, 1983, 18 (4): 487 - 493.

［54］ Fu W, Lu S, Xiao F, et al. A social-cultural analysis of the individual education plan practice in special education schools in China ［J］. International Journal of Developmental Disabilities, 2020, 66 (1): 54 - 66.

［55］ Gaertner M N, McClarty K L. Performance, perseverance, and the full picture of college readiness ［J］. Educational Measurement: Issues and Practice, 2015, 34 (2): 20 - 33.

［56］ Gartin B C, Murdick N L. IDEA 2004: The IEP ［J］. Remedial and Special Education, 2005, 26 (6): 327 - 331.

[57] Gelbar N W, Bruder M B, DeBiase E, et al. A retrospective chart review of children with ASD's individual education plans compared to subsequent independent psychological evaluations [J]. Journal of Autism and Developmental Disorders, 2018, 48 (11): 3808 – 3815.

[58] Gerber P J, Ginsberg R, Reiff H B. Identifying alterable patterns in employment success for highly successful adults with learning disabilities [J]. Journal of learning disabilities, 1992, 25 (8): 475 – 487.

[59] Giangreco M F, Dennis R E, Edelman S W, et al. Dressing your IEPs for the general education climate analysis of IEP goals and objectives for students with multiple disabilities [J]. Remedial and Special Education, 1994, 15 (5): 288 – 296.

[60] Goodman J F, Bond L. The individualized education program: A retrospection critique [J]. The Journal of Special Education, 1993, 26 (4): 408 – 422.

[61] Griffin H C. Special educators perception of parental participation in the individual education plan process [J]. Psychology in the Schools, 1986, 23: 158 – 163.

[62] Grigal M, Hart D, Migliore A. Comparing the transition planning, postsecondary education, and employment outcomes of students with intellectual and other disabilities [J]. Career Development for Exceptional Individuals, 2011, 34 (1): 4 – 17.

[63] Grigal M, Test D W, Beattie J, et al. An evaluation of transition components of individualized education programs [J]. Exceptional Children, 1997, 63 (3): 357 – 372.

[64] Haines S J, Gross J M S, Blue-Banning M, et al. Fostering family-school and community-school partnerships in inclusive schools: Using practice as a guide [J]. Research and Practice for Persons with Severe Disabilities, 2015, 40 (3): 227 – 239.

[65] Hall P A, Taylor R C R. Political science and the three new institutionalisms [J]. Political Studies, 1996, 44 (5): 936 – 957.

[66] Hancock C L, Beneke M R, Cheatham G A. Knowing families, tailoring practice, building capacity: DEC recommended practices Monograph Series 3 [J]. Washington, DC: Council for Exceptional Children, Division for Early Childhood, 2017.

[67] Harry B, Allen N, McLaughlin M. Communication versus compliance: African-American parents' involvement in special education [J]. Exceptional Children, 1995, 61 (4): 364 – 377.

[68] Hawbaker B W. Student-led IEP meetings: Planning andimplementation strategies [J]. Teaching Exceptional Children Plus, 2007, 3 (5): n5.

[69] Hayden D. Establishing aspecial education management system-SEMS [J]. Journal of Learning Disabilities, 1982, 15 (7): 428 – 429.

[70] Hoehle II R L. The Development of an Expert System to Evaluate the Individualized Education Program Components of Student Records [D]. Utah State University, 1993.

[71] Hott B L, Jones B A, Rodriguez J, et al. Are rural students receiving FAPE? A descriptive review of IEPs for students with social, emotional, or behavioral needs [J]. Behavior Modification, 2021, 45 (1): 13 – 38.

[72] Individuals with Disabilities Education Act [Z]. 20 U. S. C. § 1414 et seq. 2004.

[73] Individuals with Disabilities Education Improvement Act of 2004 [Z]. Pub. L. No. 108 – 446, 20 U. S. C. § 1400 et seq. 2004

[74] Isaksson J, Lindqvist R, Bergström E. School problems or individual shortcomings? A study of individual educational plans in Sweden [J]. European Journal of Special Needs Education, 2007, 22 (1): 75 – 91.

[75] Tod J, Blamires M. Implementing Effective Practice-Individual Educational Plans [M]. London: David Fulton Publishers, 2000: 30 – 35.

[76] Janiga S J, Costenbader V. The transition from high school to postsecondary education for students with learning disabilities: A survey of college service coordinators [J]. Journal of Learning Disabilities, 2002, 35 (5): 463 – 470.

［77］ Johnson D R, Emanuel E. Issues influencing the future of transition programs and services in the United States ［Z］. 2000.

［78］ Johnson D R, Thurlow M L, Wu Y C, et al. Youth and parent participation in transition planning in the USA: Findings from the National Longitudinal Transition Study 2012 (NLTS 2012) ［J］. Journal of International Special Needs Education, 2022.

［79］ Joseph J. Evaluating special education: A study to pilot techniques using existing data in Skokie School District68. Skokie, IL: Skokie School District68 ［J］. ERIC Document Reproduction Service, 1983.

［80］ Karger J. Access to the general curriculum for students with disabilities: The role of the IEP ［J］. Washington, DC: National Center on Accessing the General Curriculum. Retrieved August, 2004, 15: 2004.

［81］ Katsiyannis A, Ward T J. Parent participation in special education: Compliance issues as reported by parent surveys and state compliance reports ［J］. Remedial and Special Education, 1992, 13 (5): 50 – 55.

［82］ Kauffman J M, Wiley A L, Travers J C, et al. Endrew and FAPE: Concepts and implications for all students with disabilities ［J］. Behavior Modification, 2021, 45 (1): 177 – 198.

［83］ Konrad M. Involve students in the IEP process ［J］. Intervention in School and Clinic, 2008, 43 (4): 236 – 239.

［84］ Kupper L, McGahee-Kovac M. Helpingstudents develop their IEPs. technical assistance guide. ［and］ A student's guide to the IEP ［J］. 2002.

［85］ Kupper L. Aguide to the individualized rducation program ［M］. Office of Special Education and Rehabilitative Services U. S. Department of Education, 2000.

［86］ Kurth J A, Love H R, Zagona A L, et al. Parents' experiences in educational decision making for children and youth with disabilities ［J］. Inclusion, 2017, 5 (3): 158 – 172.

［87］ Kurth J A, McQueston J A, Ruppar A L, et al. A description of parent input in IEP development through analysis IEP documents ［J］. Intellectual and developmental disabilities, 2019, 57 (6): 485 – 498.

[88] Kurth J A, Ruppar A L, McQueston J A, et al. Types of supplementary aids and services for students with significant support needs [J]. The Journal of Special Education, 2019, 52 (4): 208 – 218.

[89] Kurth J, Mastergeorge A M. Individual education plan goals and services for adolescents with autism: Impact of age and educational setting [J]. The Journal of Special Education, 2010, 44 (3): 146 – 160.

[90] Lee-Tarver A. Are individualized education plans a good thing? A survey of teachers' perceptions of the utility of IEPs in regular education settings [J]. Journal of Instructional Psychology, 2006, 33 (4): 263 – 272.

[91] Lindsay G. Inclusive education: A critical perspective [J]. British Journal of Special Education, 2003, 30 (1): 3 – 12.

[92] Lister S. NGO legitimacy: Technical issue or social construct? [J]. Critique of Anthropology, 2003, 23 (2): 175 – 192.

[93] Lovitt T, Cushing S. High school students rate their IEPs: Low opinions and lack of ownership [J]. Intervention in School and Clinic, 1994, 30, 34 – 37.

[94] Lowndes V. Institutionalism Theories and Methods in Political Science [M]. Palgrave, 2002: 90 – 108.

[95] Lynch E C, Beare P L. The quality of IEP objectives and their relevance to instruction for students with mental retardation and behavioral disorders [J]. Remedial and Special Education, 1990, 11 (2): 48 – 55.

[96] Mandic C G, Rudd R, Hehir T, et al. Readability of special education procedural safeguards [J]. The Journal of Special Education, 2012, 45 (4): 195 – 203.

[97] March J G. Rediscovering institutions: The organizational basis of politics [J]. 1989: 23.

[98] Margolis H, Free J. The consultant's corner: Computerized IEPPrograms: A Guide for Educational Consultants [J]. Journal of Educational and Psychological Consultation, 2001, 12 (2): 171 – 178.

[99] Martin J E, Marshall L H, Maxson L, et al. Self-Directed IEP [M]. University of Colorado, 1996: 5.

[100] Martin J E, Marshall L H, Sale P. A 3-year study of middle, junior high, and high school IEP meetings [J]. Exceptional Children, 2004, 70 (3): 285 – 297.

[101] Martin J E, Van Dycke J L, Christensen W R, et al. Increasing student participation in IEP meetings: Establishing the self-directed IEP as an evidenced-based practice [J]. Exceptional Children, 2006, 72 (3): 299 – 316.

[102] Martin J E, Van Dycke J L, Greene B A, et al. Direct observation of teacher-directed IEP meetings: Establishing the need for student IEP meeting instruction [J]. Exceptional Children, 2006, 72 (2): 187 – 200.

[103] Mason C, Field S, Sawilowsky S. Implementation of self-determination activities and student participation in IEPs [J]. Exceptional Children, 2004, 70 (4): 441 – 451.

[104] Massanari, Carol B. Connecting the IEP to the general curriculum: A talking paper [EB/OL]. (2002 – 06 – 10) [2021 – 10 – 10]. http:// eric. ed. gov/PDFfs/ED469280. pdf.

[105] McCollum J. Social competence and IEP objectives: Where's the match? [J]. Journal of Early Intervention, 1995, 19 (4): 283 – 285.

[106] Meyer H D. Framing disability: Comparing individualist and collectivist societies [J]. Comparative Sociology, 2010, 9 (2): 165 – 181.

[107] Meyer J W, Rowan B. Institutionalized organizations: Formal structures as myth and ceremony [J]. American Journal of Sociology, 1977, 83 (2): 340 – 363.

[108] Meyer J. W., Scott W R. Organizational Environments: Ritual and Rationality [M]. Beverly Hills: Sage, 1983.

[109] Miller L, Newbill C. Section 504 in the Classroom: How To Design and Implement Accommodation Plans [M]. PRO-ED, Inc., 8700 Shoal Creek

Boulevard, Austin, TX 78757 – 6897; Order Number 8645. , 1998.

[110] Mitchell D, Morton M, Hornby G. Review of the literature on individual education plans [J]. Report to the New Zealand Ministry of Education. Wellington, New Zealand: The Ministry of Education. www. educatio-ncounts. govt. nz, 2010 – 08 – 20/2021 – 10 – 10.

[111] Morgan D P, Rhode G. Teachers' attitudes toward IEP's: A two-year fol-low-up [Z]. 1983.

[112] Mueller T G. Litigation and special education: The past, present, and future direction for resolving conflicts between parents and school districts [J]. Journal of Disability Policy Studies, 2015, 26 (3): 135 – 143.

[113] Nickles J L, Cronis T G, Justen III J E, et al. Individualized education programs: A comparison of students with BD, LD, and MMR [J]. Intervention in School and Clinic, 1992, 28 (1): 41 – 44.

[114] Poon-McBrayer K F, McBrayer P A. Plotting Confucian and disability rights paradigms on the advocacy-activism continuum: Experiences of Chinese parents of children with dyslexia in Hong Kong [J]. Cambridge Journal of Education, 2014, 44 (1): 93 – 111.

[115] Powers K M, Gil-Kashiwabara E, Geenen S J, et al. Mandates and ef-fective transition planning practices reflected in IEPs [J]. Career Devel-opment for Exceptional Individuals, 2005, 28 (1): 47 – 59.

[116] Pyecha J N. A National survey of individualized education programs (IEPs) for handicapped children [R]. Volume V: State/special facili-ty substudy findings. Final report. 1980.

[117] Rheams A E B. Teachers'Perceptions of the Effectiveness of the Individu alized Education Program [D]. The University of Wisconsin-Milwaukee, 1989.

[118] Rita Cheminais, Every Child Matters: A Practical Guide for Teachers [M]. London: Davud Fulton Publishers, 2006: 37.

[119] Ruble L A, McGrew J, Dalrymple N, et al. Examining the quality of IEPs for young children with autism [J]. Journal of Autism and Develop-

mental Disorders, 2010, 40 (12): 1459 – 1470.

[120] Ruppar A L, Gaffney J S. Individualized education program team deci-
sions: A preliminary study of conversations, negotiations, and power
[J]. Research and Practice for Persons with Severe Disabilities, 2011,
36 (1 – 2): 11 – 22.

[121] Scott W R. Institutions and Organizations: Ideas, Interests, and Identi-
ties [M]. Sage publications, 2013: 47 – 70.

[122] SEIS [EB/OL]. (2020 – 08 – 20) [2021 – 10 – 10]. https://www. seis.
org/.

[123] Serfass C, Peterson R L. A guide to computer-managed IEP record sys-
tems [J]. Teaching Exceptional Children, 2007, 40 (1): 16 – 21.

[124] Shriner J G, Carty S J, Rose C A, et al. Effects of using a web-based
individualized education program decision-making tutorial [J]. The Jour-
nal of Special Education, 2013, 47 (3): 175 – 185.

[125] Simon J. Perceptions of the IEP requirement [J]. Teacher Education and
Special Education, 2006, 29 (4): 225 – 235.

[126] Skrtic T M. Disability and Democracy: Reconstructing (Special) Educa-
tion for Postmodernity. Special Education Series [M]. Teachers College
Press, Columbia University, New York, 1995.

[127] Smith S W, Kortering L J. Using computers to generate IEPs: rethinking
the process [J]. Journal of Special Education Technology, 1996, 13
(2): 81 – 90.

[128] Smith S W, Simpson R L. An analysis of individualized education pro-
grams (IEPs) for students with behavioral disorders [J]. Behavioral Dis-
orders, 1989, 14 (2): 107 – 116.

[129] Smith S W. Individualized education programs (IEPs) in special educa-
tion—From intent to acquiescence [J]. Exceptional Children, 1990, 57
(1): 6 – 14.

[130] Smith T E C. IDEA 2004: Another round in the reauthorization process
[J]. Remedial and Special Education, 2005, 26 (6): 314 – 319.

［131］Snyder E P. Teachingstudents with combined behavioral disorders and mental retardation to lead their own IEP meetings ［J］. Behavioral Disorders, 2002, 27（4）：340 – 357.

［132］Snyder E P. Examining the Effects of Teaching Ninth Grade Students Receiving Special Education Learning Support Services to Conduct Own IEP Meetings ［M］. Bethlehem：Lehigh University, 2000.

［133］Snyder E P. Teaching students with emotional/behavioral disorders the skills to participate in the development of their own IEPs ［J］. Behavioral Disorders, 1997.

［134］Stake E R. Qualitative Case Studies ［M］//Denzin N K, Lincoln Y S. The Sage Handbook of Qualitative Research. Sage Publications, 2005：444.

［135］Stodden R A , Conway M A. Supporting Youth with Disabilities to Access and Succeed in Postsecondary Education：Essentials for Educators in Secondary Schools ［R］. National Center on Secondary Education and Transition（NCSET）, Institute on Community Integration, University of Minnesota.

［136］Storms J, O'Leary E, Williams J. The individuals with disabilities education act of 1997 transition requirements：A guide for states, districts, schools, universities and families ［Z］. 2000.

［137］Suchman M C. Managing legitimacy：Strategic and institutional approaches ［J］. Academy of Management Review, 1995, 20（3）：571 – 610.

［138］Swain K D, Hagaman J L, Leader-Janssen E M. Teacher-reported IEP goal data collection methods ［J］. Preventing School Failure：Alternative Education for Children and Youth, 2021：1 – 8.

［139］Sweeney M. Effectiveness of the self-directed IEP ［J］. Tallahassee：Florida State University, 1997.

［140］Test D W, Neale M. Using the self-advocacy strategy to increase middle graders' IEP participation ［J］. Journal of Behavioral Education, 2004, 13（2）：135 – 145.

[141] The IRIS Center. IEPs: How administrators can support the development and implementation of high-quality IEPs [EB/OL]. (2019 – 01 – 03) [2021 – 10 – 10]. https://iris. peabody. vanderbilt. edu/module/iep02/.

[142] Thoma C A, Nathanson R, Baker S R, et al. Self-determination: What do special educators know and where do they learn it? [J]. Remedial and special education, 2002, 23 (4): 242 – 247.

[143] Tucker V, Schwartz I. Parents' perspectives of collaboration with school professionals: Barriers and facilitators to successful partnerships in planning for students with ASD [J]. School Mental Health, 2013, 5 (1): 3 – 14.

[144] Twachtman-Cullen D, Twachtman-Bassett J. The IEP from A to Z: How toCreate Meaningful and Measurable Goals and Objectives [M]. John Wiley & Sons, 2011.

[145] U. K. National Council for Special Education, Guidelines on the Individual Education Plan Process (2006). P12 [EB/OL]. (2006 – 01 – 12) [2021 – 10 – 10]. http://ncse. ie/wp-content/uploads/2014/10/final_ report. pdf.

[146] U. S. Department of Education, Office of Special Education Programs (OSEP) [EB/OL]. (2021 – 04 – 05) [2021 – 07 – 10]. https:// www2. ed. gov/about/offices/list/osers/osep/index. html.

[147] U. S. Department of Education, Office of Special Education Programs (OSEP) [EB/OL]. (2021 – 04 – 05) [2021 – 10 – 10]. https:// www2. ed. gov/about/offices/list/osers/osep/index. html.

[148] United States Department of Education (2002). No Child Left Behind Act. Retrieved from United States Department of Education NCLB [EB/ OL]. (2002 – 01 – 02) [2021 – 10 – 10]. https://www2. ed. gov/nclb/ landing. jhtml.

[149] Van Dycke J L. Determining the Impact of Self-Firected IEP Instruction on Secondary IEP Documents [M]. The University of Oklahoma, 2005.

[150] Walsh J M. Getting the "big picture" of IEP goals and state standards

[J]. Teaching Exceptional Children, 2001, 33 (5): 18 – 26.

[151] Wehman P. A new era: Revitalizing special education for children and their families [J]. Focus on Autism and Other Developmental Disabilities, 2002, 17 (4): 194 – 197.

[152] Wehmeyer M. Self-determination: Critical skills for outcome-oriented transition services [J]. Journal for Vocational Special Needs Education, 1992, 15 (1): 3 – 7.

[153] Wehmeyer M L, Agran M, Hughes C. A national survey of teachers' promotion of self-determination and student-directed learning [J]. The Journal of Special Education, 2000, 34 (2): 58 – 68.

[154] White R, Calhoun M L. From referral to placement: Teachers' perceptions of their responsibilities [J]. Exceptional Children, 1987, 53 (5): 460 – 468.

[155] Williams-Diehm K, Wehmeyer M L, Palmer S, et al. Self-determination and student involvement in transition planning: A multivariate analysis [J]. Journal on Developmental Disabilities, 2008, 14 (1): 25 – 36.

[156] Wilson G L, Michaels C A, Margolis H. Form versus function: Using technology to develop individualized education programs for students with disabilities [J]. Journal of Special Education Technology, 2005, 20 (2): 37 – 46.

[157] Woods L L, Martin J E, Humphrey M J. The difference a year makes: An exploratory self-directed IEP case study [J]. Exceptionality, 2013, 21 (3): 176 – 189.

[158] Yang H, Wang H B. Special education in China [J]. The Journal of Special Education, 1994, 28 (1): 93 – 105.

[159] Yell M L, Bateman D F. Endrew F. v. Douglas county school district (2017) FAPE and the US supreme court [J]. Teaching Exceptional Children, 2017, 50 (1): 7 – 15.

[160] Yell M L, Drasgow E. Litigating a free appropriate public education: The Lovaas hearings and cases [J]. The Journal of Special Education,

2000, 33 (4): 205 – 214.

[161] Yell M L, Rogers D, Rogers E L. The legal history of special education: What a long, strange trip it's been! [J]. Remedial and Special Education, 1998, 19 (4): 219 – 228.

[162] Yell M L, Katsiyannis A, Losinski M. Doug C. v. Hawaii Department of Education: Parental participation in IEP development [J]. Intervention in School and Clinic, 2015, 51 (2): 118 – 121.

附　录

一　校长及教研主管访谈提纲

1. 您的学科背景和从业经历是怎样的？

2. 贵校的办学理念和培养目标是什么？

3. 贵校目前的课程发展状况是怎样的？

4. 贵校什么时候开始实施个别化教育计划的？动因是什么？

5. 贵校的个别化教育计划发展历程是怎样的？遇到哪些困难和阻碍？如何克服的？

6. 贵校目前是如何推进个别化教育计划发展的？目前有哪些困难和问题？

7. 您是如何理解个别化教育计划的？

8. 您怎样评价贵校个别化教育计划发展的现状？您的评价标准是什么？

9. 您觉得影响学校个别化教育计划发展的关键因素有哪些？为什么？

10. 您认为个别化教育计划的实施需要什么样的行政资源支持？

11. 您认为贵校个别化教育计划的实施有效果吗？原因是什么？

二　教研组长访谈提纲

1. 您的学科背景和从业经历是怎样的？

2. 您觉得贵校的培养目标是什么？

3. 您觉得从贵校毕业的学生，应该达到什么样的发展程度？

4. 您是如何理解个别化教育计划的？

5. 您在贵校的个别化教育计划实施中承担了哪些组织管理工作？效果如何？

6. 您在参与个别化教育计划实施的相关工作时遇到了哪些困难？如何解决的？

7. 您觉得贵校个别化教育计划发展得怎么样？您的评价标准是什么？

8. 您觉得影响个别化教育计划发展的关键因素有哪些？

9. 您觉得培智学校的个别化教育计划应该是怎么样的？请您描述一下。

10. 如果需要达到您理想的状态，您觉得需要哪些支持？

三 授课教师访谈提纲

1. 您的学科背景和从业经历是怎样的？

2. 您认为培智学校应该（可以）教给孩子们哪些知识和能力？

3. 您认为与普校相比，培智学校培养目标的定位应该是怎样的？

4. 在您所在班级，两位教师是如何分工的？

5. 您是如何理解个别化教育计划的？

6. 您所在的班级本学年度是如何开展个别化教育计划的？

7. 您是如何制定班级中学生个别化教育计划的？

8. 您是如何把个别化教育计划与教学相结合的？

9. 您在开展个别化教育计划中，遇到了哪些困难？是怎样解决的？

10. 您所在班级，家长对学校教学工作的配合情况怎样？主要是哪种形式的配合？他们有没有比较明确的对孩子发展目标的期望？

11. 您在个别化教育计划的开展中，希望获得哪些帮助和支持？

12. 您对本班今后的个别化教育计划发展有哪些规划与设想？请您描述一下。

四　家长访谈提纲

1. 您能简单介绍一下孩子的情况吗？
2. 您知道个别化教育计划吗？
3. 您参与孩子个别化教育计划的制定了吗？过程如何？感受如何？
4. 您觉得个别化教育计划有用吗？为什么？
5. 您对孩子以后发展的希望是什么？
6. 您希望他在学校学到哪些知识或能力？

五　课堂观察与分析表

观察时间：		观察与评估人：		
学校：		班级与人数：		
授课教师：		课程：		
授课内容				
课程内容组织形式				
	教学内容	教学策略	学生反应	观察者反思
教学过程与方法				
观察者评价				

六　听课访谈提纲

1. 您的教案是独立完成的，还是通过集体备课形成的？

2. 在教案设计中，哪一部分花费的精力最多？为什么？

3. 在您这节课中，学生的个别化教育计划目标是什么？如何体现的？

4. 这节课的教学目的是什么？您是如何确定本节课的教学目标的？

5. 您是如何确定本节课的教学内容的？您认为学生在哪些地方上理解有困难？

6. 本节课您设置（　　）教学活动是基于什么样的考虑？

7. 本节课您选择（　　）教学方法是基于什么样的考虑？

8. 今天这节课上，我注意到您在讲某个概念时用了某一个教学策略（举例、类比等），您为什么用这种方法呢？有什么好处？

9. 今天这节课上，我注意到您请学生回答问题，您在提问学生的时候会考虑哪些因素呢？为什么会有这样的考虑？

10. 关于（　　）的教学，您如何判断学生是否掌握了教学内容？依据是什么？这些依据是如何形成的？

11. 关于（　　）的教学，您如何判断教学方法的有效性？依据是什么？这些依据是如何形成的？

12. 课后您一般根据哪些标准评价学生的学习效果？为什么？

13. 您觉得这节课有没有实现（或有助于实现）学生的个别化教育计划中的（　　）目标？您的评价标准是什么？

七 教研活动观察记录表

观察时间：　　　　　　　　　　　观察与评估人：

地点：　　　　　　　　　　　　　主持人：

参会人员	
教研主题	
教研活动过程与内容	
观察者评价	

八　研究知情同意书

知情同意书

尊敬的老师：

您好！非常感谢您能抽出宝贵的时间参与"培智学校个别化教育计划实施研究"，本研究现阶段主要关注两个问题：第一，培智学校 IEP 的具体实施过程；第二，相关参与人员对 IEP 的理解和看法。

研究人员在研究过程中主要进行课堂观察、访谈以及相关实物的收集工作。课堂观察尽量不打扰您的正常安排，您不需要提前准备。访谈时间每次 30 ~ 60 分钟，主要是了解您对 IEP 的理解和您实施 IEP 的过程，同时会对访谈内容进行录音。需要收集的相关实物包括学生的 IEP、IESP 以及相关会议记录，您对主题教学的反思、教学计划、教案、反思日记，教学研究文章（发表的或未发表的）、评课记录、课表、书面的作业批改等。

研究者本人承诺在研究过程中产生的任何录音和文本资料都将进行转录和保密处理，原始资料不会以任何方式公开，且整理后的原始资料会经过您的确认之后再进行下一步分析研究。

研究报告撰写结束后会再次邀请您进行审核，同时相关研究成果也可根据您和学校的需求共同分享，感谢您付出的宝贵时间和无私的分享！

以上内容我已全部知晓并且愿意参与该项研究。

签名：

日期：

九　基本情况分析表

个案综合分析实例

学习（班级）环境	
班级气氛	**一　班风** **1. 基本情况** 本班学生 7 名，年龄在 10～11 岁，属于中学段。没有新生进入，因此学生之间不陌生，建立了良好的互动关系，整体班级氛围和谐、融洽。 **2. 班级氛围** 班级内除新生外，其他学生均有集体生活经验，已经建立了基本的在校一日生活常规。从早晨进校、上操、上课、如厕、喝水到午餐、午休、放学、游戏等，都能够在老师的引导下，按照学校的作息时间平稳地进行活动。活动中能够按照教师的指令要求完成任务，有遵守规则的意识。 学生从低年级升入中年级，已有一年的时间了，诸多良好习惯正在形成，如，每日进班后的清洁擦拭活动，"离开座位把椅插"行为，自理能力也在逐渐提高，大多数学生能独立完成倒水、放床、收被子等常规任务。同时学生的自控能力也在提升，当自己的言行不恰当时，面对老师的提醒，学生能够虚心接受批评，并尝试按照老师的要求改正自己的不良行为。因此，整个班级中能够呈现出友爱、和谐的积极氛围，为学生的健康成长提供了环境支持。 **二　个别生接纳** **1. 集体表现** 对于班中有情绪、行为问题的同学，学生没有抵触和疏远的情绪，乐于关注和交往，能够主动帮助、提示身边同学共同参与集体活动。个别学生的是非观念不够清楚，在特殊学生出现情绪行为问题时不能约束自我，甚至有模仿不良情绪行为的现象。 **2. 本人表现** 该生是唐氏综合征患者，性格内向，无不良行为，能够积极参与各种活动。熟悉学校一日生活，懂得班级基本的行为规范，能与同学、老师友好相处。个性强，容易使小性子，存在一些情绪问题，有时会无视老师的指令，在与老师单独交谈之后能做出相应行动。自理能力、理解能力都比较强。有学习的主动性，但注意力集中的时间相对有限，进行学习活动时会受周围同伴影响，专注力易分散。能够主动向老师、客人打招呼，愿意跟教师、同学交流沟通，喜欢把自己感兴趣的事与教师、同学分享。
人际关系	与老师：对老师有礼貌，能主动向老师问好，愿意听从老师的指令完成简单任务；喜欢与老师聊天，能将自己的生活经历简单地告诉老师；非常喜欢听表扬鼓励的话，受到夸奖后表现会更积极，能够更加配合做对的事；有时不能接受批评，以�’嘴、发脾气、倔强向老师表示不满；爱劳动，愿意为班集体服务。 与同学：能主动与同学互动，如微笑、拉手；能在老师的提示下帮助同学，喜欢为同学服务，能够与同学一起学习、游戏，受到同学们的喜爱。 与班级：情绪稳定，有一定的语言表达能力，热情友善，喜欢和同学共同参与集体活动，在班级生活中愿意帮助同学，服务班级。

资料来源：叶同学 2017～2018 学年第一学期个别化教育计划。

十　学习情况分析表

学习情况分析实例

障碍影响	障碍类型：唐氏综合征 运动功能：控制手部精细动作的能力较差，动作慢；做动作时不用眼睛直视，手眼协调能力差；大运动协调能力差，如跑、跳等。 语言能力：语言发育迟缓，较同龄孩子滞后，有自己的意愿但不表达；发音不准，存在构音障碍。 性格特点：性格内向，与伙伴沟通较少，但在心情好的时候会与伙伴玩耍；爱笑，见到老师主动打招呼；有时对老师的指令不服从，比较执拗，在劝说下能够听指令。
学习优势	学习环境优势 家庭环境宽松、和谐。家长为孩子创造了比较宽松的家庭氛围，重视孩子的成长，家庭基础条件较好，能最大限度地满足学生的需要，同时家长也尽可能地为孩子创造空间满足孩子的学习需要，为孩子提供了相应的康复训练。 班级环境热情友好。同学之间的关系融洽，能够接纳所有学生，有困难大家会相互帮助，学生在老师的提示下能够为班级做力所能及的事情，同学都非常愿意与他共同学习和游戏。 个体学习优势 注意力：能够对自己喜欢的、感兴趣的活动保持较长时间的注意，注意力相对比较集中，能模仿简单的动作，上课时对于喜欢的活动注意力相对会持久一些，学习时会有精力分散现象出现，在提示下能够进行改正；视觉记忆优于听觉记忆；能听懂指令性语言，并能正确做出反应；看到喜欢的动画视频能够情绪稳定，持续20分钟以上。 记忆力：擅长视觉观察、听觉记忆、模仿学习；在音乐和舞蹈方面有特长，节奏感很强，听到喜欢的音乐会情不自禁地翩翩起舞，自由发挥，乐观，爱笑；根据该生兴趣可以把教学内容改编成儿歌或表演的形式，以便其快速接受；通过观察老师的示范—倾听老师的要求—模仿记忆—实践应用这种方式进行学习、复习、巩固将会更快提高学习效果。 观察力：与同龄普通学生相比，该生观察力稍显落后，不够仔细，对周围环境变化不会特别留意进行观察、关注和发现。 突出学习方式：该生最大的优势是视觉观察、听觉记忆、模仿学习；通过观察老师的示范、倾听老师的讲解、要求，模仿记忆、实践应用，以这种方式进行学习、复习、巩固，将更快提升学习效果。
发展潜力	1. 建立规则意识 根据家长的希望和学生自身发展的需要，本学期将帮助学生进一步建立规则意识，从学校生活、班级生活逐步扩展到遵守社区中的各项规则，引导学生乐于参与社区中的各项活动，在建立规则意识的同时提高社会适应能力。 2. 生活技能训练 提出明确的行为要求，规范学生言行，指导学生参与集体学习，并通过模仿操作学习一些简单但必需的生活技能，学会处理如厕、午睡等事宜，以及清洗水果、煮冰糖梨水等。 3. 疏导急躁情绪 创设不同情景，帮助学生适应各种变化，并在活动中正确看待输赢，接受自己的需求被拒绝，逐步掌握调节不良情绪的方法，培养良好的行为习惯。控制好情绪，能与同伴友好游戏，建立自信，听指令，完成操作任务。

资料来源：叶同学 2017～2018 学年第一学期个别化教育计划。

十一 单元—主题教学目标匹配表

第一单元主题：我的证件

短期教学目标（长期目标编码+短期目标内容）		学生目标					
		王	博	文	孙	段	刘
1.3.2.5	能根据材质进行物品配对分类 （1）能够区分簿类证件与卡类证件				△	△	△
1.3.3.3	能依据事件发生的顺序进行排序 （1）能够将身份证申领的图片按顺序摆放				△	△	△
1.3.3.5	能依序完成活动或工作 （1）在带领下，能够按身份证申领顺序申领身份证				O	O	O
1.4.7.8	能围绕某一话题与人对话 （1）学习认识各种证件，在认识自己的身份证、户口本信息时，能用简单语句介绍自己的家庭成员、工作或电话或家庭地址 （2）在与他人讨论时能提出自己的意见，对他人的谈话用否定、肯定、表扬加以评价 （3）能用简单语句了解申办身份证的事宜，并可以与对方做一问一答的对话	O	O	O			
1.4.11.9	能阅读图文结合的文章 （1）会阅读书名、目录 （2）会看图，能够说出图中的人物及做的事情 （3）在指导提示下可以阅读图文结合的文章，提取关键句子、词语等 （4）在指导提示下可以阅读图文结合的文章，并会用自己的话讲出图中内容		▲				
1.4.12.3	能写简单汉字（能临摹描、抄写简单汉字） （1）会认读10个基本常用笔画 （2）能临摹10个基本常用笔画 （3）初步了解字形结构（上下、左右），在提示下掌握书写笔顺（从左往右、从上到下） （4）能临摹常用汉字（姓名、男女、民族、年龄、住址等）		▲				

续表

第一单元主题：我的证件

短期教学目标（长期目标编码＋短期目标内容）		学生目标					
		王	博	文	孙	段	刘
1.4.12.10	能填写简单表格（抄写表格信息） （1）在指导下能认识户口簿内表格的基本信息 （2）能在表格内适当的位置正确填写姓名、性别、年龄等 （3）会默写正确身份证号码 （4）会独立书写家庭地址、邮编、电话号码 （5）会抄写正确身份证号码 （6）会临摹家庭地址 （7）会对照基本信息表抄写表格内容	O	O	O			
2.1.3.4	能做适当的情绪转移 （1）能够安静坐在座位上描写汉字、拼插、拼图等 （2）能够通过适量运动缓解情绪				O	O	
2.3.4.5	能利用政府资源获得自己需要的支持 （1）认识自家社区的公共资源（派出所） （2）认识社区户籍中心 （3）知道到户籍中心办理身份证等事宜（补办或遗失或换领） （4）在指导下到户籍中心申办个人身份证（或到社区居委会激活新版残疾证）	△	△	△			

注：O为多个单元重复出现的集体目标，△为集体或小组目标，▲为个人目标。

资料来源：2016～2017 学年第二学期九年级"表3　单元—主题教学目标匹配表"。

十二　展能训练计划表

展能组名称：多彩纸艺组

学 生 情 况	一组（2班吴）：学生精细动作发展较好，能区分颜色，能按照要求自主操作，有较好的学习习惯
	二组（9班、5班毕、周）：学生能够按照指令要求参与活动，但是精细动作发展有差异，需要教师一对一个别辅导完成操作任务
	三组（5班、1班齐）：学生自主参与活动的意识较弱，听指令的意识也有待进一步提高，活动中需要教师一对一个别辅导

所需材料：多彩毛球、简笔画、乳胶、竹笔、彩色皱纹纸等

具体实施计划		
	训练内容	训练目标
一组	1. 认识常见颜色，区分颜色的深浅 2. 继续学习撵、捏、搓、揉等基本动作 3. 学习定点叠粘方法	1. 能分辨红、黄、蓝、绿、粉等常见颜色，区分深色和浅色 2. 能掌握先撵、后捏、再搓揉的操作顺序，能将皱纹纸团成纸团 3. 将彩色钻石珠按数字要求叠粘在图中对应的数字圈上
二组	1. 认识常见颜色，按颜色分类 2. 继续学习撵、捏、搓、揉等基本动作 3. 学习用食指肚按压固定钻石珠	1. 能分辨红、黄、蓝、绿、粉等常见颜色，并按颜色进行归类、匹配 2. 能掌握撵、捏、搓的动作 3. 在动作提示下，用食指肚按压固定钻石珠
三组	学习撵、捏、搓、揉等基本动作	能体验、模仿撵、捏、搓的动作

资料来源：2017~2018 年 5 班 11 月展能训练计划表。

十三 教学效果评估实例

教学效果评估				
1组	能整理自己的学习用品与生活用品	能整理教室内玩具，并码放整齐	能整理教室内的图书	能正确点数 1~10 以内物品
杨	3	3	3	4
辛	3	3	3	3
陈	3	4	4	4
刘	4	4	4	4
2组	能在老师辅助下整理自己的学习用品与生活用品	能在老师辅助下整理教室内的玩具，并码放整齐	能在老师辅助下整理教室内图书	能正确唱数 1~10
刘	3	3	3	4
田	3	3	3	3
吴	3	3	3	3
齐	2	3	3	2

0：完全没掌握；1：辅助下能完成少部分；

2：辅助下完成大部分；3：提示下完成；4：完全掌握

续表

教学效果评估	
教学反思	通过本周教学，使学生能够学习自己整理日常物品，区分学习用品与生活用品，知道做自己力所能及的事情，整理班级内的图书和玩具，进行说话练习。本班学生的动手能力较强，喜欢实际操作，乐于参与整理活动。经过一段时间的学习，学生能够较好地适应学校生活，参与集体教学活动。但学生比较懒惰，依赖性较强，习惯依赖他人。不喜欢重复练习进行整理活动，次数过多会产生厌倦情绪。学生喜欢听、唱儿歌，可以尝试将整理过程编成儿歌，让学生进行学习。部分学生的手眼协调、精细动作的能力较弱，需要老师的辅助，应加强练习学生这方面的能力。为学生建立"自己的事情自己做"的意识，建立良好的行为习惯。

资料来源：2016～2017 学年第二学期一年级 4 月第三周备课。

十四　2016～2017 学年第二学期一年级期末评估计划

评估内容	评估要素	评估形式	参与人员	学生		结果
活动名称：故事我会说 活动准备：课件、绘本故事 活动过程： 一　ppt：聆听（复习）绘本故事《先有》 1. 能够安静聆听绘本故事，眼看ppt，安静坐好 2. 能够对老师提出的问题进行简单的回答 二　看图说故事 1. 看书《先有》，看图片和文字提示，讲述 3～4 张图片内容 2. 运用完整句"先有……才有……"的句式完整表述故事内容 3.《大卫不可以》：学生能够看图、文字，说出故事内容；能够说出不可以做的事情，应该怎么做 4.《大卫上学去》：学生能够看图、文字，讲解故事内容，说出上学应该做哪些事情，并告诉主人公大卫上学应该做的事情	一组： 1. 能够安静坐好，认真聆听绘本故事 2. 能够向他人分享一个绘本故事 3. 能运用句式"先有……才有……"说出完整故事 4. 能在图片的指导下讲述故事内容（1～2 个） 二组： 1. 能够安静坐好，认真聆听绘本故事 2. 能够在老师的指导下，完整说出一句话 3. 能在图片的指导下讲述故事内容（1～3 个）	随堂测试阅读、表演 时间：6 月26 日 地点：1 班教室	本班教师 本组老师	一组	辛	
					刘	
					陈	
					杨	
				二组	刘	
					吴	
					田	
					齐	

资料来源：2016～2017 学年第二学期一年级期末评估计划。

图书在版编目（CIP）数据

　　培智学校个别化教育计划研究／冯超著. -- 北京：
社会科学文献出版社，2023.9
　　ISBN 978 - 7 - 5228 - 2254 - 9

　　Ⅰ.①培…　Ⅱ.①冯…　Ⅲ.①儿童教育 - 特殊教育 -
课程体系 - 研究　Ⅳ.①G764

　　中国国家版本馆 CIP 数据核字（2023）第 144685 号

培智学校个别化教育计划研究

著　　者／冯　超

出 版 人／冀祥德
责任编辑／吕霞云
文稿编辑／张静阳
责任印制／王京美

出　　版／社会科学文献出版社（010）59367126
　　　　　　地址：北京市北三环中路甲29号院华龙大厦　邮编：100029
　　　　　　网址：www.ssap.com.cn
发　　行／社会科学文献出版社（010）59367028
印　　装／三河市尚艺印装有限公司

规　　格／开本：787mm×1092mm　1/16
　　　　　　印　张：19.75　字　数：312千字
版　　次／2023年9月第1版　2023年9月第1次印刷
书　　号／ISBN 978 - 7 - 5228 - 2254 - 9
定　　价／128.00元

读者服务电话：4008918866